UNA GUERRA EN SOLITARIO

HERALDO MUÑOZ

el tercer nombre

Duque de Medinaceli, 12 - 1º Madrid 28014

Servicios editoriales: aporta edición y comunicación, S.L. Tel. 91 369 75 30
Diseño de la colección: aporta edición y comunicación, S.L.
www.eltercernombre.com

I.S.B.N.: 84-934436-7-0
Depósito legal: M-731-2006
Printed in Spain - Impreso en España por Top Printer

a Pamela

PREFACIO

Comencé a escribir este libro en Chile inmediatamente después de la invasión de Irak por parte de Estados Unidos, a fines de marzo de 2003. En ese momento había recién dejado mi cargo de ministro secretario general de gobierno en la administración del presidente Ricardo Lagos y anticipaba con agrado la posibilidad de contar con tiempo libre para escribir sobre política exterior y mis experiencias en el servicio público.

La redacción del manuscrito se vio interrumpida cuando el presidente Lagos me solicitó, para mi sorpresa, que aceptase el cargo de embajador representante permanente en Naciones Unidas. Considerando que Chile había ingresado al Consejo de Seguridad de la ONU, era una oferta que no pude rehusar.

Asumí el puesto en Nueva York en junio de 2003, y la intensidad del trabajo en el Consejo de Seguridad, centrado en el tema de Irak, me impidió continuar con este proyecto. Pero en el verano boreal de 2004 decidí reemprender el esfuerzo, en especial durante los fines de semana, cambiando el énfasis del libro a las negociaciones sobre Irak en el Consejo de Seguridad y las repercusiones de la decisión estadounidense de emprender la guerra sin contar con un consenso internacional.

La mayor parte de la obra se basa en información recogida en notas personales sobre situaciones que viví directamente, entrevistas con diversos participantes en momentos clave, o fuentes primarias tales como documentos de la ONU, reportajes periodísticos, informes oficiales y comunicados de prensa. En menor medida recurrí a libros escritos por periodistas o por actores fundamentales de los procesos de decisión relativos a Irak, principalmente para confirmar mis propios datos y fuentes.

Este libro refleja los puntos de vista del autor y no representa, necesariamente, las opiniones del gobierno de Chile. Éste es un ejercicio académico-literario libre, entremezclado, por cierto, con sensibilidades gubernamentales.

Agradezco al Ministerio de Relaciones Exteriores de Chile el apoyo que me otorgó para finalizar este proyecto, así como para facilitar su publicación.

Igualmente, agradezco a la editorial El Tercer Nombre, especialmente a Enrique Polanco, por su interés y respaldo en publicar esta obra en España, así como a su directora editorial, Elena Fernández-Arias. Scott Mendel, mi agente literario en Nueva York, acompañó buena parte del largo camino de la redacción del libro y me ofreció valiosos consejos. Mi reconocimiento también a Isabel Seguel, Claudia Heiss y Claudia Hernández, quienes me ayudaron a buscar datos o a corregir borradores del libro. Al presidente Ricardo Lagos, mi especial aprecio por el estímulo brindado para avanzar en este proyecto y por las valiosas informaciones que me proporcionó respecto a algunos episodios clave de esta historia

Finalmente, mi deuda mayor es hacia mi esposa Pamela, por su inteligente crítica en la corrección del manuscrito y, más importante aún, por su respaldo incondicional, paciencia y comprensión cuando pasé largas horas de fines de semana y días enteros de vacaciones empeñado en completar esta obra.

Heraldo Muñoz
Nueva York, noviembre de 2005

1. ALERTA TEMPRANA

El domingo 30 de enero del 2005, un animado presidente George W. Bush pronunció un discurso desde el Cross Hall de la Casa Blanca, felicitando al pueblo iraquí por la exitosa elección de delegados para la Asamblea Nacional que puso en marcha un proceso democrático inédito en ese país. Los iraquíes, desafiando las amenazas terroristas en una atmósfera de inseguridad, habían concurrido a las urnas masivamente para ejercer su derecho soberano a votar. El presidente Bush agradeció de manera especial la contribución de la Organización de Naciones Unidas (ONU) por lo que definió como "una importante asistencia en el proceso electoral". Altos funcionarios de la Casa Blanca a continuación expresaron su esperanza de que Naciones Unidas continuara ayudando en la preparación de la nueva Constitución iraquí y en los siguientes pasos electorales. Meses más tarde, durante la Cumbre de Jefes de Estado y de Gobierno el 14 de septiembre de 2005, Bush se dirigió a un plenario en el salón de la Asamblea General abarrotado de público, agradeciendo nuevamente a la ONU por "haber jugado un papel vital en las elecciones de enero" y por "continuar apoyando a los líderes elegidos de Irak en la preparación de la nueva Constitución", y expresó que la ONU debería "seguir respaldando al pueblo iraquí en su trayectoria hacia un gobierno plenamente constitucional".

En contraste, más tres años antes, en octubre de 2002, el mismo presidente Bush había advertido a la ONU que el no actuar contra Saddam Hussein llevaría a la organización a "traicionar su sentido fundacional y a caer en la irrelevancia frente a los problemas de nuestro tiempo". Más aún, previo a la invasión a Irak, el 17 de marzo de 2003, el mandatario norteamericano había criticado duramente al Consejo de Seguridad de la ONU por "no estar a la altura de sus responsabilidades". El cambio de postura de la Casa Blanca frente a la ONU se explica por el reconocimiento pragmático del gobierno estadounidense de que, en último término, Naciones Unidas era la única institución legítima que podía negociar una alternativa viable para que EE UU pudiese comenzar un proceso de desvinculación progresivo de Irak, al menos en términos políticos.

A fines de 2003, la administración Bush había elaborado planes para una transición a un gobierno interino iraquí, plan que los iraquíes rechazaron categóricamente. Una de las figuras claves, el gran ayatolá Ali Al-Sistani, incluso había rehusado reunirse con funcionarios de nacionalidad estadounidense. A pedido de EE UU, la ONU inició consultas con las partes involucradas para elaborar una solución de transferencia de la soberanía a un gobierno interino, escogido mayormente por el enviado de la ONU Lakhdar Brahimi, que derivaría en un proceso de transición democrática sin precedentes, cuya primera etapa culminó en las elecciones de enero de 2005 y, más tarde, en la aprobación de la Constitución en un plebiscito en octubre de 2005.

El unilateralismo había cedido el paso al multilateralismo. Por cierto, no era una aceptación total del multilateralismo por parte de EE UU; más bien consistía en un "multilateralismo táctico", o, en el lenguaje de otros, un multilateralismo "a la carta". Washington no recogía en su totalidad los beneficios del la dinámica multilateral. Para la administración estadounidense, era importante mostrar que no tenía las manos atadas y que la opción unilateral seguía vigente. Y para que no existiesen confusiones al respecto, en la Convención Republicana de 2004, el vicepresidente Dick Cheney criticó indirectamente a la ONU al resaltar que el presidente Bush nunca había solicitado "un certificado para defender al pueblo estadounidense". Cheney recibió como respuesta una enorme ovación en el Madison Square Garden de Nueva York.

Lo concreto es que aproximadamente un año después de iniciada la invasión a Irak, Estados Unidos comenzó un giro en su política exterior y volvió a la diplomacia multilateral. Fue un cambio de dirección provocado por la dificultad manifiesta del gobierno estadounidense de manejar la situación creada por la guerra. La invasión norteamericana, acompañada de una reducida "coalición de los dispuestos" *(coalition of the willing)*, que al principio pareció funcionar bien, derivó en una verdadera pesadilla con crecientes bajas militares, aumento de la resistencia local, sangrientos estallidos de suicidas-bombas y una constante inseguridad para las fuerzas de la coalición e iraquíes. El 26 de agosto de 2004, el presidente Bush reconoció por primera vez que había cometido "un error de cálculo sobre cuáles serían las condiciones" en el Irak de posguerra. Ello forzó a la Casa Blanca a recurrir a la ONU como la única institución legítima capaz de elaborar una alternativa viable a la ocupación militar. La idea era poner a los iraquíes a cargo del gobierno a la brevedad posible, manteniendo las fuerzas militares en terreno el tiempo que fuese necesario.

Pero hacia fines de 2005 se escuchaban crecientes y variadas voces en EE UU demandando un calendario de retiro definitivo de las tropas de Irak, y expresando opiniones contrarias a la continuación de la guerra. En un reportaje de prensa, en agosto de 2005, diversos parlamentarios republicanos manifestaron su escepticismo sobre la política de la administración en Irak y el creciente clima de oposición popular a la guerra, y cómo ello podía afectar las elecciones parlamentarias en el 2006. Por su parte, el comentarista conservador de Fox News, Bill O'Reilly, criticó duramente al secretario de Defensa Donald Rumsfeld por su "incompetencia", mientras que el senador republicano Lindsey Graham, firme partidario de la guerra en Irak, le advertía a Rumsfeld, en agosto de 2005, que el presidente Bush perdía apoyo popular debido a los malos resultados del plan militar en terreno.

A mediados de octubre de 2005, Melvin Laird, secretario de Defensa durante la administración de Richard Nixon, salió a la luz pública para criticar a la administración Bush por no tener una estrategia de victoria ni un plan detallado para devolver las tropas a EE UU. Sosteniendo que se estaban repitiendo los errores de Vietnam, Laird agregó que la mayoría de los norteamericanos demandaba una estrategia clara de salida de Irak. Pero, en agosto de 2005, ante declaraciones del general George Casey, comandante de las fuerzas estadounidenses en Irak, respecto a la posibilidad de iniciar un retiro de tropas durante el segundo trimestre de 2006, el presidente Bush negó que existiera un cronograma para la salida de las tropas de Irak, y manifestó que cualquier decisión al respecto dependería del avance del entrenamiento de las fuerzas de seguridad iraquíes.

Este libro narra la saga de oportunidades perdidas y el costo para EE UU de ir a una guerra sin aliados significativos, abandonando el multilateralismo —exitoso para Washington en otras oportunidades— de las coaliciones amplias y el respaldo del Consejo de Seguridad de la ONU. Ninguna nación por sí sola, independiente de lo poderosa que sea, puede hacer lo que le plazca o ganar una guerra en un ambiente complejo y sin una participación multilateral verdadera. Esto fue lo que entendió el presidente George H.W. Bush durante la Guerra del Golfo en 1991 y lo que pareció haber entendido el presidente George W. Bush durante la guerra contra el régimen de los talibanes en Afganistán, el año 2001. La decisión unilateral de usar la fuerza contra Irak cuando no había evidencias de la existencia de armas de destrucción masiva (ADM), la convirtió en una guerra "estadounidense" en lugar de una guerra de la comunidad internacional. Fue una guerra elegida en lugar de una guerra necesaria.

Con la causa y la evidencia apropiada, y con un sentido de indignación compartido, todos los aliados importantes acompañaron a Estados Unidos en Afganistán. Por el contrario, en Irak el abandono del camino multilateral fue muy costoso en términos de pérdida de apoyo de muchos amigos indispensables para triunfar. He aquí la historia de aliados leales, pero ignorados y rechazados cuando propusieron alternativas para desarmar a Irak de forma pacífica, y que posteriormente fueron llamados a participar en la guerra cuando el campo de batalla exigía más aliados y mayor legitimidad.

El argumento de fondo de este libro es que el unilateralismo, incluso bajo el manto de una "coalición de los dispuestos", no puede tener éxito en situaciones complejas como la de Irak, donde son necesarias fuertes alianzas tanto en lo militar como en lo diplomático y donde, sobre todo, es indispensable la legitimidad internacional. Justamente el giro de la política estadounidense hacia el multilateralismo permitió realizar las exitosas elecciones del 30 de enero de 2005 en Irak, aprobar una Constitución en octubre de 2005 y avanzar hacia un clima transatlántico más constructivo. Colaboró a ello la visita del presidente Bush a cuatro países europeos en febrero de 2005, inmediatamente después de la inauguración de su segundo periodo presidencial, y algunos cambios posteriores en la política exterior de EE UU bajo la dirección de la nueva secretaria de Estado Condoleezza Rice.

En suma, la lección más importante de la segunda guerra de Irak ha sido que incluso en un mundo unipolar, Estados Unidos necesita aliados importantes y organizaciones internacionales que lo respalden. En un mundo caracterizado por las comunicaciones globales y un intrincado tejido de intereses políticos y económicos, y en un tiempo en el que los cambios tecnológicos y la proliferación de las informaciones han puesto en manos de actores no estatales un poder anteriormente inconcebible, ningún país, por muy poderoso que sea, puede volver a ser una isla por sí solo.

Una llamada telefónica de Condi

Cuando la noche del miércoles 19 de marzo de 2003 el mundo se enteró de que EE UU había comenzado a bombardear Bagdad, muchos sintieron que se iniciaba, parafraseando la novela de Gabriel García Márquez, la "crónica de una guerra anunciada". Las negociaciones del Consejo de Seguridad de la ONU se habían interrumpido una semana antes y Washington se había lanzado a la guerra unilateralmente.

Entonces yo no sospechaba que poco tiempo después del rechazo norteamericano a la continuación de negociaciones diplomáticas en pos de una salida pacífica, estaría sentado en el Consejo de Seguridad, como embajador de Chile ante la ONU. Mi misión inicial fue intentar, junto a otros, recoger los pedazos del multilateralismo destruido. Más adelante, pasamos a negociar una transferencia de soberanía de Estados Unidos a un gobierno interino iraquí, coordinada por la ONU, cuando la ocupación militar comenzó a ir por mal camino y Washington revisó su política hacia Irak.

Los signos de guerra hacia aquella nación se tornaron particularmente evidentes después de que el 15 de marzo fracasaran las negociaciones en el Consejo de Seguridad de la ONU, cuando la Casa Blanca públicamente rechazó un compromiso chileno que hubiera ampliado el plazo para la inspección de las armas de destrucción masiva en

Irak en el marco de un calendario riguroso. Sin embargo, desde mucho antes se observaban señales de la inminencia de la guerra.

El viernes 14 de enero de 2003, durante una soleada tarde veraniega del hemisferio sur, cuando me desempeñaba como ministro secretario general de gobierno de Chile, recibí en el palacio presidencial, La Moneda, una inesperada llamada telefónica de la asesora de Seguridad Nacional de EE UU, Condoleezza Rice. Condi era una buena amiga y ex compañera de estudios en el programa de doctorado en la Escuela de Graduados en Estudios Internacionales (GSIS) de la Universidad de Denver en la segunda mitad de la década de los setenta.

Con Condi, como ya la conocíamos desde aquellos años en Denver, manteníamos un contacto telefónico y nos reuníamos a menudo para discutir asuntos oficiales, especialmente durante los dos años que me desempeñé como subsecretario de Relaciones Exteriores en el gobierno del presidente Ricardo Lagos. Antes, en la década de los noventa, mientras fui embajador de Chile ante la Organización de Estados Americanos (OEA) en Washington, DC, y Condi era directora de Asuntos Soviéticos en el Consejo de Seguridad Nacional bajo la presidencia de George H.W. Bush, ocasionalmente nos juntábamos para compartir un café y conversar acerca de política internacional, o bien sobre las novedades de amigos comunes, ex compañeros de curso o profesores de la GSIS.

Condi siempre fue una intelectual seria y una estudiante brillante de asuntos soviéticos. Ambos tuvimos al mismo consejero doctoral en la GSIS, el profesor Josef Korbel, padre de Madeleine K. Albright, la secretaria de Estado durante la administración del presidente Bill Clinton. Korbel, antiguo diplomático checo, era un destacado estudioso de asuntos exteriores soviéticos y de Europa Oriental.

El interés en la política exterior soviética condujo a Condi a estudiar ruso, y muy pronto se convirtió en una de las más destacadas alumnas de Korbel. En cuanto a mí, si bien desarrollé una estrecha camaradería intelectual con Korbel, elegí especializarme en economía política internacional. En el verano de 1976, Condi y yo ganamos sendas becas de la GSIS para trabajar como internos con miembros del Congreso de EE UU. Ella escogió al senador Gary Hart, quien más tarde sería precandidato a la presidencia por el Partido Demócrata, y yo fui a trabajar con el congresista progresista, y más tarde senador y subsecretario de Estado, Tim Wirth. En esa época, Condi era demócrata.

La llamada que recibí aquella calurosa tarde del 14 de enero fue por motivos estrictamente oficiales.

Desde el inicio, Condi me expresó bien claro que estaba llamando en calidad de amiga y colega para transmitir lo que la Casa Blanca pensaba sobre Irak, con la esperanza de que, a base de nuestros mutuos intereses y labores, Chile evaluara seriamente la posición de EE UU y la apoyara. Me dijo que al día siguiente, un sábado, el presidente Bush llamaría al presidente Ricardo Lagos desde su rancho en Texas. Después se reuniría con el presidente de España, José María Aznar, quien ya viajaba rumbo a Crawford, Texas.

"Heraldo", dijo, "el tiempo se está acabando. Lo máximo que tenemos son dos o tres semanas antes de que iniciemos la guerra contra Saddam".

"¿Cómo ven las negociaciones en el Consejo de Seguridad de la ONU?", le pregunté. Me respondió que EE UU pretendía presentar el borrador de una nueva resolución próximamente y solicitó que considerásemos con interés dicho borrador, en un sentido general, sin reaccionar inmediatamente de manera negativa. Condi prosiguió: "Nos gustaría que nuestros amigos estuvieran con nosotros en esto. Por supuesto, a la hora de votar en el Consejo de Seguridad, no será satisfactorio el abstenerse".

Le enumeré las dudas que tenía Chile, las cuales el presidente Lagos había discutido con su gabinete político en la cena regular de los domingos en su casa de la apacible calle Amundsen, hacia el oriente de Santiago, donde se preparaba la agenda semanal. A Chile le preocupaba abandonar las negociaciones diplomáticas demasiado pronto, debíamos darles más tiempo a los inspectores de la ONU para que buscaran las ADM, debíamos preservar la amplia coalición antiterrorista lograda después del 11/9, la cual podía erosionarse si se adoptaba una decisión apresurada y controvertida de ir a la guerra en contra del régimen de Saddam Hussein.

También le expresé nuestra inquietud acerca de los efectos económicos de la guerra sobre el precio del petróleo, su potencial impacto en los vecinos de Irak y en el conflicto del Medio Oriente. Condi me respondió: "Mira, ya tenemos un acuerdo con los países productores de petróleo para que, en caso de guerra, incrementen la producción del crudo para suavizar cualquier efecto en los precios". Luego agregó: "Los países árabes están porque esta situación acabe de una vez".

La conversación telefónica se extendió por aproximadamente 30 minutos.

"Aquí se juega todo", indicó. Con lo que deduje que Condi se refería veladamente a las negociaciones de libre comercio que se estaban realizando entre Chile y Estados Unidos, uno de los principales objetivos de la política exterior de Chile que había estado marcado por constantes promesas incumplidas por parte de Washington, pero que en ese momento avanzaba en forma expedita.

Los últimos momentos de aquella conversación fueron los más reveladores.

"Heraldo, espero que puedas ayudarnos y discutir esto con el presidente Lagos. Pero iremos adelante con o, si es necesario, sin el Consejo de Seguridad de la ONU". Acabada la conversación, esta última frase me quedó resonando. Si fuese necesario, Estados Unidos se lanzaría en solitario a invadir Irak.

La guerra es inevitable pensé. Probablemente se produciría un áspero debate entre los aliados de EE UU sobre el uso de la fuerza en Irak. De inmediato llamé al presidente Lagos quien, como lo hacía algunos viernes de verano en las tardes, se había trasladado a Cerro Castillo, la residencia veraniega oficial ubicada en Viña del Mar. Lagos me dijo que fuera a verlo a Viña, a una hora 40 minutos de Santiago. Es irónico que Chile no tenga una residencia oficial en la capital para su presidente. Sin embargo, la Presidencia sí tiene un llamado "palacio" en Viña del Mar, una casona de piedra de estilo inglés frente al mar con una bella vista de la bahía de Valparaíso, el puerto más grande en la costa latinoamericana del océano Pacífico y obligatoria parada de todos los barcos en trayecto desde el océano Atlántico al Pacífico, por lo menos hasta la construcción del canal de Panamá.

El presidente Lagos sospechó de qué se trataría la conversación. Me informó que alguien de la Situation Room de la Casa Blanca había llamado a sus asistentes para comunicarle que el presidente Bush lo llamaría ese sábado. Ayudándome con las notas que había tomado, le relaté en detalle mi conversación con Condoleezza Rice y le bosquejé mi análisis sobre cómo se presentaba la situación. El presidente me escuchó con atención y me dijo que quería intercambiar ideas conmigo al día siguiente, luego de su conversación con Bush.

La relación personal del presidente Lagos con Bush era buena, aunque quizá no tan estrecha como la que tuvo con el presidente Bill Clinton, miembro del grupo La Tercera Vía, integrado en ese tiempo por Tony Blair, Gerhard Schroeder, Massimo D'Alema, Fernando Henrique Cardoso, Thabo Mbeki, Goran Persson, Jean Chrétien y otros. Al parecer, Bush apreciaba la influencia de Lagos en la región, especialmente desde el momento en que el presidente chileno le ayudara a evitar una situación bochornosa con otro líder de la región el año 2001, durante la Cumbre de las Américas realizada en Québec, Canadá. Lagos recibía ocasionales llamadas telefónicas de Bush y fue invitado muy pronto a la Casa Blanca. Además se veían frecuentemente en cumbres internacionales.

La primera de las conversaciones telefónicas que mantuvieron Lagos y Bush ocurrió el 3 de febrero de 2001, luego de la controvertida elección presidencial norteamericana. En esa oportunidad, ambos intercambiaron experiencias sobre las estrechas elecciones que cada uno había enfrentado. El presidente Lagos aprovechó el momento para referirse en extenso a la importancia de las negociaciones de libre comercio que se habían iniciado durante la administración de Clinton. Bush le respondió brevemente que el libre comercio sería una de las prioridades de su administración y que esperaba "un buen avance". Lagos le preguntó acerca de la reducción de impuestos anunciada por Bush, pero el presidente norteamericano no abordó mayormente el tema. Parecía ajustarse estrictamente a un guión escrito en el transcurso de la conversación. Bush preguntó: "¿Está todo bien en su país?". A lo que Lagos respondió que estaba optimista dado que el crecimiento podía llegar al 5%. En su cándido estilo, Bush respondió: "*Puff*, desearíamos tener eso aquí". Lagos matizó su análisis mencionando la cifra del desempleo que en esa época superaba el 8%, a lo que Bush acotó que anticipaba "una mala primera mitad del año" en Estados Unidos. Ambos comentaron la posibilidad de reunirse pronto en persona, sobre lo cual, con un español difícil de entender, Bush agregó "quizá".

Pero, en aquella conversación del sábado 15 de enero de 2003 entre los dos presidentes, no se tocaron temas bilaterales, ni de la economía mundial o el libre comercio. Fue la guerra y sólo la guerra el tópico de conversación. Cuando esa tarde volví a ver al presidente Lagos, me comentó que Bush había repetido, casi al pie de la letra, exactamente las mismas palabras que Condi empleara conmigo el día anterior. Lagos se manifestó pesimista sobre la situación internacional. Con una expresión de resignación, me comentó: "Obviamente, la situación se ve muy mala". "Creo que habrá guerra", dijo con voz serena.

Algunos países europeos, en particular Francia, habían llegado a la convicción de que la administración Bush optaba por la guerra contra Irak, independientemente de las evidencias derivadas del terreno o de las negociaciones de una segunda resolución de la ONU.

En enero de 2003, Francia presidía el Consejo de Seguridad. El presidente Jacques Chirac envió a Washington a Maurice Gourdault-Montagne, uno de sus asesores más cercanos en asuntos diplomáticos, para reunirse con Condoleezza Rice en la Casa Blanca y con el vicesecretario de Defensa, Paul Wolfowitz, en el Pentágono. El enviado francés concluyó que el mensaje de la administración Bush era claro: para resolver la crisis iraquí era necesaria la acción militar, salvo que Saddam Hussein fuera derrocado o abandonase el país. Esta apreciación coincidía con lo que yo había escuchado directamente de Condi Rice alrededor de la misma fecha.

Una guerra previa con apoyo multilateral

La guerra contra Saddam Hussein en el 2003 ya tenía un precedente. El 2 de agosto de 1990, tanques y tropas de Irak invadieron Kuwait y tomaron el control total del país. En Washington existía una visión benevolente de las intenciones de Saddam Hussein y, de hecho, desde mediados de la década de los ochenta, Estados Unidos había intensificado sus lazos con el régimen iraquí. Incluso, pocos días antes de la invasión de Kuwait, Hussein sostuvo una reunión con la embajadora norteamericana April Glaspie, donde la representante había expresado que tenía "instrucciones directas del presidente para procurar mejorar las relaciones con Irak" y que su país "no tenía opinión alguna sobre los conflictos árabes-árabes, tales como sus disputas fronterizas con Kuwait". Esta declaración fue interpretada como una tácita aprobación de la invasión de Kuwait, evidentemente un "conflicto árabe-árabe".

A pocas horas de la invasión, EE UU reaccionó multilateralmente, solicitando junto con Kuwait, una sesión de emergencia del Consejo de Seguridad de la ONU. Habiendo sido embajador de Estados Unidos ante Naciones Unidas, el presidente George H.W. Bush sabía la importancia de obtener el respaldo del Consejo de Seguridad. En esa ocasión se aprobó la Resolución 660, que condenaba la invasión iraquí y exigía que Irak retirase "inmediata e incondicionalmente todas sus fuerzas a la posición en que estaban el 1 de agosto de 1990". Cuatro días más tarde, el 6 de agosto, mientras la ocupación de Kuwait continuaba, el Consejo de Seguridad de la ONU impuso sanciones económicas totales a Irak por 13 votos a 0, con dos abstenciones (Cuba y Yemen).

Saddam Hussein trató de conseguir el apoyo de los *mujadeem* islámicos, añadiendo la leyenda "*Allah Akbar*" a la bandera de Irak y divulgando imágenes suyas orando en Kuwait. Paralelamente, Osama bin Laden le ofrecía al rey Fahd sus jihadistas de Al Qaida para defender Arabia Saudita y las ciudades sagradas de Meca y Medina, así como para combatir al ejército de Hussein en caso de que Irak expandiese su invasión. El rey saudita optó por la protección de Estados Unidos.

Fracasados los intentos de diálogo, el presidente George H.W. Bush finalmente consiguió una resolución de la ONU para el empleo de la fuerza contra Irak. El 29 de noviembre de 1990, la Resolución 678 autorizó a los Estados miembros —"a menos que Irak implemente (las decisiones del Consejo de Seguridad de la ONU) el 15 de febrero de 1991 o antes"— a "usar todos los medios necesarios para apoyar e implementar la Resolución 660 (de 1990) y las resoluciones relevantes subsiguientes, y así restaurar la paz y la seguridad en el área". Una denominada "pausa de buena voluntad" y una propuesta rusa de un compromiso de último minuto no produjeron la anhelada salida pacífica, y el 16 de enero de 1991 una coalición de 34 países, liderada por EE UU y con la legitimidad de la ONU, lanzó un ataque aéreo con misiles contra Irak.

Los franceses, liderados por su presidente socialista, Francois Mitterrand, se alinearon con la posición norteamericana y tropas francesas entraron a Irak, tomando prisioneros a más de mil combatientes iraquíes. Mitterrand tuvo incluso que pagar un precio político doméstico, expresado en la renuncia de su ministro de Defensa, Jean-Pierre Chevenement, quien consideró que EE UU estaba conduciendo la guerra más allá de las resoluciones del Consejo de Seguridad de la ONU orientadas a liberar a Kuwait. El presidente francés discrepó con esta postura y apoyó a George H.W. Bush.

Respecto al polémico tema de si avanzar o no hasta capturar Bagdad, el presidente Bush padre creyó que ello no era conveniente porque iría en contra de lo aprobado por la ONU en cuanto a limitar el uso de la fuerza a liberar Kuwait, y arriesgaría la desintegración del poderoso bloque multilateral que respaldaba la acción militar liderada por EE UU. "Entrar y ocupar Irak —escribió más adelante George H.W. Bush— hubiera excedido unilateralmente el mandato de la Organización de las Naciones Unidas, hubiese destruido el precedente de la respuesta internacional que esperábamos establecer ante la agresión". Además, nadie en la administración pensaba en cambiar el régimen de Hussein e instalar una democracia. Interrogado sobre esa posibilidad, el entonces secretario de Defensa, Dick Cheney, respondió que una democracia en Irak no sería bien vista por los sauditas.

Más que la interrogante de si tomar o no Bagdad, aparentemente lo que dividió a la administración de George H.W. Bush fue decidir cuál era el momento más apropiado para que el presidente declarara el cese del fuego y pusiera fin a la guerra terrestre. Aproximadamente cien horas después de que comenzara la ofensiva, Bush anunció el cese del fuego, de acuerdo a lo aconsejado por el jefe del Comando Conjunto, general Colin Powell. Cheney estuvo de acuerdo con la decisión, pero Paul Wolfowitz, en ese entonces alto funcionario de Defensa, y otros en el Pentágono, la objetaron fuertemente.

Bush padre quería conservar la coalición y mantener las buenas relaciones con los vecinos de Irak. Las imágenes de la guerra, particularmente las de los cuerpos de soldados iraquíes calcinados en la llamada "carretera de la muerte" entre Kuwait y Basra, habían comenzado a tornar a la opinión pública en contra de más acciones militares. Además, la mayoría de los funcionarios en Washington creía que ahora, rendido, Saddam Hussein sería derrocado.

La lección de la Guerra del Golfo de 1991 fue que el mundo seguiría a Estados Unidos en el uso de la fuerza si presentaba razones fundadas y éstas suscitaban el respaldo de la legalidad multilateral, o sea de la ONU. La cohesión internacional lograda en apoyo a EE UU equivalía a una ventaja estratégica.

Un, dos tres Iraks: los costos del unilateralismo

Los ataques terroristas del 11/9 a las Torres Gemelas y al Pentágono marcaron una línea divisoria en las relaciones internacionales y en la política de seguridad de EE UU. Por primera vez el territorio continental estadounidense sufrió un ataque externo de gran escala. Como consecuencia del 11/9, Estados Unidos se centró en la estrategia antiterrorista global y convirtió la "guerra al terror" en la principal prioridad de sus políticas exterior y de seguridad.

La comunidad internacional reaccionó solidarizando con EE UU. El 12 de septiembre, el Consejo de Seguridad de la ONU, en una reunión de emergencia, adoptó la Resolución 1368, en la que expresaba que el consejo consideraba dichos ataques "como una amenaza contra la paz y seguridad internacionales" y reconocía el "derecho inherente tanto individual como colectivo a la autodefensa", según lo establece el artículo 51 de la Carta de la ONU. Los diplomáticos estadounidenses quedaron plenamente satisfechos con esta resolución. Pocos días más tarde, el 28 de septiembre, se aprobó la Resolución 1373, que reafirmaba la necesidad de combatir la amenaza del terrorismo "mediante todos los recursos disponibles".

En Bruselas, los 19 países miembros de la OTAN invocaron, por primera vez en su historia, el artículo 5 del Tratado sobre Defensa Colectiva que obliga a los miembros a usar la fuerza si fuera necesario para proteger el territorio de cualquiera de los miembros de la alianza.

Pocos días después del 11/9, el gobierno estadounidense nominó como embajador ante la ONU a John Negroponte, quien fue confirmado por una amplia mayoría en el Senado, lo cual fue interpretado como un respaldo a la ONU. El Congreso norteamericano también aprobó una partida de 582 millones de dólares para pagar parte de la deuda de 2.000 millones de dólares que tenía EE UU con la organización.

Sin embargo, fuentes anónimas en la administración de George W. Bush advirtieron que este nuevo multilateralismo emanaba "de la prosecución de intereses estadounidenses altamente específicos". Durante una entrevista en televisión el 19 de septiembre del 2001, Donald Rumsfeld declaró que la acción militar en Afganistán no dependía de la aprobación de la ONU. Hasta el respaldo de la OTAN, en cuanto al uso de la fuerza, fue subvalorado en el Pentágono.

Pero el sistema multilateral respaldó a EE UU. Una posterior resolución del Consejo de Seguridad de la ONU, el 14 de noviembre del 2001, condenó a los talibanes por "permitir que Afganistán fuera utilizado como base para la exportación del terrorismo por parte de la red de Al Qaida y otros grupos terroristas y por proveer resguardo a Osama bin Laden", y expresó "el fuerte respaldo a los esfuerzos del pueblo afgano por establecer una nueva administración de transición" que condujera a un gobierno democrático.

En la guerra contra los talibanes, una coalición contundente acompañó a las fuerzas estadounidenses, integrada por contingentes militares de Gran Bretaña, Canadá, Australia, Nueva Zelanda, Francia, Alemania, Dinamarca, España y Turquía. Pequeños destacamentos de fuerzas especiales británicas, australianas, neozelandesas y canadienses suministraron información y participaron en enfrentamientos militares en tierra. En diciembre de 2001, una Fuerza Internacional de Asistencia de Seguridad (FIAS), de 4.000 soldados, autorizada por la Resolución 1386 del Consejo de Seguridad de la ONU, tomó posiciones en Kabul y sus suburbios para ayudar al nuevo gobierno de Afganistán. El 2003, y después de proveer el 90% del contingente militar, la OTAN asumió el control de la FIAS, bajo una comandancia francesa y germana, en lo que sería la primera misión de la OTAN fuera de Europa.

Después del 11/9 y de la exitosa campaña multilateral en contra del régimen talibán en Afganistán, algunos analistas concluyeron que la administración de George W. Bush había revertido sus posturas unilaterales de los primeros nueve meses. Se equivocaron.

Cuando en enero de 2003 el presidente Bush llamó al presidente de Chile, Ricardo Lagos, después de la larga conversación que Condi y yo sostuviéramos, nuestra visión pesimista acerca de lo que parecía como una guerra inevitable en Irak se consolidó sobre la base de un análisis del escenario mundial y de las nuevas prioridades de la política exterior estadounidense después del 11/9.

La segunda guerra de Irak comenzó sin la autorización de la ONU y, consecuentemente, las relaciones entre Washington y los Estados miembros del Consejo de Seguridad que no estuvieron de acuerdo con la acción unilateral estadounidense, se tensaron seriamente. Uno de los costos de la guerra fue una profunda desconfianza y amargura en los lazos entre Estados Unidos y sus aliados en Europa, América Latina, e incluso en otras regiones.

Las profundas diferencias sobre la guerra en Irak evaporaron el considerable capital político internacional que EE UU había acumulado con posterioridad a los ataques del 11/9, expresado en la acción militar colectiva contra el régimen talibán en Afganistán. El 12 de septiembre de 2001, el editor de *Le Monde*, Jean-Marie Colombani, escribió un célebre editorial titulado "Todos somos estadounidenses". Aquel apoyo mundial a EE UU en la lucha contra el terrorismo, se desintegró con la invasión a Irak de 2003.

Después de la invasión, aliados leales fueron rechazados, objeto de burla e incluso "castigados" por sostener posiciones contrarias a la guerra o de apoyarla sólo bajo estrictas condiciones. Como consecuencia, muchos países más tarde se mostraron renuentes a contribuir con tropas en Irak, e incluso varios retiraron las que tenían desplegadas en terreno. Además, se expandió, a nivel mundial, una ola de sentimiento antiestadounidense que será difícil revertir en el corto plazo.

La guerra también acarreó otros costos. Por ejemplo, se convirtió en una seria distracción del combate contra el terrorismo y la reconstrucción de Afganistán. En el transcurso de una visita a ese país, el 13 de octubre de 2003, en mi calidad de presidente del Comité de Sanciones contra Al Qaida y los Talibanes del Consejo de Seguridad de la ONU, en una coyuntura de resurgimiento de los ataques talibanes en coordinación con los "señores de las drogas" que expandían la producción y comercialización de opio, tuve una reunión en Kabul, en el Complejo B de la Misión de Asistencia a Afganistán de la ONU, con el comandante norteamericano de la Fuerza de la Coalición, teniente general David Barno, quien resaltó que la preferencia militar por Irak había ido en detrimento de su misión en Afganistán. "Tengo 11.000 soldados en Afganistán —me informó el general Barno—, en un país geográficamente más grande que Irak, con una creciente resistencia talibán; sin embargo, mi colega en Irak tiene bajo sus órdenes a 130.000 soldados". Las prioridades habían cambiado: desde perseguir al líder talibán Mullah Mohammed Omar y a Osama bin Laden, a combatir a Saddam Hussein.

Evidencias proporcionadas por el diario *The Washington Post* sugieren que en el año 2002, mientras los talibanes se organizaban, yendo y viniendo entre Pakistán e Irán, la Agencia Central de Inteligencia (CIA) de EE UU cerró bases de avanzada en las ciudades de Herat, Mazar-el Sharif y Kandahar. La agencia también eliminó un plan de 80 millones de dólares destinado a entrenar y equipar al nuevo servicio de inteligencia afgano, en tanto, la "Task

Force 5", un equipo encubierto de comandos encargado de la cacería de Bin Laden, se redujo más de dos tercios en su fuerza de combate. Los comandos, sus equipos de alta tecnología para la vigilancia y otros materiales —de acuerdo con *The Washington Post*— fueron "redirigidos hacia Irak entre el 2002 y principios de 2003, mientras el presidente Bush preparaba la invasión de marzo (a Irak)"[1]. El asesor de Seguridad Nacional durante el gobierno del presidente George H.W. Bush, Brent Scowcroft, advirtió antes de la guerra que "cualquier campaña en contra de Irak ciertamente nos va a distraer por un tiempo indefinido de nuestra guerra contra el terrorismo" y derivará "en una seria degradación de la cooperación internacional hacia nosotros contra el terrorismo"[2].

La ocupación de Irak también provocó una pérdida de credibilidad para EE UU en sus alegatos no comprobados que aseguraban la existencia en Irak de ADM y de conexiones con Al Qaeda, y una pérdida de confianza debido a los cambiantes argumentos para ir a la guerra. Otra de las consecuencias indeseadas de la guerra fue el claro descenso de las expectativas de que los aliados pudiesen compartir la carga en futuras situaciones de conflicto. Un resultado adicional de la guerra y del unilateralismo fue un debilitamiento de la ONU, organización que EE UU podría necesitar en otras circunstancias, como quedó demostrado el 2004, cuando la guerra en Irak se tornó casi inmanejable por la "coalición de los dispuestos". Incluso los lazos comerciales entre Estados Unidos y algunos países europeos sufrieron efectos negativos. Lo más importante es que EE UU pagó un precio en términos de perder autoridad y apoyo para liderar la comunidad mundial.

Ningún país, y mucho menos una superpotencia, necesita ganar concursos de popularidad; pero cualquier país que vaya a la guerra necesita de aliados fuertes y decididos y, además, requiere de la legitimidad del multilateralismo. La acción unilateral no sólo contradijo anteriores esfuerzos militares norteamericanos, sino que también se ha convertido en la crisis mundial más controvertida y en el tema político más candente en EE UU desde la guerra de Vietnam.

De acuerdo a la "doctrina Bush", no sólo los terroristas serían atacados, sino que también los Estados que acogieran, protegieran o ayudaran a los movimientos terroristas. La opinión prevaleciente en la administración era que si bien no había evidencias de que países como Irak poseyeran ADM, era necesario actuar "preventivamente" contra los terroristas y tiranos, y forzar "cambios de régimen" en aquellos países que combinaran la capacidad de tener ADM con el apoyo al terrorismo. La administración Bush abandonó su inicial enfoque realista y más "humilde" acerca de los asuntos internacionales por un "moralismo robusto".

La administración estaba convencida de que la guerra preventiva contra los movimientos terroristas o los Estados que los respaldaran sería un proceso de largo plazo. En consecuencia —parafraseando al Che Guevara, que abogó por la creación de "un, dos, tres Vietnams" para ampliar la lucha revolucionaria antiimperialista— tendría que haber, si fuese necesario, "un, dos, tres Iraks" para derrotar a los Estados aventureros *(rogue States)*. Después de la invasión de Irak, Siria, Corea del Norte e Irán recibieron sendas advertencias en el sentido de que serían vigilados desde muy cerca y que, eventualmente, ellos podían ser los siguientes.

Bush elevó la prevención, mediante guerras de cambio de régimen, a una doctrina. La administración de Bill Clinton lanzó ataques aéreos contra campos de Al Qaida, donde se creyó que podía estar Osama bin Laden, y contra una planta química en Sudán, como secuela del ataque terrorista contra la embajada estadounidense en Tanzania, en el que murieron 250 personas y otras 5.000 resultaron heridas. Sin embargo, en esa época no se elaboró ninguna nueva doctrina en relación al uso de la fuerza.

La doctrina unilateral de la guerra preventiva contradecía la advertencia que en 1945 hiciera Harry Truman cuando afirmó: "Todos debemos reconocer (que) no importa cuán grande sea nuestra fuerza... debemos negarnos la licencia de hacer siempre como nos plazca". Los neoconservadores pensaban diferente en el contexto del 11/9 y estaban listos para ensayar la nueva doctrina en Irak.

Por cierto, ningún Estado en el mundo renunciaría al derecho de usar la fuerza preventivamente en caso de enfrentar un claro e inminente ataque, y como último recurso. Sin embargo, la prudente interpretación que elaborara el secretario de Estado norteamericano Daniel Webster en 1841, todavía está vigente: para ejercer el derecho a la autodefensa debe existir "una necesidad inmediata y arrolladora de autodefensa, sin dejar tiempo para deliberaciones ni para otros recursos"[3]. La jurisprudencia de la Corte Internacional de Justicia no se ha pronunciado en definitiva sobre el alcance de la autodefensa a la que se refiere la Carta de la ONU. Hay quienes argumentan que en la era en que las ADM pueden estar en manos de terroristas, parece razonable el uso de la fuerza preventiva como último recurso frente a un "peligro presente y claro". Evidentemente, es muy diferente una guerra por opción que una guerra por necesidad. Aún más, si se trata de una "doctrina" de intervenciones unilaterales para cambiar regímenes. Lo concreto es que, de acuerdo al derecho internacional existente, la legitimidad para usar la fuerza reside hoy en el Consejo de Seguridad de la ONU.

La decisión de dejar de lado a la ONU en la carrera hacia la guerra contra Saddam Hussein, sólo para retornar a la organización más adelante, en medio del caótico fragor de la guerra, demuestra un punto clave de este libro: los beneficios del multilateralismo y los costos del unilateralismo para Estados Unidos. Las guerras apoyadas por aliados fuertes y con respaldo internacional son más fáciles de ganar que las guerras en solitario.

Una "coalición de los dispuestos" puede ser grande en número, pero limitada en calidad. Un destacado analista subrayó esto en el caso de Irak, señalando que aquellos países que apoyaron a EE UU "lo hicieron sobre la base de los intereses de una élite —en casi todos los casos en oposición a los deseos de la amplia mayoría de sus poblaciones"—. Por ello muy pocos estuvieron dispuestos a poner "botas en terreno" durante la fase álgida de los combates y muchos retiraron sus tropas cuando la guerra comenzó a prolongarse[4].

Nada puede remplazar la legitimidad y el peso de una sólida alianza internacional respaldada por un mandato del Consejo de Seguridad de la ONU. Naciones Unidas tiene atributos de los que incluso una superpotencia carece: la autoridad moral para focalizar la atención mundial, la capacidad de convocar a la comunidad internacional para que responda a una crisis, la influencia para generar consensos respecto a temas difíciles y la legitimidad detrás de sus acciones. EE UU es indiscutiblemente la superpotencia mundial, pero, crecientemente, para actuar en forma eficaz no podrá prescindir de coaliciones amplias y estables, y de decisiones sólidas negociadas en instituciones multilaterales. Por lo menos, ésta es una lección básica que se desprende del conflicto de Irak.

---

[1] *Brent Scowcroft. "Don't Attack Saddam".* The Wall Street Journal, *agosto 15, 2002: A11*

[2] *Barton Gellman y Dafna Linzer. "Afghanistan, Iraq: Two Wars Collide".* The Washington Post, *22 oct. 2004: A1.*

[3] *Daniel Webster; citado por Adam Roberts. "The Use of Force". En: David Malone (ed.). The U.N. Security Council (Boulder: Lynne Rienner Publishers, 2004) 145.*

[4] *Francis Fukuyama. "The Neoconservative Moment". The National Interest (Summer 2004): 63.*

2. JUEGOS DE GUERRA EN LA ONU: UN RELATO DE OPORTUNIDADES PERDIDAS

El presidente George W. Bush concurrió en septiembre de 2002 a la Organización de las Naciones Unidas para presentar el caso de Irak, pero lo hizo de manera reticente. Muchos le habían aconsejado que evitara el Consejo de Seguridad, ya que con un órgano tan diverso no llegaría a ningún resultado útil y, además, Rusia y Francia podían hacer uso de su poder de veto.

Los ideólogos neoconservadores William Kristol y Robert Kagan editorializaron en su revista *The Weekly Standard:* "El proceso de inspecciones en el que estamos embarcándonos es una trampa (…) diseñado para satisfacer a aquellos que en Europa se oponen a la acción militar de EE UU contra Irak; y fue negociado por aquellos que en el interior de la administración Bush nunca han ocultado su oposición a la acción militar en Irak". Concluían expresando su confianza en que "el presidente se asegurará de que la visión de su administración no sea nublada por el humo que emana de la ONU, y que, en el momento correcto, agradecerá a la ONU y a nuestros 'aliados' por su esfuerzo y ordenará a sus militares dedicarse al urgente asunto de la remoción del régimen de Saddam Hussein de Irak"[1].

Pese al recelo del neoconservadurismo, el presidente Bush decidió asistir a la sesión de la Asamblea general de la ONU el 12 de setiembre, donde pronunció un discurso clave centrado en Irak, presentando al régimen de Saddam Hussein como "un peligro grave y creciente", agregando que "sugerir lo contrario es apostar contra lo evidente". Para el presidente Bush, el régimen iraquí representaba "una amenaza a la autoridad de la Organización de las

Naciones Unidas y una amenaza a la paz". Recordándole al nutrido auditorio reunido en el gran salón de la Asamblea general que el Consejo de Seguridad de la ONU fue creado para que sus "deliberaciones fueran algo más que palabras", a diferencia de la Liga de las Naciones, Bush planteó una disyuntiva: la ONU "servirá a los propósitos para los que fue fundada o bien se tornará irrelevante".

Después de dos meses de deliberaciones, en noviembre, el Consejo de Seguridad de la ONU endureció las medidas contra Irak, tal como quería la administración Bush. Todavía resonaban las palabras de Bush en su discurso de septiembre, "trabajaremos con el Consejo de Seguridad de la ONU en pos de las resoluciones necesarias. Pero no se debe dudar de los propósitos de Estados Unidos. Las resoluciones del Consejo de Seguridad deberán ser aplicadas o la acción será inevitable".

No obstante, el mensaje del secretario general Kofi Annan esa misma mañana del 12 de setiembre de 2002 en la Asamblea general, parecía reflejar la visión de la mayoría presente en la sala. "Me presento ante ustedes como un multilateralista", dijo Annan, y agregó: "Todo gobierno comprometido a mantener el imperio de la ley en el plano doméstico tiene que estar también comprometido con el imperio del derecho internacional. Y todos los Estados tienen un claro interés, así como una clara responsabilidad, en apoyar el derecho internacional y mantener el orden internacional".

Resolución para actuar

Después de la Asamblea General de septiembre, el gobierno de Saddam permitió el regreso "sin condiciones" de los inspectores de armas de la ONU a Irak. Parecía mejor aceptar las inspecciones dentro del marco legal vigente de las resoluciones aprobadas desde 1991, en lugar de arriesgar una nueva resolución que, evidentemente, podría ser —como al final lo fue— mucho más exigente en un momento en que Irak temía ser objeto de una acción militar[2]. Pero las inspecciones tuvieron que esperar hasta que se aprobara por unanimidad, el 8 de noviembre de 2002, la Resolución 1441, que terminó siendo conocida como la "última oportunidad". Los estadounidenses, que no se sentían precisamente contentos con la aceptación iraquí de las inspecciones en septiembre, estaban ahora satisfechos de que Irak tendría que enfrentar un desafío más exigente. Washington comenzó a cambiar su discurso y en lugar de referirse a "cambio de régimen" comenzó a hablar de "desarme".

En 1997, Irak había expulsado a todos los norteamericanos que integraban el primer equipo de inspectores de la ONU, acusando a Washington de usar las inspecciones como pantalla para ocultar actividades de espionaje. Este equipo regresó más tarde, pero una nueva turbulencia ocurrió cuando, en agosto de 1998, el inspector estadounidense Scott Ritter renunció y declaró que las inspecciones de armas de la ONU no eran lo suficientemente severas, en tanto Bagdad interrumpía su colaboración con el proceso de inspecciones.

El 2002, el régimen de Saddam Hussein aceptó a regañadientes la Resolución 1441 dentro del plazo de una semana que establecía dicha resolución. En una carta a Kofi Annan, el ministro de Relaciones Exteriores iraquí, Naji Sabri Ahmed, respondió que su gobierno "se manejaría con la Resolución 1441" y estaba preparado para aceptar a los inspectores en el marco del calendario establecido. En una segunda carta enviada pocos días después, el gobierno iraquí se quejó de que la resolución era "inconsistente con el derecho internacional, la Carta de la Organización de las Naciones Unidas, las resoluciones relevantes del Consejo de Seguridad y los elementos constitutivos relevantes de las organizaciones del sistema de la ONU concernientes al régimen de inspecciones y controles de Irak". Sin embargo, Irak no tenía otra opción que aceptar el nuevo sistema de inspecciones.

El ambiente de la aprobación de la resolución del consejo había sido extremadamente tenso: EE UU movilizó a miles de sus tropas hacia la región del Golfo y a ello se agregó que el 13 de octubre de 2002 la Cámara de Representantes y el Senado aprobaron una resolución conjunta que autorizaba el empleo de la fuerza militar en contra de Irak (Resolución H.J. 114). Bush declaró que esta acción bipartidaria era "clara y fuerte" y "mostraría a amigos y enemigos la voluntad de Estados Unidos".

En ese momento se barajaban dos interpretaciones: o bien Estados Unidos estaba usando la amenaza del uso de la fuerza para forzar a Saddam a que acatara en su totalidad las exigencias del Consejo de Seguridad —algunos pensaban que la movilización militar estadounidense del verano de 2002 había forzado a Irak a aceptar la reanudación de las inspecciones— o, peor aún, que independiente de lo que hiciera Saddam, los preparativos para invadir Irak continuarían sin detenerse y no habría forma de retroceder.

Si bien existe evidencia de que Irak fue un objetivo de la administración Bush desde el 11/9, habría sido en el verano de 2002, al regresar Bush de sus vacaciones en el rancho de su familia en Crawford, Texas, cuando sus asesores lo convencieron en definitiva de la necesidad de invadir Irak. Pero había variadas razones para darle una última oportunidad a Hussein. El gobierno británico de Tony Blair necesitaba, por razones domésticas, recorrer la ruta del Consejo de Seguridad; segundo, la opción de la ONU suavizaría las diferencias internas que existían en Washington respecto a Irak y, tercero, las encuestas demostraban que los votantes norteamericanos en las elecciones parlamentarias de mitad del periodo favorecían una política estadounidense hacia Irak respaldada por la ONU.

Las inspecciones en terreno del equipo de la ONU se iniciaron el 27 de noviembre y procedieron rápidamente. Otro paso hacia la guerra ocurrió cuando, el 19 de diciembre de 2002, una declaración de Irak requerida en la Resolución 1441, por la cual ese país debía dar cuenta de todos los aspectos vinculados a sus ADM y programas misileros, no satisfizo las expectativas de los inspectores ni las de los miembros del Consejo de Seguridad, a pesar de su extensión de más de 12.000 páginas de información ya conocida y reciclada. EE UU reaccionó sosteniendo que Irak "materialmente estaba violando sus obligaciones". La administración Bush concluyó que la guerra era la única forma para lidiar con Saddam Hussein. Las interrogantes que quedaban pendientes entonces eran: en qué momento usar la fuerza y por cuánto tiempo acoger las opiniones de los aliados potenciales.

Puesto que no se había llegado a ninguna conclusión clara respecto a si Irak efectivamente tenía ADM, el consejo acordó que el proceso de inspecciones debía acelerarse y producir evidencias sólidas de cualquier infracción cometida por el régimen de Bagdad. El trabajo de Hans Blix, jefe del equipo de la Comisión de Inspección, Verificación y Control de la ONU para Irak (UNMOVIC, por su denominación en inglés), y el del director general de la Agencia Internacional para la Energía Atómica (AIEA), Mohamed ElBaradei, se convirtió progresivamente en el foco del debate internacional en relación a Irak.

El año 2003 comenzó con una reunión del Consejo de Seguridad el 9 de enero, en la cual Blix y ElBaradei coincidieron en que el régimen de Saddam estaba proveyendo acceso adecuado y que todavía no se descubría un "arma humeante" que indicara culpabilidad, aunque la declaración entregada por Irak era considerada insuficiente. En cambio, Washington y Londres afirmaban públicamente que en Irak existían armas, materiales y actividades proscritas y estaban prontas para ser usadas. UNMOVIC sostenía que no se habían encontrado ADM en los sitios inspeccionados, aunque no se podía descartar la posibilidad de que "dichos elementos y actividades no pudieran existir en otros lugares". Los inspectores trataban de mantener un delicado equilibrio para sostener su credibilidad y ganar tiempo para completar el trabajo asignado, mientras que en Washington se acababa la paciencia.

En una sesión pública, el lunes 27 de enero se produjo un importante giro en el Consejo de Seguridad. Dicha reunión creó expectativas porque, entre otras cosas, en la sesión del 9 de enero del Consejo de Seguridad, Hans Blix había sostenido que dado que el proceso de inspecciones en Irak comenzó en 1991, y no el 2002 con la Resolución 1441, el proceso no debía terminar el 27 de enero. Por lo tanto, de acuerdo a la Resolución 1284 de 1999 del Consejo de Seguridad, el siguiente informe cuatrimestral debía ser entregado el 1 de marzo del 2003. Washington cuestionó fuertemente esta interpretación, que fue considerada como una maniobra dilatoria.

En consultas informales del Consejo de Seguridad, el embajador estadounidense John Negroponte declaró el 16 de enero que "moverse dentro del calendario establecido por la Resolución 1284 enviaría un mensaje erróneo a Irak: un mensaje de que todo está normal". Agregó que la Resolución 1441 del Consejo de Seguridad le daba a Saddam una "oportunidad final para cumplir" y exigió que Irak "cooperara inmediata, incondicional y activamente" y que, por contraste, la Resolución 1284 había sido adoptada "en un contexto diferente para establecer un camino para la suspensión y finalmente el levantamiento de las sanciones". El diplomático norteamericano concluyó que era "difícil sino imposible visualizar la aplicación del calendario establecido en la 1284". Otros países, sin embargo, opinaron que las Resoluciones 1284 y 1441 eran complementarias, que no existían "fechas límites" para las inspecciones y que, al final del día, el punto importante era el acatamiento iraquí a las exigencias de desarme. Estaba claro que Washington no quería ningún "subterfugio" que le diera más tiempo a Saddam.

Ante la creciente intensidad del debate sobre Irak, la mayoría de los ministros de Relaciones Exteriores de los 15 países miembros del Consejo de Seguridad viajó a Nueva York para asistir a la sesión del 27 de enero. En esa ocasión, Blix destacó progresos en los accesos permitidos a los inspectores, pero sugirió que desde un punto de vista estratégico una "decisión similar se requería en lo sustancial". La conclusión clave del equipo de inspectores de la ONU era que no se podía asegurar o excluir la existencia de ADM en Irak. Como es habitual en el trabajo del Consejo de Seguridad, una vez que los informes son presentados en reuniones públicas por parte de funcionarios de la ONU, se levanta la sesión y comienzan las consultas a puerta cerrada en las que participan sólo los 15 países miembros del consejo.

En las sesiones privadas del Consejo de Seguridad de esa mañana y tarde del 27 de enero, los ministros y representantes plantearon diversas preguntas a Blix y ElBaradei. Algunos, como los de Rusia, Alemania, Francia y China hicieron hincapié en que Irak estaba cooperando con el proceso de inspecciones, pero que se necesitaba que la cooperación fuese más dinámica, y resaltaron que Bagdad estaba respondiendo a todas las interrogantes planteadas por Blix y ElBaradei, facilitando, además, las entrevistas con científicos y especialistas. Del otro lado, España, el Reino Unido y EE UU indicaron la escasa cooperación de Irak y que las inspecciones no podían prolongarse indefinidamente. El secretario de Estado Colin Powell enfatizó que las inspecciones no eran el objetivo final de la Resolución 1441, sino que "el desarme" y que "no había evidencia alguna que indicara que Saddam (estaba) voluntariamente desarmando a su país de armas químicas, biológicas, de capacidades nucleares y misiles balísticos".

Al día siguiente, el presidente Bush pronunció su discurso sobre el Estado de la Unión ante el Congreso pleno, oportunidad en la que sugirió que Hussein estaba intentando fabricar armas nucleares, citando dos aseveraciones que más tarde se tornarían altamente polémicas: "El gobierno británico ha sabido recientemente que Saddam Hussein ha procurado en África cantidades significativas de uranio" y que "evidencias provenientes de fuentes de inteligencia, comunicaciones secretas y declaraciones de personas que ahora están detenidas, revelan que Saddam Hussein ayuda y protege a terroristas, incluidos miembros de Al Qaida". En el transcurso del mismo discurso, Bush anunció que EE UU pediría al Consejo de Seguridad reunirse el 5 de febrero para recibir del secretario Powell información y datos de inteligencia "sobre el programa de armas ilegales de Irak, sus intentos de ocultar esas armas a los inspectores y sus vínculos con grupos terroristas". Bush concluyó su discurso con una ominosa aseveración: "Vamos a consultar, pero que no haya malos entendidos. Si Saddam Hussein no se desarma por completo... vamos a liderar una coalición para desarmarlo". Era casi lo mismo que pocos días antes me había transmitido Condi: "Atacaremos a Irak, con o sin la ONU".

A esa altura, se intensificaban los rumores sobre una segunda resolución del Consejo de Seguridad —que varios miembros del consejo no deseaban— y que el presidente Lagos y yo sabíamos que vendría pronto. La posición de Chile era que la guerra debía evitarse; que se le debía dar suficiente tiempo a la UNMOVIC, pero no indefinido, para que realizara exhaustivas inspecciones, y que cualquier uso eventual de la fuerza militar en Irak requeriría de una nueva resolución que se analizaría con criterio abierto.

Una vez más, Tony Blair estaba detrás de la búsqueda de una segunda resolución, tal cual había presionado a Bush a seguir el camino del Consejo de Seguridad de la ONU en noviembre de 2002 para conseguir la Resolución 1441 para desarmar a Irak. La oposición a Blair crecía no sólo en las calles sino que también, y más peligroso aún, en el interior de las propias filas laboristas.

Pero, ¿por qué Blair apoyaba tan firmemente la postura estadounidense? El estratega político y comunicacional, además de asesor clave de Blair, Philip Gould, me explicó, en una relajada conversación que sostuvimos durante una visita oficial que hice a Londres el 2002, en mi calidad de ministro secretario general de gobierno de Chile, que uno de los mayores éxitos de Tony Blair y el movimiento "Nuevo Laborismo" consistió en desbordar a los conservadores "por la derecha" al comprometerse firmemente con la alianza atlántica. En el pasado, el Partido Laborista siempre se mostraba reticente frente a cualquier alianza con Estados Unidos en momentos de crisis, mientras que los *tories* sacaban ventaja de su incondicional alineamiento con Washington, un sentimiento que cala profundo en la opinión pública británica. En síntesis, Blair le quitó el piso al Partido Conservador al arrimarse decididamente a Bush.

A fines de enero de 2003, Bush invitó a Blair a Camp David para discutir la presentación de una nueva resolución. Blair había estado en febrero de 2001 en la residencia presidencial de fines de semana en las afueras de Washington, cuando se había reunido con Bush para conversar de asuntos vinculados a la defensa europea. También había estado allí en septiembre de 2002, cuando el presidente estuvo de acuerdo en ir a la ONU por el caso de Irak, después de que Blair argumentara que podría perder el liderazgo del Partido Laborista si Bush no concurría a la ONU a presentar la situación de Irak.

El viernes 31 de enero fue un día gélido de invierno en Washington, con una suave nevada y fuertes vientos que no permitieron despegar a los helicópteros que trasladarían a los dos líderes a las cabañas de descanso en Camp David. Se vieron obligados entonces a permanecer por el fin de semana en el área residencial de la Casa Blanca, en el segundo piso, en una cumbre que comenzó a la hora del almuerzo y se extendió hasta la cena. Bush accedió al pedido de Blair de una segunda resolución, lo cual, en realidad, fue la confirmación de una decisión ya internalizada por los principales integrantes de la administración Bush.

Sin embargo, como en pocos días Colin Powell hablaría ante el Consejo de Seguridad de la ONU para tratar de presentar "el arma humeante" de las ADM en Irak, los expertos comunicacionales de la Casa Blanca recomendaron bajarle el tono a la búsqueda de la aprobación de una segunda resolución. Blair se mostró algo molesto. En la conferencia de prensa que se realizó al día siguiente, Bush evitó cualquier referencia explícita a la resolución, pero en respuesta a una pregunta, dijo: "Si Naciones Unidas decidiera aprobar una segunda resolución, sería muy bien recibida, si es otra señal de que estamos tratando de desarmar a Saddam Hussein".

Estados Unidos y el Reino Unido habían llegado a la conclusión, en noviembre de 2002, de que no necesitaban una resolución adicional para actuar contra Saddam. Pero las condiciones políticas habían cambiado en Gran Bretaña. Importantes dirigentes del Partido Laborista como Robin Cook, líder de la Cámara de los Comunes, y la secretaria para el Desarrollo Internacional, Clare Short, habían expresado públicamente que una interpretación ajustada al derecho internacional requería una nueva resolución del consejo que explícitamente autorizara el eventual uso de la fuerza en Irak.

A fines de enero la atención comenzó a centrarse en cuáles serían las evidencias que el secretario Powell presentaría al Consejo de Seguridad el 5 de febrero. El último día de enero, el consejo se reunió para discutir el formato que tendría la presentación del 5 de febrero. Se aprobó una propuesta de EE UU para que la sesión fuese pública y abierta a la prensa, y solamente los miembros del consejo interviniesen, permitiendo, eso sí, el uso de la palabra a la delegación iraquí.

A las 10.15 de la mañana del día miércoles 5 de febrero de 2003, la sala de sesiones del Consejo de Seguridad estaba repleta. Powell inició su presentación de una hora y media de duración, flanqueado por dos pantallas gigantes a sus espaldas, hacia las esquinas de la sala. El telón de fondo era el voluminoso, brillante y magnífico óleo del artista noruego Per Krohg que simboliza la promesa de paz, libertad y progreso de la humanidad, realizado en 1952. Sentado justo detrás de Powell estaba el director de la CIA, George Tenet, en calidad de miembro de la delegación norteamericana. Los 15 países estaban representados a nivel de ministros de Relaciones Exteriores. Alemania presidía el consejo en la persona del vicecanciller y ministro de Relaciones Exteriores, Joschka Fischer; a su derecha, en la gran mesa con forma de herradura, estaba el secretario general de la ONU, Kofi Annan, y a continuación los ministros de Relaciones Exteriores de Francia, China y Chile.

Powell empezó su presentación citando afirmaciones de Blix y ElBaradei en el sentido de que Irak todavía no había demostrado "una genuina aceptación de desarmarse como le fuera exigido" y que con respecto al tema nuclear no había sido proporcionada ninguna información nueva relevante en relación con las preguntas pendientes desde 1998. Luego, procedió a presentar una cinta grabada, la cual se suponía era una conversación del 26 de noviembre de 2002, un día antes de que se reanudaran las inspecciones de la ONU en Irak, entre dos oficiales de alto rango de la Guardia Republicana de Irak, en la que se detallaba cómo ciertos elementos habían sido trasladados y escondidos, pero no destruidos.

Otra grabación fue presentada. Colin Powell afirmó que Saddam no sólo estaba ocultando armas, sino que "también trataba de esconder personas", refiriéndose a los científicos que los inspectores de la ONU deseaban entrevistar. Además, Powell denunció la existencia de fábricas móviles de armas biológicas "sobre ruedas y rieles... diseñadas para evadir su detección por los inspectores".

Se escuchó una tercera cinta que sugería el movimiento de "gases nerviosos", lo cual llevó a Powell a afirmar categóricamente que "Saddam Hussein tiene armas químicas" y, aún más, que no había "indicación alguna de que Saddam Hussein hubiese alguna vez abandonado su programa de armas nucleares" y que, de hecho, existían "pruebas de que (Hussein) persiste en la determinación de adquirir armas nucleares". La presentación en Power Point le permitió a Powell —siguiendo buenas técnicas comunicacionales— resaltar el mensaje deseado, en repetidas diapositivas con fuertes letras en blanco y amarillo estampadas sobre un fondo azul: "Irak rehúsa desarmarse: negaciones y engaño. Armas nucleares. Terrorismo. Armas químicas" eran las lecturas de las diapositivas. El secretario mostró un pequeño frasco con un líquido que se suponía era ántrax y que, de ser real —señaló—, tendría una tremenda capacidad destructiva. Powell no repitió, sin embargo, la afirmación del presidente Bush de que Irak había procurado comprar uranio en un país africano.

Powell agregó que su discurso de ese día estaba "respaldado por fuentes sólidas. Éstas no son suposiciones. Lo que les estamos entregando —añadió— son hechos y conclusiones basados en sólidas informaciones de inteligencia". Estas palabras se volverían en su contra más adelante. Aproximadamente un año después, en abril de 2004, durante un vuelo transatlántico, Powell admitió en una conversación con periodistas que su presentación sobre los supuestos laboratorios de armas biológicas móviles de Irak no había sido "tan sólida", sugiriendo haber sido mal asesorado por la CIA[3].

El escepticismo respecto al discurso de Powell ante el Consejo de Seguridad aumentó después de que el jefe estadounidense de los inspectores de armas, David Kay, dijera que dudaba, después de meses de búsqueda en el Irak ocupado por EE UU, que futuras búsquedas de ADM pudieran descubrir algún tipo de arma no convencional. Varios meses antes, *The New York Times* había concluido que la administración Bush había exagerado las evidencias sobre el armamento no convencional iraquí y los vínculos con Al Qaida y "subestimado el caos potencial en un país que había soportado años de guerras, sanciones y dictadura"[4].

Aquella mañana del 5 de febrero en la gran sala del Consejo de Seguridad, los ministros de Relaciones Exteriores solicitaron que la información entregada por Powell fuera transmitida a los inspectores de la ONU y manifestaron su reconocimiento al compromiso estadounidense con el enfoque multilateral respecto a Irak. La mayoría de los ministros expresó su deseo de una resolución pacífica de la crisis y mientras algunos enfatizaron la urgencia de resultados, otros explícitamente respaldaron la extensión del calendario de inspecciones.

El Consejo de Seguridad volvió a reunirse en la mañana y tarde del 14 de febrero de 2003, contando con la presencia de prácticamente todos los ministros de Relaciones Exteriores en representación de sus respectivos países. Numerosas cadenas de televisión transmitieron en vivo a todo el mundo las sesiones públicas de esta reunión del Consejo de Seguridad que los periodistas denominaron "La masacre del día de san Valentín". Los inspectores Blix y ElBaradei habían estado en Bagdad la semana anterior supervisando cómo proseguían las inspecciones en terreno. Esta vez informaron de resultados positivos: los iraquíes habían permitido que aviones U-2 sobrevolaran su territorio, algo que Saddam Hussein rechazara enérgicamente durante meses. Sin embargo, el gobierno de EE UU se impacientaba cada vez más con el Consejo de Seguridad y con el proceso de inspecciones, por lo que la autorización de los vuelos de los U-2 no impresionó a Washington.

Blix fue cauteloso durante su informe de la mañana, al señalar: "Hay algo de esperanza", y agregó que tenía razones para estar más optimista respecto a su último informe, pese a que los cambios o progresos registrados no eran drásticos. El informe de Blix discrepaba con la información de inteligencia presentada dramáticamente la semana anterior por Downing Street y la Casa Blanca a través de Colin Powell. Blix y ElBaradei insistían en que Irak estaba cooperando, por lo cual las inspecciones podían avanzar. Blix reiteró que no se podían anticipar conclusiones en cuanto a que existieran ADM en Irak, pero advirtió que "tampoco se descarta esa posibilidad".

Los británicos y estadounidenses estaban enfurecidos con el último informe de los inspectores. Las diferencias entre los miembros del Consejo de Seguridad eran cada vez más evidentes y marcadas.

El tira y afloja de preguerra

Francia era de la idea de que el proceso de inspecciones podía ser reforzado con elementos tales como más inspecciones, aumento de la vigilancia aérea, inspecciones del tráfico terrestre, mejoramiento del flujo de la información de inteligencia desde las agencias nacionales hacia los inspectores, todo ello con el propósito de evitar la guerra. China sostenía que las inspecciones debían continuar y mejorar en eficiencia y que el aumento de las inspecciones podía conducir a una solución política. El ministro de Relaciones Exteriores ruso estaba de acuerdo con que las inspecciones debían seguir y sugirió que, según la Resolución 1284, debería elaborarse un listado de "tareas claves de desarme pendientes", lo cual facilitaría un índice objetivo para evaluar el grado de cooperación iraquí.

Pero, del otro lado, Estados Unidos y el Reino Unido perdían la paciencia, no sólo con Irak, sino que también con sus socios en el Consejo de Seguridad. En la reunión del 14 de febrero, Colin Powell descartó la idea de más inspectores e inspecciones y afirmó que era necesario declarar "hasta aquí llegamos y no hay razón para continuar". Powell agregó enérgicamente: "Acatar es acatar; el tiempo pasará y continuaremos diciendo que todavía no vemos el nivel de cumplimiento que queremos". El secretario de Relaciones Exteriores británico, Jack Straw, expresó su escepticismo acerca de las entrevistas a científicos iraquíes como vía para conseguir mejor información sobre las ADM y recordó a sus colegas que en 1991 se le concedieron a Irak 90 días para desarmarse y no lo hizo. Por lo tanto, concluyó, debería haber "una amenaza creíble de uso de la fuerza" y que una eventual acción en Irak enviaría una poderosa señal a otros potenciales proliferadores.

Chile y México, en su condición de miembros no permanentes del Consejo de Seguridad, veían que en virtud de la progresiva polarización interna, la posición que ellos adoptaran se tornaría cada vez más esencial en caso de que se buscase obtener los nueve votos requeridos para aprobar una nueva resolución, siempre y cuando ninguno de los miembros permanentes la vetara.

Aprovechando la reunión del 14 de febrero en Nueva York, los ministros de Relaciones Exteriores de México, Luis Ernesto Derbez, y de Chile, Soledad Alvear, sostuvieron consultas bilaterales. Derbez señaló lo cansado que lucía el ministro de Relaciones Exteriores y presidente del Consejo de Seguridad, Joschka Fischer, quien había expresado que pronto se enfrentaría la presentación de una nueva resolución y que era difícil predecir cuál sería la posición rusa y francesa. Los cancilleres latinoamericanos acordaron que no apoyarían, aún, una resolución que respaldara la guerra y que tendrían que existir razones claras y contundentes para apoyar el uso de la fuerza. Ambos pensaban que EE UU presentaría muy luego el borrador de una nueva resolución afirmando que Irak estaba "en abierta rebeldía" y que "el tiempo se acabó".

Entre las conversaciones paralelas a la reunión del Consejo de Seguridad del 14 de febrero, Colin Powell invitó a sus colegas de los 10 países miembros elegidos a una reunión informal en el hotel Waldorf Astoria en Park Avenue, esquina con la calle 50. Lo primero que sorprendió a los ministros a medida que iban llegando al hotel por la entrada de la calle 50, era que en la sala de la reunión, sentado también en la cabecera de la mesa al lado de Powell, el anfitrión, se encontraba el ministro británico Jack Straw.

El secretario de Estado norteamericano dio la bienvenida a sus invitados y de inmediato entró en materia. Washington ya estaba "haciendo preparativos para la ayuda humanitaria" en la región del Golfo para atender las necesidades de la población civil en caso de una acción militar. EE UU, afirmó, ejercería su liderazgo y actuaría contra el régimen de Saddam Hussein y no contra el pueblo iraquí. Powell agregó que Washington no tenía ningún interés de prolongar la acción militar más allá de lo necesario y que favorecería un proceso de reconstrucción que asegurara el desarrollo económico, la paz y la estabilidad para Irak y sus vecinos. ¿Podía haber un mensaje más claro de que la guerra estaba *ad portas?*

El punto más interesante de la conversación organizada por Powell fue la sugerencia del ministro Fisher de identificar "elementos objetivos" como parámetros para evaluar la cooperación por parte de Hussein. ¿Por qué no hacer un esfuerzo para establecer criterios concretos que permitan una evaluación efectiva del grado de progreso de las inspecciones y del plan de trabajo que Hans Blix debe presentar?, preguntó el ministro alemán. Powell no se comprometió con una respuesta, pero no descartó la idea. A partir de entonces, varios países comenzaron a usar la palabra en inglés *benchmarks* para referirse a ese índice objetivo para medir la cooperación del régimen de Saddam Hussein. La idea de Fischer ya circulaba en el ambiente. El presidente Lagos también había sugerido la posibilidad de establecer parámetros o *benchmarks* en conversaciones anteriores con el presidente Bush, porque Tony Blair había mencionado el tema. Bush no le concedía mayor importancia a esa idea.

Varios ministros expresaron que era necesario mantener la "unidad del Consejo de Seguridad" junto con enfatizar que debían cumplirse los requisitos expresados en la Resolución 1441, en tanto Powell insistió en que la presión sobre Irak debía continuar hasta que las exigencias de las resoluciones adoptadas fueran satisfechas, declarando que mantenía sus "dedos cruzados" para que se produjera un eventual cambio de régimen impulsado por los propios iraquíes o por la decisión de Saddam de abandonar el país.

A esas alturas se sabía que los saudíes estaban tratando de persuadir a Hussein para que se exilara. El ministro de Relaciones Exteriores saudita, príncipe Saud al-Faisal, se había reunido con el presidente Bush el jueves 30 de enero para discutir esa iniciativa, después de consultar con Chirac y Blair. Abundaban los rumores acerca de una hipotética resolución del Consejo de Seguridad por la cual se le ofrecería a Saddam amnistía por crímenes de guerra a cambio de que se exilara y cumpliera con la Resolución 1441. Previamente, el ministro de Relaciones Exteriores egipcio, Ahmed Maher, había negado todo tipo de participación en el plan de exilio, aunque el canciller filipino, Blas Opple, confirmó que existía una iniciativa árabe para que Saddam dejara voluntariamente el poder y saliera del país[5]. La idea del exilio se habría originado en Arabia Saudita y Turquía, y la inteligencia saudita llegó a conversar sobre la posibilidad con el hijo de Husssein, Qusai. La iniciativa se continuó explorando hasta el día de la invasión. A principios de marzo, el rey de Bahrain, Sheik Hamed al-Khalifa, le ofreció a Hussein asilo en la isla del Golfo. El fin de semana del 16 al 17 de marzo tanto Bush como el vicepresidente Cheney le plantearon públicamente a Hussein la cruda disyuntiva "huye o pelea".

Muchos países fuera del Consejo de Seguridad —desde Japón, pasando por Brasil e India hasta Canadá— clamaban porque se escucharan sus puntos de vista sobre la crisis que en ese momento monopolizaba la política mundial. Por ello, en febrero de 2003 se realizó un debate abierto del Consejo de Seguridad de la ONU, en el que 61 delegaciones tomaron su turno para hablar sin ser interrumpidas por los miembros del consejo. Entre las numerosas declaraciones, la presentada por la Unión Europea —por intermedio de su presidente griego— enfatizó que "la guerra no (era) inevitable" y que la fuerza debía ser utilizada "sólo como último recurso". La UE resaltó la urgente necesidad de que, en forma paralela, se realizaran esfuerzos para "fortalecer el proceso de paz en el Medio Oriente y para resolver el conflicto israelí-palestino".

Pero el tiempo de los discursos había llegado a su término y comenzaba el momento de las decisiones finales. El 24 de febrero, en una reunión a puerta cerrada en la estrecha e incómoda sala de consultas a un costado del Salón del Consejo de Seguridad, el Reino Unido, con el apoyo de Estados Unidos y España, presentó el texto que Condi Rice me había anunciado el 14 de enero. El párrafo clave de la parte preambular decía: "En vista de que Irak ha presentado una declaración de acuerdo a la Resolución 1441 (2002) que contiene aseveraciones falsas y omisiones y no ha cumplido y cooperado plenamente con la implementación de dicha resolución…", y luego el único párrafo operativo, bajo el capítulo VII de la Carta de la ONU, referido al uso de la fuerza, señalaba: "se decide que Irak ha fracasado en aprovechar la última oportunidad que se le otorgaba en la Resolución 1441 (2002)".

El embajador estadounidense intervino para subrayar que el borrador de resolución se justificaba porque el objetivo de la Resolución 1441 era "el desarme" y no las inspecciones, y que Irak no había cooperado ni activa ni honestamente con la UNMOVIC ni con la AIEA. Terminó su presentación lamentando que Irak no hubiera aprovechado la última oportunidad que se le había brindado.

Francia reaccionó proponiendo "reforzar las inspecciones". Distribuyó un memorando firmado también por Alemania y Rusia, con ideas de cómo fortalecer el proceso de las inspecciones acorde a un programa de trabajo preciso a ser presentado por los inspectores el 1 de marzo en vez de la imprecisa fecha de "antes del 27 de marzo". La opción militar —declaró el representante francés— "debería ser el último recurso", y destacó que las inspecciones habían producido resultados positivos. Rusia manifestó que no se había presentado ninguna prueba de la existencia de ADM en Irak y, además, cuestionó varios de los argumentos utilizados por EE UU y los coauspiciadores del borrador de resolución. Varios miembros del Consejo de Seguridad estimaban que la posición rusa era más dura que la francesa; ello, a pesar de que el gobierno de Chirac era presentado en los medios norteamericanos como el principal obstáculo para que EE UU iniciara la guerra.

Pocos días más tarde, el 5 de marzo, los ministros de Relaciones Exteriores de Francia, Dominique de Villepin; de Rusia, Iván Ivanov, y de Alemania, Joschka Fischer, se reunieron en París y dieron a conocer una declaración conjunta en la que afirmaban que las inspecciones estaban "produciendo resultados crecientemente alentadores"; urgían a las autoridades iraquíes "a cooperar con los inspectores más activamente para desarmar totalmente el país", y solicitaban que "se aceleraran las inspecciones" acorde con un memorando presentado al Consejo de Seguridad en el que se especificaban los asuntos pendientes con plazos y un detallado calendario. La declaración trilateral concluía afirmando: "En estas circunstancias, no permitiremos que se apruebe una resolución que autorice el uso de la fuerza. Rusia y Francia, en su condición de miembros permanentes del Consejo de Seguridad, asumirán todas sus responsabilidades sobre este punto". La amenaza del veto se cernía sobre el borrador de resolución auspiciado por Estados Unidos, el Reino Unido y España.

Durante el invierno del hemisferio norte de 2003, las perspectivas de aprobación de la nueva resolución que pavimentaba el camino a la guerra se veían remotas.

Aliados y amigos de EE UU realizaron sinceros esfuerzos para zanjar las diferencias. Canadá distribuyó un *non-paper* —como se denominan las notas informales en la jerga diplomática universal— en el que se reconocía que ambas posturas tenían algo de razón y proponía como posibilidad el 28 de marzo como "una fecha límite para la cooperación", precedida por un "calendario y requisitos para el desarme". La idea era establecer prioridades con fechas definidas para las tareas claves que debían ser cumplidas por Irak. Ésa fue una versión más elaborada de la idea de los *benchmarks*, también incluida en términos generales en el memorando de los franceses del 24 de febrero.

El 3 de marzo de 2003, el representante canadiense se reunió en las oficinas de la Misión de México con los 10 miembros no permanentes del Consejo de Seguridad, conocidos como "E-10" (los 10 electos), a diferencia de los "P-5" (los cinco permanentes). El embajador canadiense Paul Heinbecker explicó la propuesta de su gobierno e informó que su primer ministro, Jean Chrétien, al visitar México había sostenido positivas conversaciones con el presidente Vicente Fox. También había intercambiado puntos de vista con el primer ministro británico, Tony Blair, y con el presidente Chirac. En la reunión se comentó el rumor de que EE UU pondría a votación el borrador de resolución el día 7 de marzo. La mayoría coincidió en que todavía existía una pequeña posibilidad de promover una alternativa. Los E-10 acogieron en forma positiva el documento canadiense y respaldaron en términos generales la idea de definir parámetros con un calendario específico. Pero el planteamiento que establecía un sistema de tests de "aprobación o rechazo" no fue aceptado, aunque el embajador canadiense fue "alentado por muchos, incluso miembros de la llamada coalición de los dispuestos, para que perseverara" con lo propuesto en su documento[6].

El lunes 27 de febrero, en una nueva reunión privada de consultas del Consejo de Seguridad, la atención se centró en el informe que los inspectores habían entregado ese fin de semana. Las cosas no habían cambiado mucho y los países tampoco modificaron sus posiciones. En un comunicado de prensa, los inspectores informaron que ese mismo día Irak había aceptado "el requisito de destruir sus misiles y otros elementos listados por la UNMOVIC". Se trataba de los misiles Al Samoud 2, que tenían que ser destruidos porque excedían el límite de 150 kilómetros de alcance establecido por el Consejo de Seguridad, cosa a la que el régimen de Saddam se había resistido.

Los 10 miembros electos del consejo comenzaron a sentir la presión de la polarización y se dividieron. España ya se había unido a EE UU y al Reino Unido, pronto seguiría Bulgaria. El bloque contrario, liderado por Francia y Rusia, lo integraban Alemania y Siria, este último por evidentes razones. Ello dejaba a seis países atrapados en el medio: Camerún, Pakistán, Guinea, Angola, México y Chile.

A principios de marzo, estos dos últimos países iniciaron intensas rondas de conversaciones con diferentes grupos de naciones con la idea de concretar una alternativa viable a la guerra.

Los embajadores de Chile, Juan Gabriel Valdés, y de México, Adolfo Aguilar Zinser, se reunieron en forma conjunta con Hans Blix en su oficina, en el piso 31 del edificio de la ONU, para explorar las opciones más sólidas para resolver la crisis en forma pacífica. Los embajadores informaron a Blix que la propuesta canadiense expresaba, en alguna medida, las preocupaciones de sus respectivos países porque tenía "referencias o *benchmarks* dentro de plazos fijos", pero que el consenso no se generaría con un plazo tan inminente (28 de marzo) como el propuesto por Canadá ni con una decisión automática de ir a la guerra después de una fecha determinada. Por otra parte, agregaron, el memorando francés era "atemporal" y no reflejaba de manera debida la gravedad de la situación existente.

Blix contó que en su informe del 7 de marzo al consejo se referiría a los elementos del plan de trabajo que debería presentar el 27 de marzo; plan que, no obstante estar listo, EE UU, el Reino Unido y España habían impedido su entrega inmediata al consejo. Aquel incluía tareas concretas que Irak tendría que realizar dentro de plazos precisos. Blix sugirió que contaba con el respaldo del secretario general, Kofi Annan. También les dijo a los embajadores que los informes de inteligencia recibidos de los aliados sólo habían sido útiles en tres casos específicos, y luego les comunicó su preocupación acerca de la naturaleza "nebulosa" del borrador de resolución de la coalición.

Durante el almuerzo mensual del secretario general de la ONU con los miembros del Consejo de Seguridad, el 4 de marzo, en uno de los amplios comedores con vista al East River y Queens, Kofi Annan planteó que según la última información suministrada por los inspectores, Irak estaba trabajando mucho mejor con la UNMOVIC y la AIEA. Luego pronunció un dramático llamado a los embajadores presentes: "Les pido urgentemente encontrar un punto de convergencia. No soy ingenuo, pero es evidente que necesitamos diálogo real. Estoy dispuesto a trabajar con cada uno de ustedes para encontrar una solución que permita el desarme pacífico de Irak".

La discusión de sobremesa giró en torno al borrador de resolución y sus implicancias legales. De acuerdo al asesor del secretario general de la ONU, Ralph Saklin, en caso de guerra, ya fuese con o sin autorización del Consejo de Seguridad, se aplicaría la Convención de Ginebra respecto a un país ocupante y país ocupado. Además, se requeriría otra resolución que abordara los asuntos pendientes entre la ONU e Irak.

El viernes 7 de marzo a las 10.35 de la mañana, el Consejo de Seguridad volvió a reunirse con la mayoría de los ministros de Relaciones Exteriores presentes, incluidos Colin Powell, Jack Straw y Dominique de Villepin. Una vez más, el público colmó la totalidad de los 232 asientos del salón del consejo, más los 118 reservados para la prensa y observadores. Lejos de allí, 250.000 soldados estadounidenses se concentraban cerca de las fronteras de Irak.

La noche anterior, a la hora *peak* de la televisión, Bush había ofrecido una conferencia de prensa, la primera en casi un año y medio, en la cual se comprometió a "no dejar al pueblo estadounidense a merced del dictador iraquí y sus armas" y declaró que era "un hecho" que Saddam no se había desarmado. Para algunos observadores la inusual conferencia de prensa de Bush "parecía destinada a adelantarse al informe del inspector jefe de la ONU, Hans Blix, programado para el viernes 7 de marzo, en el cual se esperaba diría que Hussein finalmente estaba destruyendo algunas de sus armas y que los inspectores necesitaban más tiempo para completar su trabajo"[7].

Blix y Mohammed ElBaradei informaron al Consejo de Seguridad sobre el proceso de inspecciones. La destrucción de los misiles Al Samoud 2, bajo la supervisión de la UNMOVIC, indicó Blix, constituía "una sustancial medida de desarme... la primera desde mediados de la década de 1990". De hecho, agregó, "no estamos ante la destrucción de unos mondadientes. Están siendo destruidas armas letales". A modo de equilibrio, lamentó que el trabajo de destrucción no continuara. Respecto a otras materias, Blix afirmó que "uno no puede dejar de desconocer que después de un periodo de cooperación reacia, desde fines de enero ha habido una aceleración de las iniciativas de parte de Irak".

ElBaradei rebatió algunas acusaciones relativas a un presunto reinicio del programa de producción de armas nucleares en Irak. Su conclusión era que los tubos de aluminio importados supuestamente para fabricar centrífugas, estaban destinados a la producción de cohetes. La hipotética adquisición de uranio desde Níger, África, mencionada por el presidente Bush en su discurso sobre el

Estado de la Unión de 2003, se basaba, según ElBaradei, "en documentos que en realidad no son auténticos", y agregaba que no había "señales de que Irak hubiera intentado importar uranio desde 1990". Concluyó que "después de tres meses de inspecciones intrusivas, debemos decir que no hemos encontrado evidencia alguna o indicación plausible de la reanudación de un programa de armas nucleares en Irak".

El secretario Powell cuestionó duramente la cooperación iraquí con los inspectores y señaló que el progreso "respecto a lo sustancial" estaba llegando "con reticencia". "Todavía considero —agregó— que lo que escuché esta mañana es un catálogo de no-cooperación". Powell insistió en que "los inspectores no debían buscar evidencias o pruebas debajo de cada piedra o dentro de cada caverna. No debemos permitir que Irak traslade el peso de la prueba a los inspectores".

Powell no estaba de acuerdo con la aseveración técnica de ElBaradei en relación a los tubos de aluminio e incluso criticó a la AIEA por haber estado a punto de "determinar que Irak no tenía un programa nuclear" en 1991. Terminó diciendo que el "progreso limitado" provenía de la "voluntad unificada del consejo y de la voluntad de usar la fuerza", y conminó al Consejo de Seguridad a votar el borrador de resolución de la coalición "en el futuro más próximo".

La creciente división transatlántica —al menos en cuanto a Alemania y a Francia— se puso más en evidencia en la famosa sesión del Consejo de Seguridad del 7 de marzo, la tercera en menos de un mes en que el consejo se reunía a nivel ministerial para discutir la crisis en Irak.

El ministro alemán Joschka Fischer reconoció que la cooperación de Irak no satisfacía aún plenamente las exigencias de la ONU y agregó que "en días recientes, la cooperación, no obstante, mejoraba notablemente". "Lo que demuestra que el desarme pacífico es posible y que hay una alternativa a la guerra". El canciller francés fue directo al grano. Comenzó diciendo que "evidencias significativas de desarme real" se observaban en Irak, y luego preguntó: "¿Por qué deberíamos desear hacer uso de la fuerza a toda costa cuando podemos tener éxito pacíficamente? La guerra es siempre un reconocimiento de un fracaso. No nos rindamos a lo irreparable".

El canciller De Villepin propuso tres iniciativas basadas en el memorando franco-germano-ruso: primero, que los inspectores establecieran una jerarquía de tareas de desarme y, a base de ello, elaborar rápidamente un programa de trabajo en consonancia con la Resolución 1284; segundo, que los inspectores presentaran informes de avance cada tres semanas, y, tercero, elaborar un calendario para evaluar la implementación del programa de trabajo.

El ministro francés agregó que su país no podía "aceptar un ultimátum mientras los inspectores están informando de progresos en términos de cooperación. Eso querría decir guerra". A continuación dejó caer su propia bomba diplomática al reafirmar que "como miembro permanente del Consejo de Seguridad, Francia no permitirá que se adopte una resolución que autorice el uso automático de la fuerza". En otras palabras, si la resolución EE UU-Reino Unido fuese presentada a votación, París la vetaría.

El ministro ruso Ivanov enfatizó que se estaba registrando "un proceso real de desarme en Irak por primera vez en muchos años" y expresó que su país estaba "firmemente a favor de la continuación y el fortalecimiento de las actividades de inspección, haciéndolas más focalizadas". El ministro chino de Relaciones Exteriores, Tang Jiaxuan, destacó que en la Primera Avenida de Nueva York, justo afuera del edificio de la ONU, había escuchado "justificados gritos de 'paz sí, guerra no' de parte de gente de muchos países" y añadió que los ministros "no tenían excusa para permanecer indiferentes ante aquellas fuertes demandas y clamores". Concluyó diciendo que no había "motivo para cerrarle la puerta a la paz" y que China "no estaba a favor de una nueva resolución, particularmente una que autorizara el uso de la fuerza".

El momento clave de la reunión llegó con la intervención del ministro de Relaciones Exteriores del Reino Unido, Jack Straw. Dirigiéndose a sus colegas alrededor de la mesa del consejo, expresó que contrariaba la experiencia "creer que continuando con las inspecciones sin una fecha precisa, como lo sugería el memorando franco-germano-ruso, se lograría el desarme completo (de Irak)". "El memorando —aseveró— ni siquiera es una fórmula de contención". Descartando que hubiese "automatismo" para el uso de la fuerza en el proyecto de resolución del 24 de febrero, anunció, en nombre de los coauspiciadores, la presentación de una enmienda por la cual se establecía "un periodo de tiempo adicional después de la adopción de la resolución para que Irak aproveche la última oportunidad para desarmarse y cumplir con sus obligaciones".

La enmienda del Reino Unido especificaba las condiciones que Saddam tendría que satisfacer de inmediato para evitar la guerra, incluido el admitir por la televisión iraquí la posesión de ADM, permitir que se entrevistara a 20 científicos fuera del país junto con sus familias, y la entrega de todos los *stocks* y las plantas de fabricación de armas químicas y biológicas. Todo ello debía concretarse en 10 días. Se consideraría que Irak había "fracasado en aprovechar la última oportunidad" si para el 17 de marzo de 2003 el consejo concluía que Hussein no había cumplido con las exigencias. El sexto párrafo preambular de la nueva resolución indicaba, refiriéndose a la declaración entregada por Irak, que "no había acatado ni cooperado plenamente con la implementación" de la Resolución 1441. Después de concluida la sesión pública, en los pasillos de la ONU el comentario era que la nueva enmienda implicaba "una guerra mediante párrafo preambular".

Con todo, los británicos estaban abriendo un espacio de negociación. La discusión continuaba en el terreno multilateral. Pocos días antes, el 21 de febrero, en una reunión privada entre los embajadores del E-10 y el representante británico, Sir Jeremy Greenstock, éste reconoció que Londres había convencido a Washington de presentar una segunda resolución. "EE UU —indicó Sir Jeremy— no deseaba una segunda resolución". El Reino Unido persuadió a Washington porque ello "permitiría más tiempo para debates" y el tema de Irak permanecería bajo el control del Consejo de Seguridad. La urgencia de EE UU —advirtió— no era para evitar llegar a los meses del verano sin acción, sino que la administración Bush estaba convencida de que "ahora contaba con la aprobación de la opinión pública para la guerra, pero no tenía certeza de contar con ese apoyo en el futuro".

El plazo de 10 días planteado por el Reino Unido aceleró los esfuerzos para hallar un punto de encuentro por parte de Chile y otros miembros no permanentes indecisos, y también movilizó a los británicos para conseguir un acuerdo viable.

El último esfuerzo Blair-Lagos

En virtud de su buena relación personal, el primer ministro Tony Blair y el presidente chileno Ricardo Lagos mantuvieron un contacto telefónico regular sobre el tema de Irak. De hecho, antes de presentar la segunda resolución al consejo, Blair se comunicó con Lagos el martes 18 de febrero para hacerle saber el contenido del borrador de resolución y también lo que había sucedido en una reunión de la OTAN, pocos días antes. Blair le dijo al presidente chileno que "el tiempo se estaba acabando", pese a que el Reino Unido concordaba con continuar las inspecciones y que "el peso de la prueba" le correspondía a Irak. Lagos le respondió que Irak tenía que cumplir con la Resolución 1441, que se necesitaba más tiempo para realizar las inspecciones y, especialmente, que "el Consejo de Seguridad debía actuar unido". La conexión Blair-Lagos era tan importante que el 6 de marzo Blair casi viajó a Chile para convencerlo de que respaldara la resolución del 24 de febrero, la cual Bush había concordado presentar al Consejo de Seguridad con el fin de ayudar al gobierno laborista a conseguir la legitimidad que necesitaba para ir a la guerra junto con EE UU[8].

Sin embargo, Lagos le dijo a Blair, en una de las tantas conversaciones telefónicas que sostuvieron en esos días: "Tony, en caso de que no lo sepas, la ruta más corta entre Londres y Santiago es Moscú". Lagos quería que Blair incorporara a Putin al eventual acuerdo sobre la segunda resolución, en particular ya que la posición rusa era percibida como más dura que la de Francia. Blair entendió que para viajar a Chile tenía que llevar avances más sustantivos de los que había logrado hasta ese momento. El asesor de política exterior de Blair, Sir David Manning, viajó a Santiago en una misión secreta para sostener una reunión, un día domingo, con Lagos. Su presencia en Chile fue conocida apenas por un reducido círculo de funcionarios, incluido el comandante en jefe del Ejército chileno, encargado de proveer el lugar del encuentro. Fue un buen diálogo, pero Manning fracasó en conseguir el endoso chileno a la postura británica; no obstante, el intercambio y la búsqueda de consenso con Chile continuaron.

Lagos y Blair habían desarrollado desde hacía tiempo una afinidad personal y política. De hecho, cuando Lagos era candidato a la presidencia de Chile, me correspondió atender los detalles de una visita suya a Londres gracias a una invitación formal del primer ministro británico. En plena campaña electoral, la invitación de Blair constituyó una señal política inusual de simpatía hacia Lagos, un socialdemócrata moderno, igual que Blair. Los pormenores de aquella visita, discutidos con el embajador del Reino Unido en Santiago, incluían una reunión privada con Blair, una visita al centro de estudios Demos, cercano al movimiento Nuevo Laborismo, entrevistas con otras autoridades británicas y conferencias de instituciones académicas en Londres.

Todo quedó dispuesto para octubre de 1998. El viaje comprendería una parada en España para asistir a una reunión de intelectuales y políticos en Madrid. Sin embargo, tal visita nunca se materializó porque un parlamentario chileno opositor solicitó una investigación a un proyecto de construcción que se ejecutó cuando Lagos era ministro de Obras Públicas, por lo cual él decidió cancelar el viaje y concentrar toda su atención en ese cuestionamiento parlamentario.

"No puedes cancelar este viaje", argumenté con Lagos. Y agregué: "No tienes ningún impedimento legal para estar fuera del país cuando seas formalmente notificado de la solicitud de investigación del Congreso. Este viaje es clave para nuestra red de contactos internacionales con los líderes progresistas del mundo. Es un error desechar una invitación del primer ministro británico". "No estoy cancelando la visita", respondió Lagos. "Sólo diles que solicitamos posponerla y que apreciamos su comprensión. No puedo salir de Chile justo ahora, con esta acusación que viene. Pese a que es infundada —agregó—, no se vería bien si viajo a Madrid y Londres", concluyó Lagos.

Pocos días más tarde, el 16 de octubre de 1998, el general Augusto Pinochet fue arrestado en Londres por Scotland Yard, decisión que tomó el gobierno británico en respuesta a una solicitud de extradición de parte del juez español Baltazar Garzón, quien realizaba una investigación sobre la muerte de ciudadanos españoles durante la dictadura de Pinochet. La iniciativa de Garzón cambió la situación imperante en Chile e hizo evolucionar el derecho internacional.

La detención de Pinochet en Londres nos impactó a todos. Lagos comentó con cierta picardía: "Si hubiésemos ido a Londres y Madrid, ni siquiera nuestros amigos más cercanos hubieran creído que nosotros nada tuvimos que ver con el arresto de Pinochet. Todo el mundo hubiese pensado que estábamos detrás de un plan magistralmente diseñado y ejecutado para detener a Pinochet en Londres. Habría sido imposible demostrar que nuestra presencia en España y el Reino Unido, y las entrevistas con las más altas autoridades en Londres, no habían tenido relación alguna con la situación de Pinochet".

La primera reunión entre el presidente Lagos y el primer ministro Blair finalmente se materializó mucho después, el 8 de septiembre de 2000, en el marco de la Asamblea General del Milenio de la ONU. En esa ocasión ambos compartieron la mutua satisfacción de haber superado "el asunto Pinochet". El ex dictador permaneció en Inglaterra bajo arresto domiciliario un año y medio, periodo en que Lagos y Blair se comunicaron a través de terceros, tales como el primer ministro sueco Goran Persson. Pinochet fue liberado y enviado a Chile el 2 de marzo de 2000, nueve días antes de que Lagos asumiera la presidencia de Chile. Pinochet comenzaría a partir de entonces a enfrentar diversos juicios en los tribunales chilenos. Cuando se encontraron en Nueva York en septiembre de 2000, Lagos y Blair conversaron sobre temas bilaterales y acerca de la discusión en curso entre los socialdemócratas sobre "La Tercera Vía".

Posteriormente, Lagos y Blair se encontraron varias veces más. Quizá la ocasión más memorable fue la visita oficial a Londres el 11/9/2001, que estuvo marcada por el ataque terrorista contra las Torres Gemelas y el Pentágono.

Nos enteramos de los ataques perpetrados en Nueva York y Washington cuando el presidente Lagos y su comitiva terminábamos de almorzar con el primer ministro Antonio Guterres, de Portugal, al finalizar la visita oficial a ese país el 11 de septiembre. La información que llegaba a la hora del café, justo antes de tomar el avión a Londres, era confusa. Uno, y después dos aviones se habían estrellado contra las Torres Gemelas en Manhattan. No se sabía de qué tipo de aviones se trataba y se rumoreaba que había ocurrido la explosión de un carro bomba frente al Departamento de Estado. Teníamos, eso sí, la certeza de que estábamos ante algo "grande". En la sala VIP del aeropuerto de Lisboa, donde permanecimos por escasos minutos, pudimos ver las dantescas imágenes de los aviones estrellándose contra las Torres Gemelas antes de abordar nuestro vuelo.

El trayecto a Londres debía durar alrededor de una hora, pero ya se extendía a dos. El único momento de cierto temor entre los pasajeros se produjo al mirar por la ventanilla de la nave en un día claro y ver decenas de aviones volando en círculos abajo y arriba del nuestro, en una especie de gigantesco cilindro. Consultamos a los pilotos y supimos que el gobierno británico había prohibido los vuelos en todos los corredores aéreos sobre Londres, y cada avión descendería al aeropuerto de Heathrow a través de la unica vía abierta y a su debido turno. La espera duró casi una hora más. El teléfono satelital de la Presidencia no funcionaba y, por lo tanto, no teníamos información precisa sobre lo que estaba sucediendo. Lagos era el primer presidente en arribar a Londres el 11 de septiembre de 2001, apenas horas después de los atentados.

Esa noche redactamos una carta de condolencias que Lagos mandó a Bush a través de nuestra embajada en

Washington. Al mismo tiempo, el presidente comenzó a llamar por teléfono a sus colegas del Grupo de Río, en su condición de presidente del bloque. Al día siguiente, por su instrucción, realicé una llamada telefónica a la Casa Blanca que entró virtualmente por milagro, pues horas después sería imposible comunicarse con la sede del Ejecutivo estadounidense. Pude hablar con John Maisto, director de Asuntos Hemisféricos del Consejo de Seguridad Nacional, quien se emocionó al momento de transmitirle nuestras condolencias. Se repuso de inmediato y mencionó la conveniencia de convocar una reunión de emergencia de la OEA y quizá invocar el Pacto de Río. Le conté acerca de las llamadas del presidente a sus colegas de América Latina y el Caribe. La diplomacia comenzaba a moverse después del sopor producido por el impacto inicial de los atentados.

A las cinco de la tarde de ese mismo día estábamos en 10 Downing Street, el presidente Lagos, el ministro de Hacienda, el embajador en Londres y yo. El diálogo, más largo de lo previsto, se extendió por casi una hora. Blair contó su conversación de ese mismo día con Bush. El presidente norteamericano le había expresado que por el momento había un lento procesamiento de la información sobre los atentados y que agradecía el apoyo británico. Blair dijo que coincidía con Bush en cuanto a que la respuesta que diera EE UU debía ser equivalente a la gravedad de los hechos y que esto pesaría en las decisiones sobre los pasos a seguir, especialmente la respuesta militar. Lagos sostuvo que un aspecto crucial era responder haciendo un uso legítimo de la fuerza en cumplimiento del objetivo de justicia y no de revancha. Blair coincidió, pero sostuvo que el presidente de Estados Unidos estaba "obligado a actuar" en algún momento de esa crisis todavía en desarrollo. Era como un anticipo del debate sobre la invasión de Irak que acontecería el 2003. Nadie más habló en esta parte de la conversación que duró alrededor de 20 minutos. Más adelante ambos líderes abordaron la agenda bilateral. Al finalizar el encuentro Blair acompañó al presidente Lagos a la puerta del número 10 de Downing Street, donde, frente a la prensa británica y chilena, lo despidió afectuosamente. Fue un día inolvidable.

En marzo de 2003 las conversaciones entre Lagos y Blair se centraron en la proximidad de la guerra en Irak.

El presidente Lagos pensaba que la resolución enmendada no era viable, entre otras cosas por lo corto del plazo de 10 días y porque la exigencia a Saddam de aceptar todas las condiciones impuestas frente a las cámaras de televisión era humillante y políticamente poco realista. Sin embargo, opinaba que la resolución modificada de Blair por lo menos abría un camino que debía ser explorado.

Por ello, Lagos instruyó al embajador chileno en Nueva York que evaluara una alternativa a la resolución enmendada del Reino Unido, en estrecha coordinación con México y los otros países del denominado grupo U-6 (*Undecided* 6, en inglés), los seis miembros indecisos del consejo.

El sábado 8 de marzo por la mañana, los representantes de Chile, México, Guinea, Camerún, Angola y Pakistán desayunaron en el hotel Beekman, un viejo y distinguido edificio color terracota a una cuadra de la ONU, en la Primera Avenida, para discutir los elementos de un texto alternativo elaborado por la misión chilena que recogía la idea de exigir parámetros concretos a Irak, pero en términos más flexibles que los del borrador de resolución enmendado. Al día siguiente, domingo, el embajador de Guinea informó al representante británico y al embajador francés que el U-6 preparaba un texto que pretendía un compromiso respecto al texto enmendado. En los días siguientes, el borrador chileno sufrió modificaciones al incorporar sugerencias de los otros miembros del U-6.

El presidente Lagos se mantuvo constantemente pendiente de la elaboración del texto alternativo. El lunes 10 de marzo, a las 19.45 horas, llamó a Hans Blix a su oficina en la ONU, a través de una comunicación preparada por el embajador Valdés, quien estaba presente en la oficina de Blix, un espacio de trabajo con grandes ventanales mirando hacia Manhattan en el piso 31 del "edificio de cristal". Por espacio de casi una hora, Lagos planteó interrogantes acerca de la viabilidad de los parámetros o *benchmarks* y los calendarios precisos que deseaba incluir en el borrador de resolución del U-6 antes de presentarlo al Consejo de Seguridad.

Lagos explicó a Blix que Chile proponía extender el plazo de 10 días a no más de tres semanas, y que el requisito de que Saddam se presentara ante las cámaras de televisión fuera sustituido por una carta al secretario general y al presidente del Consejo de Seguridad de la ONU, indicando que Irak acataría sin dilaciones, bajo supervisión de la UNMOVIC y la AIEA, la destrucción de todos los remanentes de armas prohibidas, elementos proscritos y documentación relacionada, e indicando la total cooperación de Irak para inmediatamente atender y resolver todos los asuntos pendientes. Blix escribiría más tarde que el borrador chileno "era claramente más 'realista' que el británico, excepto por el plazo, que iba más allá de lo que EE UU toleraría"[9]. Además, no habría automatismo en el uso de la fuerza; el consejo tendría que evaluar si Irak había acatado los parámetros o no y luego decidir las acciones futuras.

El presidente chileno habló dos veces con Blix. Una de las preguntas que le hizo fue: "¿Cuánto tiempo necesitaría usted para completar su tarea?". A lo que inicialmente Blix le respondió que 40 días. Lagos le dijo que era demasiado tiempo. Y Blix le respondió: "Entonces 30 días". El presidente chileno, dadas las circunstancias, convino en tres semanas.

Mientras el U-6 elaboraba su alternativa, el 11 de marzo, durante un discurso a los veteranos de guerras en el extranjero, el vicesecretario de Defensa Paul Wolfowitz hizo un urgente llamado a la invasión a Irak, preguntando: "¿Debemos esperar hasta que la gente dispuesta a ayudarnos que está dentro de Irak pierda toda esperanza? O ¿debemos esperar hasta que Saddam Hussein termine de preparar sus armas de terror masivo, armas que pondrán aún más en peligro a nuestras tropas?".

Entretanto, Blair procuraba frenéticamente respaldo para su texto. Los británicos ofrecieron quitar de su borrador algunos elementos del ultimátum si con ello lograban algún "impulso". Para complicar más las cosas, Blair recibió un misil transatlántico por la espalda cuando el secretario Rumsfeld públicamente declaró que si los británicos no podían resolver sus problemas políticos en relación a Irak, entonces EE UU procedería sin ellos. Después de un furioso intercambio de llamadas telefónicas entre el ministro de Defensa británico Geoff Hoon y Rumsfeld, el Pentágono emitió una "aclaración" que poco tuvo de pedido de disculpas. Rumsfeld explicó que "la obtención de una segunda resolución del Consejo de Seguridad de la ONU es importante para el Reino Unido y estamos trabajando para lograrla". Después de un par de conversaciones telefónicas entre Blair y Bush, el presidente de EE UU sostuvo que en realidad Rumsfeld "sólo estaba tratando de ayudar", lo cual suavizó el enojo de Blair[10].

En la tarde del jueves 13 de marzo, en la oficina del presidente del Consejo de Seguridad, el embajador de Guinea, Mamady Traoré, el U-6 recibió el texto revisado del borrador de resolución propuesto por Chile, con las contribuciones de miembros del grupo e incluyendo las sugerencias derivadas de las conversaciones entre Lagos y Blair. De hecho, la propuesta liderada por Chile no difería mucho del borrador de resolución del Reino Unido.

Pero, a esas alturas, el tiempo de negociación comenzaba a expirar.

A la mañana siguiente, el viernes 14 de marzo, ocurrió una situación insólita. En momentos en que los representantes permanentes del U-6 se reunían, alrededor de las 11.30 *a.m.*, en la Misión de Chile en la Calle 47 Este, frente al Parque Dag Hammarskjold, para discutir el texto final, los delegados literalmente se desbandaron después que sus respectivos jefes de misión los llamaran por teléfono para decirles que abandonaran inmediatamente la reunión. El embajador de EE UU John Negroponte había telefoneado al representante mexicano para advertirle que si la propuesta que él sabía se estaba discutiendo en la Misión de Chile era presentada al consejo, ello sería considerado como un "acto hostil" a través del cual se procuraba aislar a EE UU. Por su parte, Colin Powell llamó por teléfono a la ministra de Relaciones Exteriores de Chile, Soledad Alvear, y a los otros cancilleres de los países miembros del U-6, con el mismo mensaje de advertencia.

La iniciativa chilena parecía muerta. Aún así, el presidente Lagos decidió hacerla pública ese mismo día viernes. La propuesta establecía cinco tareas a ser cumplidas en el plazo máximo de tres semanas, pero no contenía un gatillo automático para iniciar la guerra. Veintiún minutos más tarde, EE UU rechazó el borrador de Chile. De acuerdo al vocero de la Casa Blanca Ari Fleischer la propuesta liderada por Chile "no tenía posibilidad alguna" –era un "*non-starter*".

The New York Times informó que, en esas circunstancias, los embajadores de México y Angola se distanciaron del borrador diciendo que era "una propuesta chilena". Ese mismo día, un funcionario de la ONU confidenció: "El frente unido de los seis se desmoronó"[11]. Por lo tanto, la propuesta fue retirada de toda instancia de consideración formal. Los miembros del consejo se reunieron a puerta cerrada la tarde de ese viernes para nuevas consultas, en la esperanza, como algunos delegados declararon con cierto voluntarismo, que una cumbre el día domingo en Las Azores entre los líderes de EE UU, el Reino Unido y España, pudiera producir un compromiso pacífico.

Las comunicaciones telefónicas todavía no habían llegado a su fin. El sábado 15, Tony Blair habló con Lagos y le dijo que en realidad la propuesta chilena había estado "muy cerca" de la británica, pero que, dada la falta de tiempo, era inevitable que EE UU la considerara sólo como un "estímulo a más demoras". Blair se quejó, como ya lo había hecho antes, de la dureza de la posición francesa, que amenazaba con el veto a la segunda resolución enmendada. Dada la relación personal entre Lagos y Blair, el primero se permitió hacer un chiste al escuchar mientras conversaban el fuerte sonido de la Banda Real: "¿Ya comenzaron con las marchas militares?", bromeó Lagos. A lo que Blair le respondió que no había aún música marcial, "sólo la práctica habitual" de la banda. La última llamada de Lagos a Blair, en los días que antecedieron el inicio de la guerra, fue para quejarse por la reacción negativa de la Casa Blanca a la propuesta de Chile para evitar la guerra y para pedirle que le transmitiera a Bush y a los otros líderes que participarían el domingo 16 de marzo en la cumbre de Las Azores, que la propuesta de Chile había sido formulada de "buena fe" y no como una táctica dilatoria. Blair respondió, sin mucho entusiasmo, que quizá podrían hablar nuevamente y que exploraría alternativas "hasta el final"[12].

Pocos días antes, el jueves 11 de marzo, varios integrantes del Consejo de Seguridad habían mostrado sus cartas restantes. Ese día, en la mañana, el presidente Lagos, mientras inauguraba en el pueblo nortino de Diego de Almagro el inicio del año escolar y celebraba el tercer aniversario de su administración, recibió una llamada telefónica de Tony Blair. A la ceremonia asistían el ministro de Educación y autoridades locales y regionales. Todo el mundo se preguntaba qué hacía por esos lares un diplomático británico. Sólo Lagos lo sabía. Estaba ahí para transportar un teléfono seguro para la conversación entre Lagos y Blair. Los dos mandatarios intercambiaron pareceres sobre el borrador alternativo que ambos estaban promoviendo y Blair le anunció que esa misma tarde Bush lo llamaría.

Bush llamó por teléfono al presidente chileno cuando éste ya estaba de regreso en Santiago, aproximadamente a las siete de la tarde. En esa oportunidad el presidente estadounidense le aseguró a Lagos que contaba con ocho votos seguros de los nueve que se requerían para aprobar la resolución en el Consejo de Seguridad —siempre y cuando ningún miembro permanente la vetara— y que, por lo tanto, necesitaba del voto chileno. Lagos dudó de que Bush contara con los ocho votos que decía tener, pero no cuestionó los números de la Casa Blanca, algo que más tarde lamentaría no haber hecho. En una reunión con el comité político de su gabinete, Lagos había indicado que la coordinación con México era clave: asumiendo que no hubiera veto y se cumpliesen los requisitos pleanteados, Chile no sería el noveno voto para la invasión a Irak si México se abstenía, y Chile no podía abstenerse si Bush realmente tenía nueve votos, incluido el de México.

La conversación del 11 de marzo entre Lagos y Bush había sido sugerida el jueves por Blair en su comunicación diaria con Bush. El diálogo fue frío, pero respetuoso. Lagos trató de persuadir a Bush de no presentar la resolución a votación si aún podía llegarse a un consenso, pero Bush, en su estilo de frases cortas, le contestó: "Es tiempo de votar, Ricardo. Hemos sostenido este debate por demasiado tiempo". Lagos, respaldado por los informes de Blix y ElBaradie, argumentó que se estaban consiguiendo resultados mediante el proceso de inspecciones. Bush respondió que el progreso era "ilusorio" ya que sólo ocurría porque EE UU tenía 200.000 soldados rodeando a Irak y que él no podía mantener a sus tropas sentadas sin hacer nada. El presidente chileno resumió el texto de compromiso que había propuesto. "No hay más espacio, Ricardo", respondió Bush, "el tiempo se acaba el próximo lunes". Cuando Bush le preguntó cómo votaría, Lagos le respondió: "Chile no está disponible para votar a favor, porque creo que todavía tenemos tiempo para negociar". Hasta ese momento y durante toda la conversación, Bush se refería al presidente chileno como "Ricardo". Cuando la conversación llegó al punto en que Lagos rehusó apoyar la resolución enmendada, Bush cambió a un frío trato de "señor presidente".

Esa misma mañana, en su reunión diaria, el Consejo de Seguridad Nacional de EE UU había presentado planes sobre cómo se recompondría el Ministerio de Relaciones Exteriores iraquí así como sus fuerzas armadas y servicios de inteligencia, después de la guerra[13]. Los pensamientos de las autoridades estadounidenses ya no estaban en las negociaciones.

Un alto funcionario del servicio exterior estadounidense me confidenció que en esos días nunca había visto, en sus muchos años trabajando para el gobierno, al equipo máximo de la Casa Blanca tan intensamente motivado y con posiciones tan definidas como en el caso de Irak. "Sin retoques ni protocolo", dijo, en el último proyecto de resolución no había espacio para negociaciones.

Aquel mismo jueves 11 de marzo a las nueve de la noche, hora chilena, Blair llamó nuevamente a Lagos. Deseaba saber cómo le había ido con Bush. Cuando Lagos le estaba dando detalles de su conversación se dio cuenta de que Blair lo estaba telefoneando alrededor de las dos de la madrugada, hora de Londres. El primer ministro le preguntó: "Digamos que nos vamos por el lado del borrador de la resolución alternativa, ¿cuántos votos tienes de los seis indecisos?, ¿tienes los seis?". Lagos respondió: "Seguros tengo a tres: Chile, México y Pakistán. No sé respecto a los africanos, pero esta tarde Bush me dijo que tenía todos los votos africanos para la segunda resolución enmendada. Si ése es el caso, me imagino que obviamente podemos tenerlos del lado de nuestro borrador alternativo".

El punto clave era que Chile, el Reino Unido, México y otras naciones en el Consejo de Seguridad estaban planteando a EE UU alternativas reales que harían innecesaria la carrera hacia la guerra o, en caso de que fallase la diplomacia y la guerra se hiciera inevitable, al menos le permitiría a EE UU recurrir al uso de la fuerza con la debida legitimidad.

En las semanas previas, Bush había llamado reiteradas veces a Lagos. El sábado 22 de febrero, abogó por la largamente anunciada resolución que presentaría Gran Bretaña pocos días más tarde. Dos semanas antes, el 4 de febrero, quiso subrayar los supuestos engaños de Hussein a los inspectores de la ONU, lo cual Colin Powell denunciaría el día siguiente en su famosa presentación ante el Consejo de Seguridad. Y el 7 de marzo, Bush llamó de nuevo para discutir la segunda resolución enmendada que él consideraba como un gesto de buena voluntad hacia aquellos que procuraban más tiempo. Bush también mandó a Santiago a su enviado especial para las Américas, Otto Reich, a reunirse con el presidente Lagos el 28 de febrero para hablar sobre Irak. En todas las ocasiones, Lagos insistió en la necesidad de no apartarse de las negociaciones multilaterales en el Consejo de Seguridad; exigir la colaboración de Irak mediante inspecciones intrusivas y limitadas en el tiempo, y considerar el uso de la fuerza como último recurso, y ello bajo la autorización del Consejo de

Seguridad. Bush no se sentía muy optimista del resultado de sus conversaciones con el presidente chileno o con el presidente mexicano, Vicente Fox, y comunicó a Tony Blair su escepticismo.

En la mayoría de las capitales se registraron acaloradas discusiones sobre los pros y los contras, ya fuera de asumir una posición independiente o alinearse con EE UU respecto a la crisis de Irak. Después de su última conversación con el presidente Bush, Lagos convocó el jueves 13 de marzo a todos los jefes de partidos, del gobierno y de la oposición, al palacio presidencial para intercambiar puntos de vista sobre Irak. En esa oportunidad recibió el respaldo unánime a su postura independiente y a su rechazo a la segunda resolución enmendada. Al término de la reunión, la ministra de Relaciones Exteriores, Soledad Alvear, declaró: "Si se votara mañana, Chile rechazaría la propuesta de Estados Unidos, el Reino Unido y España". "En las actuales circunstancias —continuó—, Chile no está disponible para respaldar a EE UU", y añadió que Chile estaba trabajando en el borrador de una resolución alternativa que pronto sería presentado al Consejo de Seguridad.

Algunos pensaron que era innecesario e inusual anunciar un voto sobre una propuesta que aún podía experimentar cambios en el proceso de discusión. Pero el razonamiento detrás del anuncio era restar el voto chileno de los cálculos estadounidenses y mantener al U-6 unido en la búsqueda de una alternativa negociada, especialmente ya que algunos miembros del grupo se estaban inclinando hacia la posición de EE UU y el Reino Unido.

Las últimas apuestas diplomáticas

En el transcurso de febrero y marzo, las llamadas telefónicas y las consultas internacionales en torno al tema Irak se multiplicaron, con la participación de otras destacadas figuras políticas.

El presidente francés Jacques Chirac trabajó arduamente el teléfono. Entre fines de febrero y mediados de marzo, llamó tres veces al presidente Lagos. Su ministro de Relaciones Exteriores, Dominique de Villepin, viajó el 8 de marzo a los países africanos miembros del Consejo de Seguridad para instarlos a que se abstuvieran en la resolución enmendada de Estados Unidos, el Reino Unido y España.

El lunes 10 de febrero, Chirac llamó por teléfono al presidente angoleño, José Eduardo dos Santos, para criticar la postura de EE UU. Al día siguiente, fue el presidente Bush el que tomó el teléfono y llamó al mandatario angoleño para contrarrestar la ofensiva francesa. Pocos días antes, el 5 de febrero, había sido el vicepresidente Dick Cheney el que había hablado con el presidente Dos Santos; el llamado de Chirac obligó a los estadounidenses a elevar las consultas al nivel presidencial. Casi un mes más tarde, el jueves 13 de marzo, el presidente Bush insistió con Dos Santos y también se comunicó con los presidentes de Guinea y Camerún en la esperanza de obtener sus votos para la segunda resolución enmendada. Alrededor de la misma fecha, el presidente de África del Sur, Thabo Mbeki, llamó a los tres presidentes africanos para abogar por un frente unido africano en contra de la intervención militar.

Los africanos también fueron presionados por los británicos a través de conversaciones telefónicas a cargo de Tony Blair y al menos mediante una visita de la viceministra de Relaciones Exteriores británica, baronesa Valerie Amos, quien viajó a Camerún, Guinea y Angola en la semana previa a que el Reino Unido presentara la segunda resolución.

Chirac también habló con Bush varias veces en febrero y marzo para argumentar que la guerra no era inevitable y en la búsqueda de un compromiso. Al principio, Bush, Rice, Powell y otros funcionarios de la administración estadounidense creían que Francia podía estar eventualmente del lado norteamericano. Pero después de la presentación de la segunda resolución el 24 de febrero, quedó claro que la Casa Blanca no podía contar con Chirac. Incluso, el viernes 21 de febrero el embajador francés en Washington, Jean-David Levitte, concurrió al ala oriente de la Casa Blanca para entrevistarse con el asesor adjunto de Seguridad Nacional, Stephen Hadley —Condoleezza Rice estaba en Crawford, Texas, acompañando a Bush, quien recibía al presidente Aznar, de España—, para urgir a la Casa Blanca, en nombre del presidente Chirac, a que retirara la segunda resolución por el irreparable daño que podría acarrear. El embajador francés no tuvo éxito en su gestión. En el extremo sur del país, Aznar también aconsejaba a Bush, pero por diferentes razones, a no seguir adelante con la segunda resolución: la coalición no contaba con los votos necesarios.

Durante las conversaciones privadas que sostuvieron De Villepin y Alvear en la ONU, durante la sesión del Consejo de Seguridad del 7 de marzo, el ministro francés comentó que EE UU no tenía nueve votos. "Le aseguro", dijo, "que los africanos no estarán a bordo". "El caso de Camerún es claro y el de Guinea también, porque ellos han sufrido una guerra durante diez años". Además, agregó De Villepin, no habría un solo veto, lo más probable es que fueran tres: Francia, Rusia y quizá China. Más tarde, el mismo día, la ministra Alvear intercambió información con el canciller Luis Ernesto Derbez, a quien el ministro francés había transmitido el mismo mensaje: EE UU no tiene los nueve votos, continúen absteniéndose y nosotros seguiremos abiertos a un borrador alternativo que no sea un ultimátum.

En esos últimos días el presidente Lagos y el presidente Chirac sostuvieron numerosas conversaciones telefónicas. Lagos le insistió al presidente francés que era indispensable establecer parámetros con plazos fijos y estrictos. Los parámetros sin plazos límites, como lo sugerían los franceses, no eran viables desde el punto de vista de Chile.

El 27 de febrero, después de la presentación británica de la segunda resolución, Chirac sostuvo una tensa conversación telefónica con el presidente chileno. Lagos estaba molesto con la reticencia francesa de aclarar si vetaría o no la resolución. Y le dijo: "Vea, señor presidente, para mí abstenerme en la resolución es equivalente a votar en contra de Estados Unidos; pero, si usted se abstiene, quiere decir que vota a favor de Bush. EE UU lo aplaude. Obviamente, el costo es mucho mayor para mí que para usted. Me gustaría saber, por lo tanto, si usted con seguridad hará uso de su veto o no". Luego se comentaría en París que al presidente francés no le gustó el tono de las palabras de Lagos.

Pocos días después, el jueves 27 de febrero a la una de la tarde, el embajador francés en Chile, Alain Le Gourrierec, un hábil diplomático, solicitó visitarme en mi oficina en el palacio presidencial. El embajador francés ya había estado en la Cancillería y, evidentemente, ahora quería dejar su mensaje en la sede del gobierno. En aquel entonces, la expectativa de la prensa en torno a la crisis en Irak iba en aumento, por lo cual el embajador francés fue llevado a mi oficina a través de una puerta lateral, lejos del alcance de los periodistas. La conversación se centró en

Irak. Me explicó por qué Francia no estaba apoyando la segunda resolución, y cuando le hice saber que mi impresión era que Francia haría uso de su poder de veto, me mostró un documento con numerosas declaraciones de su canciller, las que, según el embajador, indicaban que el veto era una "posibilidad" y no una "certeza".

Chirac se alarmó con las observaciones del presidente Lagos. Cualquier duda acerca de su postura en relación a la segunda resolución podría ser fatal para la política francesa sobre este asunto. Por ello, al día siguiente, en Nueva York, el embajador francés Jean Marc de la Sabliére solicitó una urgente reunión con su colega chileno, Juan Gabriel Valdés, para aclarar el tema del veto. El sábado 1 de marzo de 2003, se reunieron en las oficinas de la Misión de Chile, acompañados por sus respectivos representantes permanentes adjuntos, sin nadie más para tomar notas, a solicitud de los franceses. Aquel sábado a las diez de la mañana, De la Sabliére fue directo al grano. El representante francés dijo que el presidente Chirac lo había instruido personalmente para que se reuniera con los chilenos como consecuencia de la conversación que había sostenido con Lagos 48 horas antes. El mensaje era que el presidente Lagos debía ser informado de que Chirac estaba decidido a vetar cualquier segunda resolución.

Más aún, el embajador francés comunicó que el presidente Chirac le había ordenado al canciller De Villepin que ese mismo fin de semana usara la palabra *veto*, que hasta ese momento Francia cuidadosamente había evitado mencionar en el Consejo de Seguridad o en cualquier otra parte. El embajador chileno transmitió la información al presidente Lagos y, confirmando lo anterior, ese fin de semana los diarios del mundo reportearon una conferencia de prensa del canciller francés durante una visita oficial en Argelia, en la cual anunció que Francia vetaría la segunda resolución.

El 9 de marzo, el presidente Fox de México tuvo una conversación con el presidente Chirac muy similar a la que éste sostuviera con el mandatario chileno. Fox explicó la posición de su país, pero agregó que si Francia u otro de los miembros permanentes usaban el veto de cualquier manera, entonces la búsqueda chileno-mexicana de un compromiso no tenía mucho sentido. Además, la responsabilidad del fracaso de la resolución encabezada por EE UU no recaería sobre los hombros de los que se abstuvieran.

Las relaciones de Chile y México con Francia se distanciaron en esos días. Incluso más cuando el ministro De Villepin declaró en el programa de televisión *Newsnight* del viernes 15 de marzo, al referirse al esfuerzo del U-6 por lograr un consenso en torno a una nueva propuesta, que al grupo de los seis indecisos "no se le permitiría dictar la política" del Consejo de Seguridad.

Por su parte, a principios de marzo, Blair declaró: "¿Por qué los chilenos o los africanos se arriesgarían a votar a favor de la guerra en la ONU si Francia se va a asegurar de que sus votos no cuenten nunca. Eso es una irresponsabilidad"[14].

Los norteamericanos ejercieron intensas presiones sobre los rusos y los chinos. A fines de febrero, el subsecretario de Estado para el Control de Armas y Seguridad Internacional, John Bolton, visitó Moscú, donde trató de convencer al presidente Vladimir Putin para que se distanciara de la posición francesa de oposición a la guerra en Irak. Sin embargo, paralelamente, el canciller ruso Iván Ivanov, viajaba a China, desde donde los dos gobiernos expresaron su oposición a toda nueva resolución que endosara la guerra contra Irak. Colin Powell había estado en Beijing alrededor de la misma fecha para obtener el apoyo chino, sin resultados positivos.

El presidente Bush insistió con Putin en una conversación telefónica el miércoles 12 de marzo, pero sin éxito. El día anterior, el embajador norteamericano en Moscú, Alexander Vershbow, advirtió a Rusia que los lazos bilaterales podrían resentirse si el Kremlin vetaba la segunda resolución enmendada. El embajador estadounidense aseveró que había una enorme diferencia entre el veto ruso o la abstención. Tony Blair también llamó varias veces por teléfono a Putin, incluso cuando Gran Bretaña presentó la segunda resolución el 24 de febrero. Una vez más, no hubo suerte.

Las complicaciones abundaban. El 1 de marzo, el nuevo gobierno turco fracasó en conseguir del Parlamento el respaldo necesario para que tropas estadounidenses usaran bases en Turquía y desplegaran desde allí fuerzas para ingresar a Irak por el norte. Ello provocó aún más impaciencia en Washington.

Uno de los protagonistas clave era Pakistán. Bush llamó varias veces al presidente Pervez Musharraf durante febrero y marzo. Una conversación importante se registró el miércoles 12 de marzo, cuando Bush procuró el apoyo pakistaní para la segunda resolución enmendada. Los pakistaníes actuaban con cautela, pues buscaban con los países del grupo U-6 una alternativa de convergencia con la propuesta británica. Dos días más tarde, el 14 de marzo, el presidente Bush autorizó una extensión del desestimiento de aplicación de las sanciones impuestas a Pakistán tras el golpe de Estado de Musharraf, en 1999, lo cual pavimentó el camino para que el Congreso norteamericano aprobara un paquete de 1.000 millones de dólares de condonación de deuda y 104 millones de dólares en ayuda económica y militar. El Congreso había decidido no aplicar las sanciones por primera vez en octubre de 2001, cuando Pakistán se inclinó a favor de Washington en la guerra contra los talibanes en Afganistán.

Mientras Bush, Blair y Chirac trataban de convencer a los demás miembros del Consejo de Seguridad, otros líderes también intervenían, y algunos actores secundarios colaboraban concentrándose en ciertas regiones y países.

Procurando una solución pacífica a la crisis, el 11 de febrero de 2003, el Vaticano envió al cardenal Roger Etchegaray a Irak, en calidad de enviado especial del papa Juan Pablo II a preparar una visita a Roma del viceprimer ministro iraquí, Tarek Aziz. El 5 de marzo, el cardenal Pío Laghi viajó como enviado personal del Sumo Pontifice a reunirse con Bush para abogar por el camino de la paz en Irak. El cardenal había sido embajador del Vaticano en Washington y conocía bien a la familia Bush. Esta vez, Bush no concordó con la Santa Sede. Cuando el papa Juan Pablo II, recibió a Bush en el Vaticano en junio de 2004, lo reprendió por la guerra en Irak. El Papa le recordó a Bush las numerosas expresiones de la "inequívoca posición" del Vaticano en contra del uso de la fuerza y le urgió a normalizar la situación "lo más pronto posible con la activa participación de la comunidad internacional".

José Durao Barroso, primer ministro de Portugal, antigua metrópolis de poder colonial, trató de influenciar al presidente de Angola, en tanto que el presidente de España intentaba conseguir los votos de Chile y México.

Como virtual delegado de Bush, Aznar viajó a México el viernes 21 de febrero para persuadir al presidente Fox. Aznar había sido invitado a pasar el fin de semana en el rancho de los Bush en Crawford, Texas, y antes hizo una parada en Ciudad de México. Creyó que podría convencer a Fox, dado que ambos pertenecían a partidos de centro derecha. A Fox le irritó esta visita, pues sentía que no necesitaba de intermediarios para comunicarse con Bush. En consecuencia, recibió a un Aznar formalmente vestido, en camisa *sport*, sin corbata, y con una chaqueta liviana, gesto de incomodidad que no pasó inadvertido para la opinión pública.

La prensa mexicana reaccionó con enojo a la visita de Aznar. Previo al arribo del mandatario español, el titular del periódico *La Jornada* fue: "Aznar, el capataz de Bush ante Fox", acompañado de una caricatura de Aznar luciendo como Franco. En *El Universal*, un columnista escribió: "La inoportuna visita del procónsul". Líderes políticos e incluso miembros de la colonia española residente en México denunciaron el motivo del viaje y se registró una marcha de protesta por la visita de Aznar frente a la embajada de España en Ciudad de México. La mayoría de los medios de prensa y de los observadores concluyeron que a pesar de las buenas maneras protocolares, el breve comunicado conjunto de Fox y Aznar dado a conocer al concluir su entrevista en la residencia presidencial de Los Pinos, claramente señalaba que México no había cambiado de parecer respecto a Irak.

Esa misma mañana, en un viaje a Yucatán, Fox reiteró la posición de su país, "no a la guerra, no al unilateralismo, sí al fortalecimiento del Consejo de Seguridad de la ONU, sí al multilateralismo y que entre todos nosotros decidamos los caminos a seguir". El revuelo en torno a la visita de Aznar fue tal que el Departamento de Estado norteamericano, por intermedio de su portavoz, Richard Boucher, clarificó que el viaje del presidente del gobierno español a México era en nombre de su país y no de Estados Unidos. "Dejemos que Aznar decida lo que quiere decirle a Fox. Pueden preguntarle a él qué temas planteará y por qué", declaró Boucher en la víspera de la llegada de Aznar a México. El ex embajador mexicano ante la ONU, Adolfo Aguilar Zinser, declaró que Aznar "quiso llevarle a Bush la cabeza de Fox en un plato", pero no funcionó[15]. En el rancho de Bush, éste y Aznar sostuvieron una larga conferencia telefónica con Blair y con el primer ministro italiano Silvio Berlusconi para confirmar sus intenciones de enviar la nueva resolución al Consejo de Seguridad y coordinar sus esfuerzos para que fuese aprobada.

Aznar nunca viajó a Chile, pero llamó por teléfono varias veces al presidente Lagos. En una de esas ocasiones, Lagos comentó que si se cumplían las exigencias para el uso de la fuerza y Chile decidía que no había otro camino que no fuera el de votar a favor de la autorización de la acción militar mediante una resolución del Consejo de Seguridad, él lo comunicaría "directamente a Bush y, por cierto, no por intermedio de Aznar".

La hora de la verdad en Irak: la diplomacia fracasa

A medida que las llamadas telefónicas y consultas no lograban zanjar las diferencias entre el bloque encabezado por EE UU, resuelto a acelerar el uso de la fuerza, y aquel que pretendía fortalecer las inspecciones, liderado por Francia, las negociaciones de la ONU dieron paso a meros discursos.

El 11 de marzo, a solicitud de los países del Grupo de los No Alineados, se realizó un debate abierto sobre Irak en el Consejo de Seguridad. Cuarenta y siete embajadores hicieron uso de la palabra y el debate se extendió por dos días. Con la excepción de Corea del Sur, Australia y Albania, la mayoría de los representantes respaldó el desarme pacífico de Irak por medio de la intensificación de las inspecciones, destacó la responsabilidad del Consejo de Seguridad ante la opinión pública mundial y llamó a evitar la guerra como forma de resolver la crisis de Irak.

Puesto que Francia, Rusia, China y otros, públicamente y en consultas privadas del 12 de marzo, habían rechazado el ultimátum de 10 días y el uso automático de la fuerza contenidos en la segunda resolución enmendada, el pesimismo se había apoderado del Consejo de Seguridad.

Durante las consultas de la tarde del jueves 13 de marzo, el subsecretario para las Operaciones de Paz de la ONU, Hedi Annabi, informó que el personal de la UNMOVIC había sido retirado de Irak y enviado a la frontera con Kuwait en tanto otros funcionarios de la ONU habían sido reubicados. Un *non-paper* británico que ofrecía suprimir algunos párrafos de la resolución enmendada fue rechazado por varias delegaciones —Chile entre ellas— porque dejaba intacta la mención al uso de la fuerza.

Las diferencias de opinión persistían entre los miembros del Consejo de Seguridad en tanto que la frenética actividad diplomática de los últimos días cedía el paso a un creciente sentimiento de que la guerra estaba por comenzar, en un mundo dividido. Ni siquiera el anuncio de Bush desde el Jardín de las Rosas en la Casa Blanca, el 14 de marzo, sobre un acuerdo alcanzado en torno a una "Hoja de Ruta" para lograr la paz entre israelíes y palestinos con respaldo del cuarteto integrado por la Unión Europea, Estados Unidos, Rusia y el secretario general de la ONU, fue suficiente para mejorar el pesimista estado de ánimo internacional. En la tarde de ese viernes, el presidente del Consejo de Seguridad anunció la cancelación de una reunión del consejo programada para ese fin de semana, porque no tenía sentido seguir reuniéndose. La mañana de ese mismo día, Washington había rechazado en forma sumaria la propuesta chilena de compromiso.

Irónicamente, desde otra perspectiva, Saddam Hussein también rechazó la alternativa chilena. "En Chile, o no saben nada de la situación en Irak —declaró Hussein el 16 de marzo— o están al servicio de los diabólicos propósitos del gobierno de Estados Unidos. Hace dos días escuché por radio lo que Chile habría propuesto: concederle a Irak unas pocas semanas más para destruir las armas de destrucción masiva que supuestamente poseeríamos. Lo cual hizo preguntarme ¿por qué nuestra prensa no critica una propuesta tan mala como la chilena?, porque realmente es muy negativa".

La atención se trasladó hacia la minicumbre del domingo 16 de marzo en Las Azores portuguesas, donde se reunirían Bush, Blair y Aznar. También estaría presente el primer ministro portugués, Durao Barroso, en su calidad de anfitrión y partidario de la coalición. Las Azores no habían sido testigos de una reunión internacional tan importante desde que los presidentes Richard Nixon, el francés George Pompidou y el portugués Marcelo Caetano se reunieron allí en 1971 para discutir de política monetaria.

Ese mismo día, el presidente Chirac disparó su última andanada diplomática, sugiriendo un plazo de 30 días para los inspectores de armas de la ONU en Irak. Chirac había llamado por teléfono a Blair el sábado para asegurarle que su disputa no era con los británicos y para discutir su idea; pero esa iniciativa de último minuto fue considerada como otra maniobra dilatoria. La Casa Blanca ya había rechazado la propuesta chilena que otorgaba tres semanas a Saddam; evidentemente, un plazo más largo estaba condenado al fracaso, como efectivamente ocurrió. Fue considerada como una táctica francesa desesperada para "retrasar y dividir" en vísperas de la reunión en Las Azores. A esa altura, cualquier iniciativa que se presentara ante el Consejo de Seguridad era considerada por Washington como una acción poco amistosa, con el propósito de retardar el inevitable uso de la fuerza.

Algunos todavía abrigaban la tenue esperanza de que la cumbre de Las Azores pudiera transformarse en un último intento por la paz. De hecho, pocas horas antes, así lo sugirió el propio embajador británico ante la ONU. No obstante, no era buen augurio la ausencia de países como Francia, Rusia y Alemania. Además, Condi Rice había declarado: "Es hora de ponerle término al proceso del

Consejo de Seguridad de la ONU", mientras que bombarderos B-2 Stealth se dirigían hacia la región del Golfo y decenas de buques de guerra de EE UU navegaban por el Mar Rojo. Millones de europeos detuvieron sus actividades durante 15 minutos para protestar ante la inminente guerra, en tanto las marchas y protestas masivas se multiplicaban desde Washington hasta Buenos Aires.

Al término de la reunión en Las Azores, Bush anunció que el día siguiente, lunes 17 de marzo, sería "un momento de la verdad para el mundo". "El régimen de Irak se desarmará por sí mismo o Irak será desarmado por la fuerza". Ya pensando en términos de posguerra, Bush agregó: "Avanzaremos lo más pronto posible hacia el establecimiento de una autoridad interina iraquí". El mensaje desde Las Azores era claro: no más gestiones diplomáticas, a Saddam se le había acabado el tiempo.

Mientras tanto, desde el palacio Eliseo en París, el presidente Chirac anunciaba por televisión que "cualquiera sean las circunstancias votaremos no". "Votaremos no", dijo, "porque consideramos que no hay razón para lanzar una guerra en pos del objetivo que nosotros mismos nos autoimpusimos; es decir, el desarme de Irak". El secretario de Relaciones Exteriores británico se negó a creer que Chirac hubiese cerrado la puerta a cualquier compromiso, hasta que a la mañana siguiente lo leyó en *Le Monde*. Los norteamericanos no se sorprendieron. Más tarde, los franceses trataron de explicar los dichos de Chirac, afirmando que "cualquiera sean las circunstancias", se refería al rechazo de una resolución que incluyera el uso "automático" de la fuerza si Irak no cumplía. Los estadounidenses y los británicos pensaban que sin la automaticidad se produciría una seguidilla sin fin de resoluciones del Consejo de Seguridad. Pero a esas alturas ya era muy tarde para explicaciones o interpretaciones.

El lunes 17 de marzo a las diez de la mañana, el Consejo de Seguridad se reunió en sesión privada con la presencia del secretario general Kofi Annan y el jefe de la UNMOVIC, Hans Blix. El ánimo era más sombrío que tenso. El embajador del Reino Unido, Sir Jeremy Greenstock, informó que los coauspiciadores de la resolución enmendada no la llevarían a votación y aconsejó que la ONU suspendiera las inspecciones y retirara su personal de Irak. El embajador estadounidense lamentó que, dada la amenaza de un veto, la presentación de la resolución no serviría para nada. Pocos días antes, el secretario de prensa de la Casa Blanca, Ari Fleischer, había desafiado a los miembros del Consejo de Seguridad para que votaran. "Llegará el momento esta semana —dijo— en el que los miembros del Consejo de Seguridad levanten sus manos y asuman una posición". Pero ese lunes Colin Powell había arribado de madrugada a su despacho en el Departamento de Estado para llamar por teléfono a sus colegas en el Consejo de Seguridad y explicarles la decisión de retirar la resolución y solicitar, en cambio, su cooperación para reconstruir Irak después de la guerra.

En el consejo, el representante francés, Jean Marc de la Sablière, respondió que su país estaba interesado en continuar con el programa del trabajo de inspecciones y si la "amenaza de veto" mencionada se refería a Francia, él reiteraba que su país no podía endosar el uso de la fuerza. Varios embajadores expresaron su desencanto y frustración al no haber conseguido una solución de compromiso.

Un momento surrealista ocurrió cuando Hans Blix anunció que el plan de trabajo para el desarme, con parámetros y calendarios, estaba listo y podía ser distribuido en la tarde, justo cuando los aliados estaban por invadir Irak. El secretario general Annan, reconociendo lo inexorable de la situación, anunció que retiraría a todo el personal humanitario de la ONU que estaba en Irak, incluido el personal del Programa Petróleo por Alimentos, lo que provocaría la interrupción de dicho programa.

El Consejo de Seguridad decidió volver a reunirse el miércoles 19 de marzo y algunos delegados expresaron la conveniencia de que a dicha reunión asistieran los ministros de Relaciones Exteriores. Los representantes de la coalición expresaron que sus cancilleres no asistirían. Sin embargo, el ministro ruso Ivanov convenció a sus homólogos de Francia y Alemania para que participaran. En las horas siguientes, el secretario Powell llamó por teléfono a varios de sus colegas para pedirles que no asistieran a la sesión del consejo y que no presentaran ninguna nueva resolución. Por otra parte, el mismo lunes Bush llamó al presidente español Aznar para pedirle que telefoneara al presidente Lagos y lo disuadiera de cualquier iniciativa de último minuto en el Consejo de Seguridad. A esas alturas, Lagos no tenía la más mínima intención de procurar una nueva alternativa.

El lunes por la noche, el presidente Bush habló por televisión desde la Casa Blanca para anunciar que se aproximaba el fin del régimen de Saddam. Dijo que durante los últimos cuatro meses y medio, EE UU y sus aliados habían "trabajado en el Consejo de Seguridad (...) Sin embargo, algunos miembros permanentes del Consejo de Seguridad han anunciado públicamente que vetarán cualquier resolución que obligue al desarme de Irak". "El Consejo de Seguridad", continuó, "no ha estado a la altura de sus responsabilidades, por lo cual nosotros asumiremos las nuestras". Y concluyó como si se estuviera dirigiendo a los iraquíes: "Saddam Hussein y sus hijos deben abandonar Irak en 48 horas... Pronto el tirano se habrá ido. El día de vuestra liberación está cerca".

Entretanto, el martes 18 de marzo Blair había convencido al Parlamento británico para que votara a favor de la guerra. Blair triunfó 396 contra 217, perdiendo en el camino un tercio del voto laborista, pero compensando con los votos conservadores. La secretaria para el Desarrollo Internacional, Clare Short, había declarado que ir a la guerra sin la autorización específica del Consejo de Seguridad de la ONU era "imprudente con el mundo, imprudente al debilitar a la ONU, imprudente con nuestro gobierno, imprudente con nuestro futuro". Para complicar aún más las cosas, Robin Cook renunció en protesta a su puesto como líder laborista en la Cámara de los Comunes. Pero Blair había aguantado la rebelión en sus filas y ganado una votación esencial.

El miércoles 19 de marzo el Consejo de Seguridad se reunió a las 10.45 horas, con la presencia de escasos ministros, entre otros, De Villepin, Fischer e Ivanov. Hans Blix estaba en representación de la UNMOVIC y sólo asistió un representante de ElBaradei, jefe de la AIEA. Blix expresó su "tristeza de que tres meses y medio de trabajos en Irak no hubiesen dado la certeza necesaria acerca de la ausencia de ADM y otros elementos proscritos en Irak", especialmente ya que "la acción armada ahora parece inminente".

Los ministros de Relaciones Exteriores hablaron más del futuro que del momento que se estaba viviendo. Fischer declaró que era importante contrarrestar el mito de que el Consejo de Seguridad había fracasado. El consejo, dijo "dispuso los instrumentos para desarmar a Irak pacíficamente. El Consejo de Seguridad no es responsable de lo que pasa fuera de la Organización de las Naciones Unidas".

Por su parte, el canciller francés señaló que se estaba frente a "dos maneras de ver el mundo. La de aquellos que eligen el uso de la fuerza y piensan que pueden resolver las complejidades del mundo por medio de rápidas acciones preventivas; nosotros, en contraste, elegimos la acción decidida y el enfoque a largo plazo, porque en el mundo de hoy, para asegurar nuestra seguridad, debemos tomar en cuenta las múltiples crisis y sus diversas dimensiones, incluyendo las culturales y religiosas". El consejo, concluyó De Villepin, ha "cumplido a plenitud con sus obligaciones".

John Negroponte, representante de EE UU, se refirió al informe de Blix diciendo que "la situación en el terreno cambiará y por lo tanto las tareas de desarme pendientes también cambiarán". Luego agregó, con cierta lógica, "considerar un programa de trabajo en el momento que enfrentamos es, simplemente, estar fuera de la realidad... Bajo las actuales circunstancias no tenemos otra posibilidad que dejar esta tarea de lado temporalmente".

Ese miércoles las discusiones se fueron centrando en la necesidad de proveer la ayuda humanitaria que fuese requerida y en la posibilidad de elaborar una resolución para asegurar la continuidad del Programa Petróleo por Alimentos. Ese mismo día, el secretario general envió una carta al presidente del consejo solicitando autorización a través de una resolución para suministrar en forma provisoria asistencia humanitaria a Irak.

Apenas habían pasado unas pocas horas desde la reunión del Consejo de Seguridad cuando, a las 21.35, hora de la costa este de EE UU, cayeron las primeras bombas norteamericanas sobre Bagdad. Washington actuó sólo una hora y media después de que expirara el ultimátum de 48 horas que diera Bush. A las 22.15 horas, el presidente habló desde la Casa Blanca para anunciar el inicio formal de las hostilidades contra Irak. Al día siguiente comenzó la ofensiva terrestre, transmitida por periodistas "insertos" en las unidades militares de EE UU. Aviones militares estadounidenses lanzaron cerca de dos millones de panfletos en la región sureña de Irak, llamando a los soldados iraquíes a rendirse para "evitar la destrucción".

EE UU dio a conocer una lista de países a los que identificaba como la "coalición de los dispuestos", aunque sólo el Reino Unido y Australia enviaron tropas a combatir. La mayoría de los demás en la lista eran países relativamente pequeños que aportaban contingentes simbólicos. Temprano, en la mañana del 20 de marzo, el Pentágono lanzó su operación *Shock and Awe* de bombardeos sobre Irak. Los pilotos de aviones F-117 lanzaron sus bombas de 3.000 libras, a las que siguieron varias docenas de misiles cruceros Tomahawk lanzados desde naves de guerra y una abundante cantidad de bombas de precisión sobre blancos estratégicos en Bagdad y otras ciudades, todo ello en 24 horas. La diplomacia se sumió en el silencio, aunque más tarde sería escuchada nuevamente.

---

[1] *William Kristol y Robert Kagan. "The U.N. Trap?".* The Weekly Standard, *18 nov. 2002: 10-12.*

[2] *Ver Hans Blix. Disarming Iraq (New York: Pantheon Books, 2004): 74-80.*

[3] *Ver CNN.com. 3 de abril de 2004, y* New York Times, *3 abr. 2004: A26.*

[4] The New York Times, *14 ago. 2003: A22.*

[5] *Ver Ashraf Khalil. "Arab Nations Deny Exile Proposal Brewing for Hussein".* Chicago Tribune, *11 ene. 2003.*

[6] *Ver Paul Heinbecker. "Canada Got it Right".* Globe and Mail, *19 mar. 2004: A17.*

[7] *David Sander y Felicity Barringer. "President Readies U.S. for Prospect of Imminent War".* The New York Times, *7 mar 2003.*

[8] *Ver Peter Stothard. Thirty Days: Tony Blair and the Test of History (New York: Harper Collins Publishers, 2003): 3-13.*

[9] *Blix, op. cit., 248.*

[10] *Ver Stothard, op. cit., 20-21.*

[11] *Richard Stevenson y Warren Hoge. "Threats and Responses".* The New York Times, *15 mar. 2003.*

[12] *Ver Stothard, op. cit., 58-59. También, notas del autor en conversación con el presidente Lagos.*

[13] *Ver Bob Woodward. Plan of Attack (New York: Simon and Schuster, 2004): 342-345. Este diálogo está basado en fuentes directas del autor.*

[14] *Stothard, op. cit., 14.*

[15] *Adolfo Aguilar Zinser. En:* El País, *23 mar. 2004.*

3. ALIADOS DISTANCIADOS EN EUROPA Y AMÉRICA LATINA

La decisión del presidente Bush de invadir Irak en marzo de 2003 no sólo marcó el abandono del enfoque multilateral y evadió el conducto del Consejo de Seguridad de la ONU, sino que también causó un profundo quiebre transatlántico con aliados europeos como Francia y Alemania, e incidió negativamente en las relaciones con socios hemisféricos como México y Chile.

Washington estigmatizó a los miembros del Consejo de Seguridad que no apoyaron el uso de la fuerza como países hostiles. Los amigos o aliados eran sólo aquellos que concordaban con sus políticas y puntos de vista de manera incondicional. La conclusión parecía ser que las "coaliciones de los dispuestos" lideradas por EE UU podían eventualmente llegar a reemplazar a las instituciones multilaterales existentes. Entre líneas, se percibía una dura advertencia de que quien no estuviese a bordo, quedaba aislado. La diplomacia multilateral parecía en estado catatónico.

Inmediatamente surgió la pregunta del costo que significaba que EE UU alienase a países y organizaciones que podrían hacer falta para otras importantes iniciativas de política exterior. ¿Por qué una actitud de distancia tan tajante frente al multilateralismo y la cooperación internacional?

Francia y Alemania se perfilaban como actores claves, junto con Gran Bretaña, en las negociaciones con Irán para llegar a un acuerdo tentativo para detener su programa nuclear de enriquecimiento de uranio. Rusia y China podrían ser socios importantes, junto a otros, en los esfuerzos por contener el desarrollo de armas de destrucción masiva en Corea del Norte. ¿Entonces, por qué, debido a Irak, se les colocaba en la categoría de países a ser ignorados?

Cuando la idea de "castigar" a aquellos que se opusieron a la postura norteamericana en el Consejo de Seguridad se hizo más fuerte, la pregunta que surgió en América Latina fue: ¿quiénes son los aliados o socios naturales de EE UU para la promoción del libre comercio, la democracia y la estabilidad regional? Países con serios conflictos internos estarían excluidos; otros eran demasiado débiles o incluso renuentes. Si por oposición al llamado "eje del mal", existiese un "eje del bien", es decir, países comprometidos con la democracia, el libre comercio, el multilateralismo, el diálogo y con cierta capacidad de liderazgo, claramente Chile —con el presidente Lagos— y México —con el presidente Fox— calificarían en dicho eje positivo en América Latina. ¿Por qué entonces antagonizar a estos socios cuando EE UU podría necesitarlos como aliados confiables más allá de Irak?

Desafortunadamente, la guerra de Irak situó a Francia, Alemania, Rusia, México, Chile y otros en una categoría de amigos distantes, al menos por un lapso significativo.

Como resultado de la guerra en Irak, las relaciones transatlánticas experimentaron el daño más profundo en medio siglo. Por cierto, la alianza occidental había sufrido divisiones antes. Por ejemplo, durante la crisis de Suez en 1956, cuando el presidente Dwight Eisenhower intervino con el respaldo de la ONU para obligar a Gran Bretaña y a Francia a ceder el control del canal; cuando Francia rechazó integrar el componente militar de la OTAN, y durante la guerra de Vietnam. Pero esas crisis fueron superadas gracias a que el conflicto del este-oeste al final siempre terminaba realineando al bloque occidental. Pero sin la Guerra Fría el estímulo para recomponer rápidamente la alianza atlántica desapareció. Así, la brecha causada por la guerra liderada por EE UU se tornó mucho más seria que todas las crisis anteriores. Además, debido a que algunos países europeos como el Reino Unido, España e Italia se alinearon con Washington, el proceso de integración de la Unión Europea sufrió una crisis interna de grandes proporciones.

En América Latina, la inauguración de la administración Bush había insinuado el inicio de un nuevo periodo lleno de esperanzas y de interés norteamericano en la región, basado en la promoción de la democracia y el libre comercio. Bush incluso rompió con una tradición de larga data y en su primer viaje internacional visitó México, en febrero de 2001, en lugar de su vecino del norte, Canadá. Pero la guerra de Irak y la discrepancia con Washington en el Consejo de Seguridad de la ONU por parte de los miembros latinoamericanos, México y Chile, considerados desde el comienzo como "votos seguros", alejó a Estados Unidos de la región. Bush, que al principio de su administración había prometido "mirar hacia el sur no como un pensamiento de última hora, sino como un compromiso fundamental (de EE UU)", de hecho, ahondó una tendencia ya iniciada a partir del 11/9.

La mayoría de los países latinoamericanos se opuso al uso de la fuerza en Irak. Tradicionalmente, los latinoamericanos han sido partidarios del derecho internacional, de la búsqueda de soluciones consensuadas para controversias internacionales y del agotamiento de la diplomacia multilateral ante las crisis. América Latina tiene buena memoria. Durante 200 años, los países de la región han conocido la "Pax Americana", la acción militar preventiva y las políticas de "cambio del régimen". De los cinco países singularizados como "socios especiales" por la administración Bush, sólo Colombia apoyó la posición norteamericana en Irak. El presupuesto inicial de la Casa Blanca para la guerra de Irak contenía 100 millones de dólares para Colombia. Pero incluso Colombia favoreció un desenlace pacífico a la crisis iraquí hasta el último minuto previo al comienzo de la guerra.

Canadá, que al igual que Chile y México presentó una propuesta alternativa para desarmar a Irak pacíficamente, también descartada por Washington, pagó las consecuencias después de la invasión de Irak. El presidente Bush canceló un viaje programado con bastante anticipación fijado para el 6 de mayo de 2003 porque, según las explicaciones, estaba demasiado ocupado con Irak, a pesar de que Washington había declarado oficialmente la victoria en la guerra el 1 de mayo.

La administración Bush, en su inicio, había destacado con entusiasmo que Estados Unidos vende más a América Latina que a la Unión Europea y que, en años recientes, las exportaciones norteamericanas a Latinoamérica habían crecido dos veces más rápido que las exportaciones a otras partes del mundo. Poco antes de la guerra de Irak un alto funcionario del Departamento del Estado había declarado, en una sesión del Subcomité del Hemisferio Occidental del Comité de Relaciones Exteriores de la Cámara de Representantes, que México y Chile constituían socios de EE UU en la promoción de la democracia y la estabilidad en la región mediante iniciativas como la Comunidad de las Democracias y el Grupo de Amigos para Venezuela del secretario general de la Organización de Estados Americanos (OEA)[1]. Tales aseveraciones pasaron a segundo plano en el contexto de la guerra de Irak.

La división transatlántica con la "vieja Europa"

En septiembre de 2002 se reunió un grupo de cancilleres para cenar en el tradicional y elegante Hotel Pierre, en la Quinta Avenida con la calle 61 en Nueva York, frente al Parque Central. El secretario de Estado, Colin Powell, estaba presente, al igual que el canciller francés, Dominique de Villepin. El presidente Bush había decidido asistir a la apertura de la Asamblea General de la ONU.

Instigado por Tony Blair, estaba siguiendo el camino multilateral frente a la crisis de Irak en procura de una resolución fuerte del Consejo de Seguridad que exigiera a Irak divulgar y destruir todas sus ADM, objetivo que se materializó un par de meses más tarde, el 8 de noviembre, mediante la Resolución 1441. La resolución advertía que Irak "enfrentaría serias consecuencias como resultado de las constantes violaciones de sus obligaciones". En aquella cena del hotel neoyorquino, Powell aconsejó a De Villepin: "Debes estar seguro de una cosa: no votes por esta primera (resolución), a menos que estés dispuesto a votar por la segunda". En otras palabras, Washington estaba diciendo a París que si Irak violaba sus obligaciones bajo la resolución que se negociaba, Francia tendría que votar por otra resolución que aprobara el uso de la fuerza contra el régimen de Hussein. Ello no sólo nunca ocurrió, sino que Francia, de hecho, encabezó la coalición contra la guerra dentro del Consejo de Seguridad.

En Washington, además, quedó registrado en la memoria colectiva que el 20 de enero, durante una sesión del Consejo de Seguridad organizada por la Presidencia francesa sobre la lucha contra el terrorismo, Francia había usado la ocasión para criticar la actitud norteamericana de ir a la guerra en Irak. La noche anterior, el canciller francés De Villepin se reunió con el secretario Powell en la *suite* del ministro francés en el Waldorf Astoria donde, durante una charla animada, la autoridad francesa comunicó las preocupaciones de su país sobre lo que se percibía como una dirección belicosa de la política norteamericana. Powell pensó que la discusión terminaría allí.

Al día siguiente, el debate del Consejo de Seguridad se centró en el terrorismo. Los diplomáticos estadounidenses habían obtenido garantías de sus colegas franceses de que ese día se discutiría sólo el tema del terrorismo. Terminada la reunión, Powell se retiró para concurrir a un almuerzo en la residencia del embajador francés en la Avenida Park con la calle 72, mientras De Villepin, como presidente del consejo, permaneció en la ONU para ofrecer la habitual conferencia de prensa tras la sesión. Aunque se había abordado solamente el tema del terrorismo, el canciller francés aprovechó una pregunta sobre Irak para declarar: "No nos asociaremos con una intervención militar que no tenga el apoyo de la comunidad internacional. La intervención militar sería la peor solución posible".

Powell ignoraba lo que había ocurrido en la rueda de prensa y no se enteró hasta pasado el almuerzo. Peor aún, una vez que De Villepin llegó y ocupó su lugar como anfitrión, se cerraron las puertas del comedor y el canciller francés sorprendió a Powell con el anuncio de que el tema del almuerzo de trabajo sería Irak, no el terrorismo. Powell se mostró claramente molesto cuando escuchó lo que él consideró largos "sermones" de parte de los cancilleres de Francia, Alemania, Rusia y —en menor grado— de China, acerca de lo que ellos consideraban una política norteamericana errada respecto a Irak. Colin Powell reiteró la posición oficial de su país y, hacia el final, bastante irritado, dijo que muchos de los que estaban "criticando a Estados Unidos en Irak también habían protestado por la invasión norteamericana de Panamá para expulsar a Noriega, y terminaron posteriormente felicitando a la Casa Blanca por haber restablecido la democracia" en la nación latinoamericana. Powell agregó que sospechaba que pasaría lo mismo con Irak. El inesperado debate sobre Irak lo sorprendió y molestó profundamente. Powell comentaría más tarde que había sido emboscado y "traicionado". Éste fue el primer momento público de colisión entre las posiciones de Francia y EE UU acerca de Irak.

Todo el mundo tomó debida nota cuando, con una combinación de beligerancia y desdén, el jefe del Pentágono, Donald Rumsfeld, caracterizó el problema transatlántico derivado de la oposición de Francia y Alemania al uso de fuerza contra Irak, sosteniendo que ellos representaban la "vieja Europa", anticuada e interesante meramente para el turismo, versus la "nueva Europa", compuesta por los países que anteriormente pertenecían a Europa Oriental que apoyaban a EE UU en Irak y serían supuestamente la fuerza vital del futuro europeo. El "centro de gravedad se está trasladando hacia el este", agregó Rumsfeld. El día anterior, en Bruselas, Francia, Alemania y Bélgica habían bloqueado una iniciativa liderada por EE UU para que la OTAN apoyase a Turquía en caso de una represalia iraquí en el contexto de la guerra.

Ya en las vísperas de la guerra contra Irak, columnistas conservadores focalizaban su ira en la ONU y Francia. Paul Johnson escribió en *The Wall Street Journal* un artículo editorial titulado "Au Revoir, Petite France", donde aseveró: "Militarmente Francia es un poder de segunda clase. Pero debido a su posición geográfica en el centro de Europa Occidental y su posesión nominal de armas nucleares, que le aseguran un puesto permanente en el Consejo de Seguridad de la ONU, maneja un considerable poder negativo y destructivo. En esta ocasión, ha ejercido tal poder plenamente y es probable que las consecuencias sean permanentes". Johnson fue más allá: "Ahora el Consejo de Seguridad quedará en una situación marginal y los asuntos importantes se discutirán en otra parte. De hecho, puede que sea difícil mantener a EE UU dentro de la organización". En el contexto de las nuevas coaliciones *ad hoc*, Johnson predijo: "Francia se tornará irrelevante. Entonces veremos qué es lo que hará Alemania".

Según el columnista conservador George Hill, el único papel apropiado para Francia sería ayudar a Estados

Unidos a traducir los archivos iraquíes relativos a la colaboración entre Francia y Saddam Hussein durante los últimos 12 años. A su vez, William Safire argumentó que la política de posguerra de EE UU debería ser "premiar a los amigos y recordarle a los otros que las acciones conllevan consecuencias... En la medida en que América premie a los amigos de la libertad, los futuros líderes en Berlín, París y Moscú entenderán el mensaje de que las acciones políticas miopes tienen consecuencias de largo plazo"[2].

Las propias autoridades norteamericanas criticaron duramente a Francia y a los socios europeos antiguerra, incluso antes de la invasión. Ari Fleischer, el secretario de prensa de la Casa Blanca, en la mañana del 13 de marzo acusó a las autoridades francesas de "envenenar" el proceso diplomático puesto en marcha por los británicos para buscar un compromiso de último minuto, agregando que era "increíble" que Francia hubiese cerrado todas las puertas a una nueva resolución del Consejo de Seguridad de la ONU.

Una frase que después llegaría a ser famosa empezó a circular en Washington en esa época, atribuida a Condi Rice. La política de Estados Unidos hacia los países europeos antibélicos en el Consejo de Seguridad sería: "aislar a Francia, ignorar a Alemania y perdonar a Rusia". El concepto reinante era dividir el bloque europeo e implementar una política caso a caso que consideraría los intereses norteamericanos de trabajar más intensamente con algunos que con otros y, por otra parte, el extender la alfombra roja a los aliados en la "coalición de los dispuestos".

Alemania también fue objeto de desdén en Washington. En mayo de 2003, una alta autoridad de la Casa Blanca declaró privadamente que EE UU aislaría al canciller Gerhard Schroeder, aunque se mantendrían los esfuerzos para mejorar los lazos con Alemania a otros niveles. "La relación entre Bush y Schroeder nunca será lo que era y lo que debiera ser", fue una frase escuchada en la Casa Blanca. De hecho, el primer ministro de Estado de Hesse, Roland Koch, un conservador y rival potencial del Partido Socialdemócrata de Schroeder en las elecciones alemanas, fue convidado a una entrevista con el presidente Bush en la Casa Blanca[3], un tratamiento inusual para un político opositor extranjero.

La campaña de reelección de Schroeder de 2003, basada en su oposición a la guerra en Irak, una postura muy popular entre los alemanes, y su descripción de la guerra de Irak como una "aventura militar", irritó sobremanera a Bush. Éste sentía que era "cinismo electoral" y lo tomó a modo personal, porque supuestamente Schroeder le había asegurado, durante una conversación privada en mayo de 2003, que no sacaría partido al problema de la guerra. Las relaciones personales entre los dos líderes se habían "envenenado" puesto que, según una fuente de la Casa Blanca, el presidente Bush "cree que el carácter de una persona se conoce si mantiene o no su palabra".

Schroeder sintió el golpe cuando la Casa Blanca rechazó una solicitud suya para reunirse a solas con Bush en junio de 2003, en el contexto de la cumbre económica del G-8 en Evian, Francia. En todo caso, la posición alemana no cambió. El 9 de octubre de 2003, el ministro de Relaciones Exteriores, Fischer, criticó la política norteamericana en Irak: "La teoría estadounidense del dominó bajo la cual se supone que un Irak liberado estabilizará el Medio Oriente y democratizará un país tras otro no se ha comprobado". Para mejorar los lazos transatlánticos, agregó, "debemos acercarnos como socios". Una encuesta de Allensbach a fines de abril de 2003 mostraba que las opiniones mutuas entre alemanes y norteamericanos eran crecientemente negativas. Sólo un 11% de los alemanes encuestados consideraba que EE UU era el mejor amigo de Alemania.

Con el tiempo, y en la medida en que la guerra en Irak empeoraba, se fueron recomponiendo las relaciones con Alemania. El 27 de febrero de 2004, Bush y Schroeder se encontraron en la Casa Blanca y emitieron una declaración conjunta titulada "La Alianza germana-estadounidense para el siglo XXI", dedicada a mejorar las relaciones transatlánticas basadas en valores compartidos y una agenda común que incluía desde Irak y el terrorismo hasta el Medio Oriente y la OTAN.

Francia fue el blanco principal de la venganza. En EE UU se registraron iniciativas para impulsar medidas punitivas concretas como, por ejemplo, reducir o impedir ciertas ventas a Francia de *software* sensible y otros materiales relacionados con la defensa que requerían de aprobación gubernamental. Por cierto, tales iniciativas implicaban costos para los exportadores estadounidenses. En Washington muchos creían que se tendría que reducir la cooperación con Francia en el campo de la inteligencia, al ser éste, supuestamente, un "aliado poco confiable".

Se podía percibir un claro resentimiento hacia los franceses en la aserción del vicesecretario de Defensa, Paul Wolfowitz, en abril de 2003: "Francia sufrirá algunas consecuencias, no sólo con nosotros, sino también con otros países que ven las cosas de la misma manera". Wolfowitz sostuvo ante el Comité de Servicios Armados del Senado que Rusia, Alemania y Francia podrían ser útiles durante la reconstrucción si perdonasen la deuda de Irak: "Espero que ellos reflexionarán sobre las deudas enormes producto del dinero que se le prestó a Saddam Hussein para que comprara armas, construyera palacios y contara con instrumentos de represión", dijo Wolfowitz. La deuda de Irak con Francia y Rusia era de alrededor de $8.000 millones de dólares con cada uno, y con Alemania cerca de $4.300.000 dólares. Otros incluso sugirieron que Irak debía declarar una moratoria unilateral de su deuda externa, especialmente aquellos montos que correspondían a compras de armas durante la dictadura de Saddam, presumiéndose que no habría objeción oficial de parte de

EE UU, dado que dos de los principales acreedores de Irak eran precisamente Rusia y Francia[4].

Chirac y Schroeder respondieron que los asuntos relativos a la deuda debían ser tratados en el Club de París, el grupo informal de acreedores oficiales, mientras el presidente Putin simplemente expresó que Moscú estaba disponible para conversaciones acerca de la deuda iraquí. El llamado unilateral de la administración estadounidense para la eliminación de los cobros internacionales respecto a Irak, en vistas que de éste le debía muy poco a Washington, fue definido por un observador como equivalente a "intentar gastar el dinero ajeno"[5].

En el Congreso norteamericano el parlamentario Henry J. Hyde, presidente del Comité de Relaciones Internacionales de la Cámara de Representantes, deploró "la actitud indiferente de países cuyos intereses estamos también defendiendo. Tenemos el derecho —siguió Hyde— de esperar más de antiguos aliados, sobre todo de aquellos cuya libertad se compró a expensas de vidas norteamericanas. Así que, con gran dolor y pesar, hemos visto a algunos darnos la espalda. Es en los momentos difíciles que podemos evaluar el verdadero peso de su amistad y descubrir que las promesas fáciles del pasado no han sido más que oro falso".

Cuando la prensa le preguntó al secretario de Estado Powell —quien visitaba la capital francesa para preparar la cumbre del G-8 en Evian, en junio de 2003— si EE UU estaba pensando en castigar a Francia, respondió: "No, pero se toma debida nota de aquellos que discrepan con usted y se intenta averiguar por qué y, si es apropiado, se sacan algunas conclusiones. Y las consecuencias siguen a esas conclusiones".

El propio presidente Bush expresó su malestar hacia Francia en una entrevista televisiva en la cadena NBC el jueves 24 de abril de 2003, cuando comentó que en su administración la percepción prevaleciente era que "la posición francesa era antiamericana", y después agregó, en referencia al presidente Chirac: "Dudo que vaya a visitarme al rancho en el futuro próximo". En el código de Bush, una invitación a su rancho de Texas es la máxima expresión del tratamiento amistoso.

La situación empeoró cuando surgieron acusaciones en la prensa norteamericana y británica, respaldadas por fuentes anónimas de la administración estadounidense, acerca de sospechosas negociaciones entre Francia y el régimen de Hussein.

El 27 de abril, el *Sunday Times* de Londres informó que Francia había informado regularmente a Hussein acerca de las reuniones privadas entre representantes europeos y funcionarios norteamericanos relativas a los planes de guerra de Washington, lo cual, según el diario, podría haberle ayudado a Irak a prepararse para la guerra. Supuestamente esta información se basaba en documentos encontrados entre los escombros del Ministerio de Relaciones Exteriores de Irak[6].

En marzo, el columnista William Safire involucró a Francia en un complejo esquema mediante el cual presumiblemente un intermediario francés habría facilitado la adquisición por parte de Irak, vía Siria, de componentes químicos para misiles[7]. A principios de abril, el congresista estadounidense Joe Scarborough acusó a Francia en la cadena de televisión por cable MSNBC de haber vendido al régimen de Saddam "aviones, misiles, vehículos blindados, equipo de radar y repuestos para aviones de combate iraquíes". El 21 de abril, *Newsweek* divulgó el "posible" descubrimiento en Irak de misiles germano-franceses Roland Z fabricados en 2002, aunque la producción de ese tipo de misil había cesado en 1993[8].

The Washington Post y *The New York Times* publicaron artículos basados en suposiciones en vez de datos sólidos acerca de una supuesta confabulación europea con Saddam Hussein. En medio de las crecientes tensiones en la ONU, en septiembre de 2002, el *Times* sostuvo que Francia y Alemania habían abastecido a Irak con interruptores de alta precisión que se podrían usar en armas nucleares[9], mientras que el *Post* publicó, un mes después, que Francia, además de Rusia, Irak y Corea del Norte, poseían cepas de sarampión humano prohibidas por la Organización Mundial de la Salud[10].

El diario conservador *The Washington Times*, a su vez, informó el 6 de mayo de 2003 que diplomáticos franceses en Siria habían ayudado a "un número desconocido" de líderes del régimen de Hussein a escapar a Europa proporcionándoles visas. Una alta autoridad de la administración Bush fue citada afirmando: "Ahora los franceses están ayudando a los malos a huir de nosotros"[11]. Aunque la embajada francesa en Washington negó la versión de prensa, el presidente del comité judicial de la Cámara de Representantes, James Sensenbrenner, ordenó una investigación y opinó que se debería excluir a Francia del programa que permite a los turistas de países desarrollados visitar EE UU sin la necesidad de obtener una visa. Irónicamente, una investigación del Departamento de Seguridad de la Patria de EE UU concluyó que la historia de las visas o documentos de viaje franceses era falsa.

En vista de tales artículos, las autoridades francesas presentaron una queja formal ante la Casa Blanca, el Departamento del Estado y el Congreso que alegaba que Francia era el blanco de una "campaña sostenida de desinformación supuestamente alimentada por fuentes de la administración Bush". Un vocero de la embajada de Francia en Washington declaró en aquella oportunidad que Francia "solamente podría presumir que los periodistas estaban diciendo la verdad cuando citaban a fuentes anónimas en la administración"[12].

Mientras la guerra progresaba en Irak durante abril y mayo, las críticas hacia los europeos antibélicos se tornaron particularmente virulentas.

Un hombre fue brutalmente golpeado en un restaurante de Los Angeles porque hablaba en francés. En numerosos restaurantes, incluyendo la cafetería del Congreso norteamericano, se reemplazó el nombre de las papas fritas (conocidas como "papas francesas" en inglés) por "papas de la libertad". Se creó una *página web* FranceStinks.com (Franciahuelemal.com) y GermanyStinks.com (Alemaniahuelemal.com) para difundir artículos críticos de la "vieja Europa" y burlarse de los franceses y alemanes, incluso acerca de situaciones delicadas como la ola de calor veraniega de 2003 que costó las vidas de centenares de franceses de la tercera edad. Presumiblemente, más de cuatro millones de personas visitaron estos sitios *web* en un año. Paralelamente, estudiantes franceses que irían a EE UU durante el verano como parte de un programa de intercambio eran rechazados debido a su nacionalidad, cuando en el pasado nunca había habido problema alguno. Un representante de *Loisirs Culturels à L'Etranger*, un programa de intercambio estudiantil con sede en París, declaró que en el contexto de la invasión a Irak la reacción de las familias norteamericanas era positiva hasta que se enteraban de que el alumno visitante era originario de Francia, lo cual simplemente "terminaba la conversación"[13].

Incluso el vino francés fue afectado por el boicot postinvasión. Las exportaciones globales de vino francés a EE UU disminuyeron en un 21% en los primeros cuatro meses de 2003. Las ventas al detalle de vinos franceses siguieron sufriendo fuertes caídas hacia mayo de 2003, aunque, por el contrario, las ventas totales de vino en Estados Unidos crecían.

Sin embargo, al parecer el declive en las ventas de vino francés en el mercado norteamericano se debía sólo en parte a la discordancia política derivada de la guerra de Irak; otra causa era la fuerte competencia de los productores de vino del Nuevo Mundo, como Australia, Chile y África del Sur, y la expansión del vino de California hacia mercados tradicionalmente franceses. Por supuesto, la caída del dólar estadounidense, que llegó a mediados de 2003 a sus niveles más bajos en cuatro años en relación al euro, descendiendo casi un 40% desde 2000, hizo que el precio de los vinos franceses, al igual que otros vinos europeos, se tornara más caro. Pero, más allá del euro elevado, de una sobreabundancia de vino en 2003 y de la creciente competencia de otros productores, se observaba un sentimiento "francofóbico" que incidió en las ventas de vino francés en Estados Unidos. Algunos recordaron que los vinos franceses nunca se recuperaron completamente en el mercado escandinavo después del boicot de 1995 en esos países para "protestar en contra de los ensayos de armas nucleares de Francia en el Pacífico (la gente probó otros vinos y nunca más volvió a los franceses)"[14].

Más allá del vino, los desacuerdos entre Francia y Estados Unidos relacionados con la guerra terminaron afectando el comercio bilateral. Un ejemplo fue la presencia norteamericana reducida en la Exhibición del Aire de París en junio de 2003, cuando EE UU envió sólo cuatro aviones, comparado a 12 en 2001. El Pentágono además ordenó que ningún oficial de rango mayor que coronel participara en la feria aérea. En los primeros cuatro meses de 2003 las exportaciones no militares francesas a Estados Unidos declinaron en 21% en comparación con el mismo periodo en 2002, en tanto las exportaciones no militares de EE UU hacia Francia se redujeron en un 24%, una caída significativa considerando el dólar barato y el euro caro que favorecía las exportaciones norteamericanas. A fines de marzo de 2003, un banco de inversiones suizo-norteamericano había conformado un acuerdo financiero complejo con casi cien inversionistas potenciales y, en una acción sin precedentes, diez de los compradores rehusaron participar porque la compañía que reunía los fondos era francesa[15]. Estos eran costos reales para exportadores e inversionistas concretos de una guerra en solitario.

La crítica a Francia llegó a niveles extremos cuando el 2004, en el contexto de la carrera presidencial, el secretario de Comercio, Donald Evans, comentó que el rival demócrata, John F. Kerry, era "de un linaje político diferente y de apariencia francesa". El líder de la mayoría republicana en la Cámara, Tom DeLay, comenzaba sus discursos de la campaña presidencial diciendo "Hola", agregando de inmediato, "o, como diría John Kerry, *bonjour*".

Algunos países europeos más pequeños, alineados con la posición francesa respecto a Irak, como Bélgica, también sintieron la presión. El 1 de agosto de 2003, el Senado belga aprobó una moderada ley de crímenes de guerra que el gobierno esperaba repararía las relaciones con EE UU. El proyecto cambió una ley que permitía a los tribunales belgas procesar a extranjeros por crímenes de guerra y crímenes contra los derechos humanos, sin importar el lugar donde ocurrieran. De hecho, a esa altura ya estaban en curso varias demandas en contra del presidente Bush y del primer ministro Blair. Las tensiones llegaron a tal punto que, el 19 de junio, el secretario de Defensa Rumsfeld amenazó con retirar la sede de la OTAN de Bruselas a menos que Bélgica desechara la ley que al final terminó enmendando.

El otro lado de la moneda fue que la opinión europea de Estados Unidos empeoró, cayendo a niveles inéditos. Un año después de la invasión a Irak, una encuesta del Centro de Investigación Pew registró que las opiniones negativas del presidente Bush llegaban a 85% en Francia, 85% en Alemania, 60% en Rusia y 57% en Gran Bretaña. La misma encuesta demostró que la mayoría de los entrevistados europeos creía que los líderes de EE UU y Gran Bretaña habían mentido cuando declaraban que Irak poseía ADM: en Francia, 82%; Alemania, 69%; Rusia, 61%, y Gran Bretaña, 41%[16].

A mediados del año 2003, a medida que empeoraba la guerra en Irak, algunas voces empezaron a promover un acercamiento europeo-estadounidense. En junio de 2003, el Deutsche Bank organizó una conferencia en Berlín denominada "Buscando a Europa desesperadamente", dedicada al colapso de la alianza atlántica y a cómo reparar el daño. Un artículo editorial en el *Financial Times*, publicado más o menos en la misma época, llamó a que "Europa y Norteamérica terminen su divorcio"[17].

La posición oficial europea era insistir en el multilateralismo para solucionar el conflicto iraquí. En una reunión a mediados de abril en San Petersburgo, los líderes de Rusia, Francia y Alemania sostuvieron que la guerra de Irak debiera "resolverse lo más rápidamente posible conforme a la Carta de Naciones Unidas", en las palabras del presidente ruso Putin. Chirac, a su vez, declaró que la meta común de los tres países era "crear las condiciones para devolverle la dignidad al pueblo iraquí y que tenga una oportunidad de ser dueño de su propio destino (...) solamente Naciones Unidas tiene la legitimidad para hacer eso".

A mediados de abril, los lazos entre la Casa Blanca y el Palacio Champs Elysee estaban congelados. Chirac y Bush no habían hablado por teléfono desde el 8 de febrero, mientras los líderes europeos se consultaban entre ellos una o dos veces por semana. Pero en mayo Chirac llamó a Bush y otorgó el pase de la OTAN que Polonia necesitaba para enviar tropas a Irak y votó a favor de la Resolución 1483 sobre la reconstrucción del país en el Consejo de Seguridad.

Aunque en ese momento era poco frecuente que los europeos concordaran en materias de política exterior, el 14 de abril de 2003 una reunión de cancilleres en Luxemburgo llamó a Washington a "bajarle el tono a su retórica beligerante hacia Siria", la cual había aumentado como resultado de la caída del régimen de Hussein. El canciller alemán Fischer agregó: "Debemos concentrarnos en ganar la paz y no involucrarnos en otra confrontación".

Incluso el secretario Jack Straw aseguró a la opinión pública posteriormente que "con relación a que 'Siria sea el próximo en la lista', hemos dejado en claro que no es así". Era un rechazo a la política del "un, dos, tres Iraks".

Tony Blair tenía una interpretación particular del fenómeno que se vivía. Para él, el unilateralismo se tornaría una realidad permanente si Europa no reconocía la primacía mundial estadounidense. En una polémica entrevista con el *Financial Times*, a fines de abril de 2003, Blair fue directo a la médula de la controversia atlántica al sostener que el mundo necesitaba "un polo de poder único que comprenda una asociación estratégica entre Europa y América". Insinuando una crítica al presidente Chirac, Blair señaló: "Aquellos que temen el unilateralismo debieran comprender que la manera más rápida de que eso ocurra es establecer un polo de poder que compita con Estados Unidos". El primer ministro no se oponía a una Europa más fuerte, "más capaz de expresarse con una fuerza unida", pero aclaró que ello no debía implicar oponerse a Estados Unidos[18].

Aunque la ambición europea de tener una fuerza de respuesta rápida databa de mucho antes del quiebre causado por la guerra de Irak y se había intensificado en parte por la incapacidad regional de enfrentar la desintegración de Yugoslavia en los noventa, la invasión de Irak activó la búsqueda acelerada de una fuerza europea eficaz por parte de países como Francia y Alemania. El 19 de mayo de 2003, los ministros de Defensa de la UE acordaron crear una fuerza de despliegue rápida de 60.000 soldados denominada Euroarmy. Algunos criticaron que una política independiente con respecto a la OTAN debilitaría la organización, pero varios líderes europeos argumentaron que, por el contrario, la OTAN necesitaba socios militares fuertes.

El acuerdo tenía como precedente un esfuerzo de Francia, Alemania, Bélgica y Luxemburgo —"los países productores de chocolate", como los calificaban despectivamente algunos sectores duros en EE UU—, expresado en una cumbre de defensa del 28 de abril de 2003, orientada a estimular la integración de la defensa europea. La cumbre seguía el concepto europeo de "cooperación reforzada", es decir, la posibilidad de que determinados países puedan alcanzar niveles de cooperación más profundos y con mayor rapidez que otros. Los ejércitos de la también llamada "Banda de los Cuatro" ya participaban en el "Eurocorps", y Francia y Alemania realizaban sus compras de helicópteros conjuntamente así como el entrenamiento de sus pilotos. La canciller de España, Ana Palacio, sostuvo en su momento que la iniciativa de los cuatro países era "contraproducente" y un eventual "factor de división en la UE".

Los neoconservadores consideraban la creación de una capacidad defensiva separada de la UE "más bien como una molestia que un problema verdadero" y que "tomando en cuenta los escasos presupuestos militares de Europa", la fuerza de defensa independiente de la UE no sería "un desafío para la OTAN en el futuro próximo, y probablemente nunca"[19].

Las diferencias transatlánticas no provenían meramente de las discordias en el Consejo de Seguridad de la ONU acerca de la guerra de Irak y, probablemente, no acabarían tras finalizar la guerra. Hay causas más profundas que subyacen la controversia atlántica y las disputas intraeuropeas respecto a la relación con Washington.

Al terminar la Guerra Fría, por primera vez desde 1950, a Washington ya no le inquietaba la integración europea que, en ciertos momentos, procuró erosionar. Las autoridades de Washington ahora veían a Europa occidental estancada económicamente, en declive demográfico y militarmente irrelevante. Por ello, la OTAN, dejó de ser el sitio privilegiado para las consultas y coordinación de seguridad atlántica. La utilidad de reglas e instituciones anticuadas se tornó aún más relativa en la óptica del gobierno de Bush como consecuencia del 11/9, cuando la flexibilidad y "las coaliciones de los dispuestos" se convirtieron en el criterio orientador.

El autor neoconservador Robert Kagan va más allá y descarta de plano la noción de que "los europeos y norteamericanos comparten una visión común del mundo". Europa le está "dando la espalda al poder" y moviéndose en la dirección de un "mundo autónomo de leyes, reglas y negociaciones y cooperación transnacionales", declara. Entretanto, EE UU se centra en el ejercicio del "poder en un mundo hobbesiano anárquico donde las leyes y reglas internacionales no son confiables, y donde la verdadera seguridad, defensa y promoción de un orden liberal todavía dependen de la posesión y uso de poderío militar". Entre estadounidenses y europeos existe solamente un acuerdo sobre su desacuerdo presente: ya no comparten una "cultura estratégica común"[20]. Según Kagan, el problema hoy —si realmente es un problema— es que "Estados Unidos puede 'seguir adelante sólo' (...) Para los europeos, el Consejo de Seguridad de la ONU reemplaza el poder que les falta".

En septiembre de 2003, durante la sesión de apertura de la Asamblea General de la ONU, las diferencias entre Estados Unidos y Europa, simbolizada por Francia, eran más que evidentes. Bush argumentó que no había "territorio neutral" en la "más clara de las divisiones: entre aquellos que buscan el orden y aquellos que diseminan el caos". A continuación, delineó los objetivos para Irak: "La meta fundamental de nuestra coalición en Irak es el autogobierno para el pueblo de Irak, mediante un proceso ordenado y democrático. Se debe desplegar dicho proceso de acuerdo con las necesidades de los iraquíes, sin apurarlo ni demorarlo por los deseos de terceros". El discurso de Bush recibió un aplauso cortés en un salón de la Asamblea General absolutamente repleto.

Después le tocó el turno al presidente Chirac. El mandatario francés declaró que la ONU había "recién emergido de uno de los desafíos más serios en su historia. El respeto a la Carta y el uso de la fuerza constituyen el corazón del debate. La guerra que se inició sin la autorización del Consejo de Seguridad ha minado el sistema multilateral". Todos escuchaban en un silencio profundo. "En un mundo abierto —continuó— nadie puede vivir aislado, nadie puede actuar en solitario en nombre de todos y nadie puede aceptar la anarquía de una sociedad sin reglas. No existe ninguna alternativa a Naciones Unidas (...) En Irak, la transferencia de soberanía a los iraquíes es esencial (...) Depende de Naciones Unidas prestar su legitimidad a ese proceso". Era una nítida respuesta multilateral al discurso de Bush. Cuando Chirac terminó, la Asamblea General estalló en una ovación.

La conexión española

España ingresó como miembro no permanente al Consejo de Seguridad el 1 de enero de 2003, junto con Chile, Angola, Pakistán y Alemania. En poco tiempo, la administración de Aznar se transformó en firme partidaria de la postura estadounidense, apoyando la amenaza de uso de la fuerza contra el régimen de Saddam Hussein y descartando la idea de *benchmarks* para inspecciones reforzadas con el objeto de evitar la guerra y asegurar el cumplimiento pleno por parte de Irak de las resoluciones del consejo sobre las ADM. El gobierno español criticó constantemente al régimen iraquí por falta de cumplimiento, aun cuando los inspectores de la ONU no podían establecer a ciencia cierta que había incumplimiento.

El 29 de enero de 2003, el presidente Aznar y otros siete líderes europeos firmaron una carta clave que apoyaba la posición norteamericana respecto a Irak. Al siguiente día, en Madrid, Aznar y Blair subrayaron los contenidos de la carta y declararon que la Resolución 1441 constituía la "última oportunidad" para que el régimen de Saddam se desarmara.

La "Carta de los ocho", como llegó a ser conocida, despertó ira en Europa. Javier Solana, el comisionado de la UE para Política Exterior, supo de la carta escuchando la radio. Según sus colegas, estaba "furioso y defraudado". El 27 de enero, Solana había conseguido de parte de los cancilleres un acuerdo para forjar una política europea común sobre Irak. Londres y Madrid habían preparado la "Carta de los ocho" violando los procedimientos: ni la presidencia griega ni Solana habían sido informados, mucho menos consultados.

La idea del documento había sido propuesta por un periodista a varios gobiernos europeos. La única respuesta entusiasta provino del gabinete de Aznar. Al final, fue Aznar quien convenció a Blair acerca de la iniciativa[21]. El día de la publicación de la carta, De Villepin canceló un viaje a Londres para reunirse a cenar con su colega Jack Straw en su residencia de campo en Chevening. De Villepin se excusó argumentando que tenía demasiado trabajo por una próxima cumbre franco-africana. El presidente Bush estaba encantado. Según un diplomático español, le envió una nota escrita a mano en letras mayúsculas a Aznar diciendo: "José María, que Dios te bendiga a ti y a España. George W".

Pero ésa era solamente la primera parte del plan. El día en que se publicó la "Carta de los ocho", diez países de Europa central y oriental, todos candidatos a ingresar a la OTAN y la UE, recibieron un borrador para agregar a su propia declaración, preparado por un "lobbista" norteamericano vinculado al Pentágono. El propósito era doble: primero, remarcar las diferencias entre la "vieja Europa", representada por Francia y Alemania, y la "nueva Europa" de los candidatos a entrar a la OTAN y la UE; segundo, la declaración de los diez solidarizando con Washington facilitaría una próxima votación favorable en el Congreso estadounidense para la aceptación de siete de ellos en la OTAN. Además, el plan era publicar la carta de Europa oriental y central el 5 de febrero, coincidiendo con el día en que Powell presentaría su discurso acerca de la evidencia de ADM al Consejo de Seguridad. De hecho, la carta se refería a "la evidencia convincente" de Powell, aunque nadie la había visto ni oído aún. La noche anterior los búlgaros, nerviosos sobre la reacción de la UE, consultaron con los franceses, quienes reaccionaron pasmados por la frase acerca de los datos convincentes de Powell. Aznar y Blair habían liderado una jugada maestra, pero esa movida tendría negativas repercusiones intraeuropeas.

Aznar no solamente se unió con Gran Bretaña y EE UU para copatrocinar la resolución del ultimátum sobre Irak en febrero de 2003, sino que también viajó a varios países y mantuvo múltiples conversaciones con líderes mundiales para conseguir apoyo para la posición liderada por Washington. El sábado 22 de febrero, Aznar pasó el fin de semana en el rancho del presidente Bush en Crawford. El día anterior había hecho una escala en México para intentar persuadir al presidente Vicente Fox para que diera su respaldo a la segunda resolución copatrocinada por EE UU, Gran Bretaña y España.

En el rancho de Crawford, Bush y Aznar discutieron el estado de la segunda resolución en una conferencia telefónica con los primeros ministros Blair y Berlusconi. Fue convenido un viaje de Aznar a París para encontrarse con Chirac. El 26 de febrero, los líderes de España y Francia se reunieron para discutir el proyecto de resolución, pero le quedó en claro a Aznar que el presidente francés no sería convencido por los argumentos españoles.

El presidente español continuó jugando un activo papel de intermediario entre los socios de la coalición y los miembros latinoamericanos del Consejo de Seguridad. El 3 de marzo de 2003 llamó a Fox y a Lagos para explicarles la nueva resolución. En ese momento, México y Chile exploraban una alternativa al proyecto norteamericano-británico. Parecía que todos querían un consenso, pero las diferencias eran demasiado grandes.

El 14 de marzo de 2003 ocurrió una situación sorprendente cuando la estación de radio Cadena Ser de España sacó a la luz pública unos mensajes secretos —que fueron publicados más tarde en el periódico *The Guardian* de Londres—, enviados a la ministra Palacio de parte del embajador español en la ONU, Inocencio Arias. Los memorándums evidenciaban las diferencias entre los aliados: Gran Bretaña no había podido "ablandar" la segunda resolución sobre Irak y había filtraciones de prensa acerca de las negociaciones porque los británicos estaban "nerviosos" y querían mostrarle a su público que estaban haciendo esfuerzos del último momento para alcanzar una solución pacífica. Uno de los mensajes describía la frustración del embajador: "Hoy, justamente cuando los tres copatrocinadores hemos acordado aquí (en el Consejo de Seguridad) que no revelaríamos ninguno de los puntos de la resolución (…) las explicaciones del texto del Sr. Straw me llegan por Internet". En otro memorándum, Arias explicaba que el proyecto de resolución no tenía suficiente apoyo: "No tenemos los votos, a pesar de lo que dijo hoy el portavoz de la Casa Blanca. Aún no logramos los nueve votos". Entre los mensajes hay, extrañamente, una marcada crítica al entonces embajador chileno cuando el representante español sostiene que Juan Gabriel Valdés exhibía una actitud marcadamente hostil hacia la resolución y hacia Estados Unidos, lo cual, en la evaluación del embajador español, no reflejaba la verdadera postura chilena sobre Irak.

Unas horas antes de la invasión, el martes 18 de marzo, Aznar anunció ante el Congreso español que enviaría

900 soldados a Irak, pero que no participarían en el ataque inicial. España estaba alineada con la Casa Blanca. El martes 25 de marzo por la tarde, sólo días después de la invasión, la canciller Palacio visitó Washington y se reunió con Colin Powell. En la entrada del Departamento de Estado, sostuvieron una conferencia de prensa conjunta donde Powell agradeció a la canciller y al presidente Aznar "el fuerte apoyo que España nos ha brindado a nosotros y a la ONU, así como en la conformación de la coalición". Ese mismo día, Palacio había publicado un artículo editorial respaldando la guerra en *The Wall Street Journal* que Powell sugirió que todos debían leer.

La oposición a la guerra en Irak creció en las calles españolas y a lo largo de Europa, particularmente a principios de abril, cuando un camarógrafo de la televisión española y otros dos periodistas fallecieron en el hotel Palestine, en Bagdad, como producto de disparos de un tanque norteamericano.

La opción "atlanticista" del presidente Aznar fue criticada como una amenaza a los intereses políticos y económicos de España en América Latina. Los críticos calificaron la presión ejercida sobre México y Chile como errada porque no fue acompañada de un diálogo o de gestos, como la oportunidad que perdió Aznar al no asistir a la inauguración del presidente Lula en Brasil, en enero de 2003. Si España pretendía ser el puente entre América Latina y Europa —decían los críticos—, el resultado concreto era que ahora la mayoría de los países latinoamericanos se sentía más en sintonía con Francia y Alemania que con España debido a la controversia de Irak[22]. Sin embargo, la administración de Aznar no demoraría mucho en mostrar los beneficios de la estrecha alianza con EE UU.

El 7 de mayo de 2003, la administración Bush anunció durante una visita del presidente Aznar a la Casa Blanca que EE UU había incorporado a su lista de grupos terroristas al partido vasco nacionalista Batasuna, el brazo político del grupo terrorista ETA. Una orden ejecutiva firmada el 30 de abril por Colin Powell decretó que Batasuna y sus predecesores, Euskal Herritarrock y Herri Batasuna, eran seudónimos de ETA —que el Tribunal Supremo de España había declarado ilegales el 28 de marzo—. La orden ejecutiva implicó el congelamiento de los recursos financieros en EE UU pertenecientes al partido vasco, la prohibición de entrega de ayuda material a Batasuna por parte de ciudadanos estadounidenses y la prohibición de ingreso al territorio norteamericano de sus representantes.

En una conferencia de prensa, Aznar agradeció al presidente Bush las medidas contra Batasuna e informó que la idea de incluir el partido vasco en la lista terrorista del Departamento de Estado norteamericano había sido "una decisión personal conjunta con el presidente Bush y, en consecuencia, él dio las órdenes correspondientes". Bush, a su vez, agradeció el apoyo que brindó Aznar antes y después de la invasión de Irak.

Para el gobierno español, el alineamiento estricto con Washington sobre Irak claramente era de la mayor importancia. Ello quedó en evidencia a raíz de un incidente diplomático que involucró al embajador Arias. Al comenzar sus vacaciones veraniegas en Madrid, en agosto de 2003, el representante español en la ONU dictó una conferencia en la escuela de verano de El Escorial, donde confirmó que puesto que no se había encontrado ninguna ADM en Irak, la razón principal detrás del apoyo de España a la guerra era, por consiguiente, "cuestionable". Arias, conocido por su buen sentido de humor y sarcasmo, también sostuvo que invadir Irak era "más barato" que invadir Corea del Norte. Sus cándidos comentarios en un contexto académico fueron considerados polémicos y Palacio le canceló su feriado y lo mandó inmediatamente de regreso a Nueva York. En una entrevista en *El País*, la canciller afirmó que ella había enviado al embajador Arias de vuelta a Nueva York porque se efectuarían varias votaciones importantes de resoluciones sobre Irak y, quizá, sobre el levantamiento de las sanciones a Libia. En respuesta a una pregunta acerca de si le había llamado la atención a Arias, la ministra española respondió: "Sin comentarios"[23].

Cuando vimos a Arias en una reunión del Consejo de Seguridad a mediados de agosto, a escasos días de su viaje de vacaciones a Madrid que duraría un mes, le preguntamos qué había pasado. Nos relató el cuento de la controversia y dijo: "Me han castigado como si fuera un alumno que se portó mal, después de décadas de carrera diplomática. Tocar el tema de Irak en mi país ahora es muy delicado", concluyó con un tono semiserio.

Precisamente en agosto, España envió a Irak una "Brigada Plus Ultra" compuesta por 1.360 soldados, desplegada en las provincias de An Najaf y Al Qadisiyah, con sede en Al Dinaniya, la capital de esta última provincia. A la fuerza española se le unieron 1.100 efectivos de Honduras, El Salvador, Nicaragua y República Dominicana.

A medida que el derramamiento de sangre y la violencia aumentaban en Irak, cobrando la vida de centenares de soldados de la coalición y de iraquíes, el 4 de noviembre de 2003 España decidió retirar su personal civil no diplomático de su embajada en Bagdad. Por ese entonces, tres ciudadanos españoles habían muerto en Irak: un oficial de la Armada durante el bombardeo de la sede de la ONU en agosto de 2003; un oficial de la inteligencia española (CNI), asesinado frente a su residencia, y un sargento como resultado de un balazo accidental.

El líder de la oposición, José Luis Rodríguez Zapatero, declaró desde Chile, donde se encontraba de visita en ese momento, que el retiro del personal español "revela que la política de este gobierno (Aznar) en Irak ha sido un error, un fracaso. Es necesario que Naciones Unidas analice este argumento y adopte medidas inmediatas". El 29 de noviembre, siete agentes de la inteligencia española fueron asesinados en una emboscada en el pueblo de Latinfiyah, al sur de Bagdad, y un comandante de la Guardia Civil española fue acribillado en Diwaniya, el 22 de enero.

A pesar de los costos de la guerra, España continuaba siendo un aliado leal de la administración Bush y por eso no constituyó sorpresa alguna que la Conferencia Internacional de Donantes para la Reconstrucción de Irak se celebrara en Madrid, en octubre de 2003. A la conferencia asistieron 73 países, 20 organismos internacionales y 13 ONG. Los fondos totales prometidos sumaron $33.000 millones para el periodo 2004-2007. En un artículo editorial en *The Wall Street Journal—Europe*, el 27 de octubre de 2003, Palacio escribió que en la conferencia sobre Irak se había lanzado un verdadero "Plan Marshall" para el país del Medio Oriente y, por consiguiente, argumentó: "Madrid es un hito en el camino para ayudar a Irak a recobrar la posición que merece en vista de su historia milenaria y su potencial tanto para la región como para la comunidad internacional". Madrid —concluyó la ministra española— "ha ayudado a terminar el círculo vicioso impuesto por Saddam durante décadas".

En marzo de 2004 se rompió la alianza hispano-norteamericana respecto a Irak luego de la elección del candidato socialista José Luis Rodríguez Zapatero como presidente del gobierno. El candidato de Aznar fue derrotado a pocos días del mayor ataque terrorista que se haya visto en Europa, el día 11 de marzo, cuando tres trenes por separado fueron dinamitados en una estación de Madrid matando casi a 200 personas y dejando más de 1.500 heridos. Algunos sostuvieron que los terroristas influyeron en las elecciones intensificando el sentimiento antibélico. Pero, aparentemente, los españoles concurrieron masivamente a las urnas porque sentían que el gobierno de Aznar había tratado de engañarlos acerca de los verdaderos responsables del ataque terrorista.

La mañana del 11 de marzo, temprano en Nueva York, un informe en directo de la CNN relataba que acababa de ocurrir un enorme atentado explosivo en Madrid. Después de intentar localizar al embajador Arias, quien había viajado a Viena por motivos oficiales, hablé con la representante permanente alterna, embajadora Ana María Menéndez, y le ofrecí las condolencias de Chile. Sugerí que al menos se debía redactar una declaración presidencial del Consejo de Seguridad o incluso votar una resolución de condena a la acción terrorista. Menéndez agradeció el gesto y dijo que acababa de conversar con el presidente del consejo, quien tenía la intención de llamar a consultas de emergencia durante las cuales la delegación española pediría una resolución.

Cuando el consejo se reunió poco más tarde esa misma mañana, fue una sorpresa para todos cuando la delegación española insistió fuertemente en culpar al grupo terrorista ETA. Los periodistas ya se habían congregado a la entrada del salón del consejo. Todas las declaraciones de Aznar y de su ministro del Interior, incluso del funcionario español menos conocido, responsabilizaban a ETA. La representante adjunta de España se acercó a los asientos de Brasil y Chile para subrayarnos la importancia que tenía para España una mención explícita a ETA en la resolución. El embajador brasileño y yo hicimos notar que todas las resoluciones anteriores condenando ataques terroristas nunca se refirieron a autorías específicas. Las redes del cable de televisión transmitían en vivo el horror de las víctimas atrapadas entre el acero retorcido de lo que antes eran carros de trenes. La actitud de los alemanes y rusos era aún más reticente en cuanto a mencionar a ETA o a cualquier grupo específico.

Después de explicarle telefónicamente la situación a la canciller chilena Soledad Alvear, ella mencionó que seguramente los españoles harían *lobby* en las capitales de los miembros del Consejo de Seguridad. Acordamos que buscaríamos el consenso, tomando en cuenta que sería impensable un voto dividido en relación a un asunto tan delicado. Si fuese posible no se haría ninguna referencia a ETA, pero, en último término, nos plegaríamos al sentimiento del consejo.

Los rusos continuaron oponiéndose a la mención a ETA, pero los alemanes cedieron. La delegación rusa entregó una propuesta de compromiso: agregar al párrafo que condenaba los ataques terroristas una frase que decía, "presuntamente cometido por ETA". Los españoles rechazaron la sugerencia; no se moverían de su posición. Querían una condena expresa a ETA. Menéndez explicó que no tenía "ningún margen de flexibilidad". "Tengo instrucciones de Madrid", insistía, mientras se paseaba agitada por los corredores del consejo con su teléfono celular pegado a su oreja.

El tiempo apremiaba. Había que traducir la resolución a los idiomas oficiales y un solo párrafo estaba demorando todo. Fuera de la sala, un experimentado periodista me preguntó *off the record:* "Embajador, usted es el presidente del comité de sanciones contra Al Qaida y los talibanes del Consejo de Seguridad. Las explosiones en Madrid han sido casi simultáneas. ¿Usted realmente cree que fue ETA?". Él ya suponía mi respuesta. "Bueno, parece que fuera el método de Al Qaida debido a las explosiones bien planificadas y sincronizadas y al hecho de que no hubo ninguna advertencia previa, lo que es característico de ETA. Pero —agregué— todo lo que he escuchado de quienes están in situ, las autoridades españolas, indican que fue ETA".

Los rusos se rindieron. Al lograrse un acuerdo pleno en las consultas, nos trasladamos al salón principal del Consejo de Seguridad para votar. La condena a ETA fue unánime. A la salida, nos encontramos cercados por periodistas. Las últimas informaciones oficiales desde Madrid indicaban que se había descubierto un vínculo entre Al Qaida y las explosiones. Sin embargo, las autoridades españolas se aferraban a su versión de que ETA era responsable. Era el jueves 11 de marzo y faltaban solamente horas para las elecciones presidenciales del domingo. Pero la evidencia acerca de la conexión de Al Qaida con el atentado se acumulaba rápidamente. Muchos españoles pensaban que el gobierno les había mentido por razones electorales.

El canciller designado, Miguel Ángel Moratinos, escribió en un artículo editorial en *The Wall Street Journal*: "La manera irresponsable en que el presidente del Gobierno José María Aznar manejó el flujo de información al público, sólo reforzó las inclinaciones electorales del pueblo"[24]. Unos días después, el 15 de marzo, los miembros del Consejo recibieron una carta del embajador español Inocencio Arias con una explicación: "Cuando el Consejo de Seguridad adoptó la Resolución 1530 (2004), mi gobierno estaba firmemente convencido de que el grupo terrorista ETA estaba detrás de los hechos terribles del 11 de marzo debido a los antecedentes inmediatos, a la información disponible en ese momento y al análisis de la información por parte de expertos". A continuación agregaba: "Desde entonces, como resultado de los esfuerzos activos de las fuerzas de seguridad españolas, se han descubierto nuevos elementos que hacen pensar en otras líneas de investigación y apuntan a la participación de ciudadanos de otros países en el ataque". Los miembros del consejo no quedaron conformes puesto que sentían haber sido utilizados para propósitos políticos en una situación horrible y, para peor, la resolución no podría deshacerse.

El nuevo presidente Rodríguez Zapatero anunció que se retirarían las tropas españolas de Irak. El vicepresidente Dick Cheney acusó a España de abandonar la guerra contra el terrorismo. Durante una reunión con el nuevo ministro de Defensa español, José Bono, el secretario de Defensa Rumsfeld insinuó que un retiro de tropas sería un acto de cobardía y condescendencia con el terrorismo. Bono retrucó diciendo que se trataba de una cuestión de política y no de "cojones" que España —agregó Bono— sí tenía. Cuando le preguntaron a Rodríguez Zapatero acerca de estas declaraciones y del diálogo entre los dos ministros de Defensa, respondió: "Sabemos que los ministros de Defensa tienden a ser gente con personalidades fuertes. Es parte de la función". Pero fue más allá: "Pienso que tenemos que ser francos; la administración norteamericana no sintió precisamente entusiasmo acerca de nuestra decisión de traer de vuelta a las tropas, pero entiendo y respeto esa posición, igual que ellos respetan la nuestra. Así me enseñaron a ser demócrata".

Rodríguez Zapatero y Bush conversaron por teléfono acerca de sus discrepancias el día lunes, 19 de abril de 2004. El diálogo fue breve y frío, durando apenas cinco minutos. Bush le dijo al nuevo presidente español que se sentía "defraudado" respecto al retiro de las tropas. Zapatero contestó que entendía la posición de Bush y la respetaba. Bush insistió, explicando que aquéllos eran "tiempos difíciles" en Irak como para adoptar ese tipo de decisión tan inoportuna. Zapatero respondió que no podía dejar de cumplir una promesa, un "compromiso con los españoles", pero que España seguía siendo un aliado de EE UU y seguía "completamente comprometida en la lucha contra el terrorismo". Bush le dijo a Zapatero que respetaba su posición, que esperaba que las tropas serían retiradas de una manera coordinada para evitar poner en peligro otras fuerzas de la coalición y agradeció la conversación telefónica.

El diálogo Zapatero-Bush no logró superar el distanciamiento inicial. Algunos recordaban que el presidente electo Zapatero había declarado francamente a mediados de marzo de 2004: "Los señores Blair y Bush deben hacer algo de reflexión y autocrítica. No se puede bombardear a la gente al azar, no se puede conducir una guerra con mentiras (...) la guerra en Irak fue un desastre enorme. Sólo generó más violencia y odio, y se debe aprender la lección". Las tensiones continuaron después de que Zapatero sugiriera en septiembre de 2004 que otros países que acompañaban a EE UU en Irak debían seguir el ejemplo español y retirar sus tropas. La declaración provocó las protestas de Washington y originó una dura carta de parte de Bush. Varios países, de hecho, siguieron a España y retiraron sus fuerzas, entre ellos Honduras y República Dominicana, en tanto otros ya habían partido de Irak mucho antes. Países como Bulgaria, Hungría y Polonia reducirían sus contingentes más adelante.

Zapatero contó una anécdota que simbolizaba la nueva dirección de la política exterior española. Al llegar a la oficina de la presidencia del gobierno en su primer día, encontró que encima de su escritorio "había una bandera de España (...) sin embargo, la bandera de la UE sólo ha estado allí durante las últimas 24 horas". España "está regresando a Europa", declaró Zapatero. Admitió que "hay una intimidad natural (con Francia y Alemania), pero también queremos tener una buena relación con Italia y Gran Bretaña". Cuando le preguntaron por un comentario hecho por el ministro de Defensa Bono, quien llamó al primer ministro británico Tony Blair "gilipollas integral", el mandatario español contestó que Bono había enviado una carta a Blair "aclarando y explicando que no fue su intención hacerle un desaire". Consciente de los fuertes lazos entre Blair y Aznar, Zapatero contó que le había dicho al primer ministro británico en repetidas ocasiones: "Tony, voy a ganarles a esos amigos tuyos, ¿sabes?". Blair le miraba con escepticismo. La primera vez que se encontraron después de las elecciones españolas, Zapatero le dijo a Blair: "Tony, ¿no ves lo que te dije?" y, según Zapatero, su colega británico replicó: "¡Bueno, siempre me has simpatizado, de veras!"[25].

El canciller designado Moratinos ya había anticipado la nueva postura española a fines de marzo de 2004: "Para EE UU el mejor aliado no es uno débil que apoya la política norteamericana ciega y incondicionalmente, sino uno que es fuerte y capaz de dialogar con franqueza, con la lealtad basada en el beneficio mutuo (...) el gobierno socialista de España fomentará —en conjunto con nuestros socios y amigos— tanto un multilateralismo efectivo como un respeto por el derecho internacional. Ésos son los dos principios compartidos por todos los europeos"[26].

El 13 de septiembre de 2004, Zapatero se reunió con sus colegas de Francia y Alemania, y subrayó el retorno de España a una política exterior más orientada hacia Europa. Irak estaba en la mente de los tres líderes europeos cuando el presidente Chirac dijo: "Hemos abierto la caja de Pandora en Irak y somos incapaces de cerrarla". Zapatero resumió las conversaciones haciendo referencia a la afirmación de Donald Rumsfeld a la "vieja Europa", afirmando que en virtud de la positiva atmósfera de la reunión trilateral "la 'vieja Europa' está como nueva".

Dos semanas después de abandonar el palacio presidencial de La Moncloa, Aznar publicó un libro acerca de sus ocho años en el gobierno. En mayo de 2004, emprendió una gira por Estados Unidos. En California sostuvo una entrevista con el actor y gobernador Arnold Schwarzenegger y visitó la Casa Blanca el 17 de mayo, donde se reunió privadamente con el presidente Bush, quien estaba acompañado por Colin Powell. El secretario de Prensa de la Casa Blanca, Scott McClellan, rehusó hacer un comentario sobre el contenido de la entrevista y se limitó a decir: "El señor Aznar es un buen amigo del presidente, pero ahora es un ciudadano privado, es el ex presidente de España y no haré ningún comentario más". Además, durante su estadía en Washington, Aznar sostuvo un encuentro poco usual para un ex mandatario, con el secretario de Defensa Rumsfeld en el Pentágono. Claramente, Aznar no permitiría que sus fuertes lazos con los círculos oficiales de Estados Unidos se disiparan. A su vez, la administración Bush aprovechaba de dar una señal política sobre el estado de las relaciones oficiales con España.

Una demostración adicional del deterioro en los lazos hispano-norteamericanos se evidenció en noviembre de 2004 cuando el presidente Bush invitó a Aznar nuevamente a la Casa Blanca para una conversación privada de cuarenta minutos. En el intertanto, Bush no devolvió una llamada telefónica de cortesía de parte del presidente Zapatero para felicitarlo por su triunfo en las elecciones presidenciales.

Una visita del rey Juan Carlos al presidente Bush en su rancho de Texas el 24 de noviembre de 2004 bajó la tensión bilateral. Pero un intento, el 22 de febrero de 2005, de concretar en Bruselas un encuentro formal entre Bush y Zapatero, fracasó y se redujo a un saludo al pasar de siete segundos. España fue excluida de la visita europea del presidente norteamericano en febrero de 2005. Si bien los intercambios a nivel ministerial entre EE UU y España continuaban regularmente, los lazos entre los máximos líderes políticos de ambos países aún no se recomponían del todo. En octubre de 2005, el embajador estadounidense en Madrid declaró que un posible encuentro entre Bush y Zapatero era un tema que "no está sobre la mesa, no está siendo discutido", agregando que las relaciones bilaterales más que "sólidas" eran "dialogantes."

En abril de 2005 la administración de Washington manifestó su molestia al gobierno del presidente Zapatero por una venta de armas de 1.300 millones de dólares al gobierno venezolano del presidente Hugo Chávez. Se trataba, según fuentes oficiales, de aviones de transporte y vigilancia marítima así como navíos para el patrullaje marítimo y oceánico, y no armas de combate para la guerra. Pero el malestar de EE UU no se disipó, pues a mediados de octubre de 2005 se rumoreaba que el gobierno de Bush contemplaba vetar la transferencia a Venezuela de los componentes de tecnología estadounidense de los aviones que España planeaba vender al gobierno de Chávez.

Para complicar las cosas, un juez de la Audiencia Nacional de España ordenó, en octubre de 2005, la búsqueda y captura de tres militares estadounidenses presuntamente responsables de la muerte en Bagdad del camarógrafo español José Couso, fallecido al recibir un disparo de tanque contra el hotel desde donde éste filmaba. Si bien las resoluciones judiciales en un estado de derecho "se rigen por el principio de la independencia", como sostuvo el ministro de Justicia español, el fallo judicial agregó un elemento de tensión a las difíciles relaciones entre Washington y Madrid. Por otra parte, en noviembre de 2006, una nueva polémica bilateral surgió al conocerse acusaciones de que la CIA habría utilizado aeropuertos españoles para transportar a sospechosos de actos terroristas, sin el conocimiento de la autoridad española, lo cual fue calificado de "muy serio" e inaceptable, de ser efectivo, por parte del ministro del Interior, José Antonio Alonso.

Hacia fines de 2005, parecía pesar todavía en la Casa Blanca no sólo el retiro de las tropas españolas de Irak, sino que, además, la decisión de Zapatero de no levantarse al paso de la bandera estadounidense en el desfile militar del 12 de octubre de 2003 en Madrid y, sobre todo, la declaración del líder español de que otros países debían seguir el ejemplo de España de retirar sus tropas de Irak para así abrir expectativas más favorables para resolver la guerra. El frío clima de las relaciones bilaterales no reflejaba adecuadamente el hecho de que el presidente Zapatero había contribuido con más de 500 soldados a Afganistán para mantener la seguridad durante las elecciones presidenciales de octubre de 2004, y también había enviado fuerzas militares y policiales para ayudar en la estabilización de Haití, un país caribeño de importancia geopolítica para Estados Unidos.

México: "tan lejos de Dios y tan cerca de Estados Unidos"

La relación entre Vicente Fox y George W. Bush comenzó a desarrollarse antes de que ambos llegaran a ser presidentes, pavimentando el camino a lo que pronto serían lazos íntimos sin precedentes entre México y EE UU.

Cuando Fox visitó Washington como presidente electo en agosto de 2000, para encontrarse con el presidente Clinton, propuso un esquema de "ALCAN plus" que involucraría no sólo el movimiento de productos y servicios a través de las fronteras, sino que también la fuerza de trabajo. Era un tema delicado en un año electoral. Después de Washington, Fox viajó a Texas para visitar al entonces candidato presidencial George W. Bush. Se llevaron bien desde un principio y Bush se mostró genuinamente abierto a las ideas de Fox. Ambos son rancheros y usan botas, son hombres religiosos, los dos habían servido como gobernadores antes de sus respectivas elecciones a la presidencia, tenían una importante experiencia previa de negocios en el sector privado y, por último, ninguno de los dos es un intelectual, en contraste con sus predecesores, y se sienten orgullosos de ser personas prácticas, de acción.

Seis meses después de su primer encuentro en Texas, Fox y Bush se encontraron nuevamente, en febrero de 2001, esta vez como presidentes. El primero había asumido en diciembre de 2000 y el segundo, en enero de 2001, abriendo una etapa superior en la relación bilateral.

Rompiendo una larga tradición, el primer viaje del presidente Bush al extranjero, el 16 de febrero de 2001, no fue a Canadá, sino a visitar al presidente Fox en su rancho San Cristóbal, en Guanajuato. En la ocasión, los jefes de Estado ofrecieron una conferencia de prensa conjunta donde anunciaron el inicio de una nueva era en las relaciones centrada en el comercio, la energía, la inmigración, el combate al narcotráfico, la expansión de la democracia y la educación. La Casa Blanca transmitía un mensaje claro de que México y América Latina tendrían un lugar privilegiado en la agenda de la política exterior norteamericana.

Bush se sentía a gusto en su primera visita a México, pronunció algunas frases en español y expresó su intención de construir una amistad fuerte. Subrayó que México era el primer país que visitaba como presidente y que precisamente había sido "su intención que así fuera. Nuestras naciones —dijo— están unidas por lazos de historia, familia, valores, comercio y cultura. Hoy, estos lazos nos dan una oportunidad inédita. Tenemos una oportunidad para construir una amistad que mejorará las vidas de los ciudadanos de ambos países".

Poco después de la Tercera Cumbre de las Américas en Quebec, el 21 de abril de 2001, ambos presidentes se reunieron nuevamente y ofrecieron otra conferencia de prensa conjunta donde anunciaron una visita de Estado de Fox a Washington en septiembre. Bush declaró que las relaciones entre las dos naciones trascendían los asuntos bilaterales y agradeció a Fox por ofrecerle "buena asesoría y consejos acerca de las relaciones hemisféricas".

La próxima vez que se encontraron fue el 3 de mayo de 2001, cuando Fox visitó la capital norteamericana invitado por el comité judío estadounidense. El 5 de septiembre, el presidente mexicano se convirtió en el primer jefe de Estado en visitar la Casa Blanca bajo la administración Bush. Era otra señal política poderosa, aunque se rumoreaba que algunos asesores de alto nivel no compartían el marcado interés de Bush en México y América Latina.

Pero Bush vinculaba a México con algunos de sus temas políticos favoritos: los "valores de familia", dijo en San Antonio, Texas, a fines de agosto de 2001, eran los que motivaban a los mexicanos a cruzar la frontera para encontrar trabajo en EE UU. Por ello, era del "interés nacional" de Estados Unidos ayudar a México a salir adelante. Por consiguiente, no constituyó una sorpresa cuando, durante la visita de Fox a la Casa Blanca entre el 5 y el 6 de septiembre de 2001, Bush afirmó entusiasmado que no había ningún país más importante para Estados Unidos que México. A continuación, ambos presidentes anunciaron una "Sociedad para la Prosperidad", una alianza que incluía los sectores público y privado. Antes de partir a la visita de Estado que marcó el punto más alto de la relación bilateral, el presidente Fox había declarado con un sentido pragmático que llegar a un acuerdo comprensivo de reforma sobre inmigración demoraría "cuatro a seis años". Pero, inesperadamente, durante la ceremonia de bienvenida en la Casa Blanca, Fox indicó que el acuerdo de inmigración tendría que ser completado antes de fin de año; es decir, dentro de cuatro meses. Bush cautelosamente se abstuvo de comentar la fecha tope planteada por Fox.

Los comentarios de Fox fueron descritos en *The Washington Post* como una "sorpresa inoportuna" para la administración Bush, y la mayoría de los medios percibió que la Casa Blanca no tenía la menor idea de lo que iba a ser planteado por el presidente mexicano. Al parecer, la lógica de las autoridades mexicanas era que con tan excelente relación bilateral no se podía desperdiciar la oportunidad de avanzar rápidamente en temas difíciles y resolverlos antes de que terminara la "luna de miel". Con todo, la revista *Time* eligió a Fox la "Persona de la Semana" al concluir la visita de Estado.

Desgraciadamente para México, todo ello ocurrió apenas días antes del 11/9, y la realidad cambiaría radicalmente las metas, prioridades y deseos declarados de Estados Unidos.

Después del 11/9, Bush suspendió las tratativas en el Congreso acerca de la reforma de la ley de inmigración convenida con Fox. Casi un año más tarde, en agosto de 2002, Washington comunicó al gobierno de Fox que era conveniente un enfoque gradual sobre el problema de la inmigración: primero un programa de trabajador-invitado y, después, en un momento más propicio políticamente, la regularización de la situación de los mexicanos indocumentados en EE UU. Las autoridades mexicanas rechazaron la idea.

Los lazos bilaterales se deterioraron después del 11/9, no solamente porque Washington cambió sus prioridades, sino también porque la reacción mexicana fue lenta y ambivalente. Días antes de los ataques a las Torres Gemelas y al Pentágono, México había anunciado que planeaba retirarse del Pacto de Río de 1947, considerado una reliquia de la Guerra Fría. Pero, inmediatamente después del 11/9, Washington no tenía ningún otro mecanismo de seguridad colectiva a nivel hemisférico para coordinar una estrategia común contra el terrorismo, excepto el Pacto de Río. Sin embargo, México rechazó su uso, pidiendo, en cambio, la elaboración de un nuevo esquema de seguridad hemisférico, donde ésta fuese concebida como un fenómeno no puramente militar. La administración Bush esperaba solidaridad en ese momento y no le agradó la postura de México.

Mientras el primer ministro canadiense llamaba a Bush inmediatamente después del 11/9, ofrecía ayuda y solidaridad realizando una visita relámpago a Washington, Fox no mostraba un apoyo equivalente y se mantuvo alejado de Washington por varias semanas. Eventualmente, el 4 de octubre de 2001, el presidente mexicano visitó a Bush en Washington para expresarle su solidaridad por los ataques del 11/9 y conversar sobre seguridad internacional y control fronterizo. Después visitó la "Zona Cero" en Manhattan para manifestar sus condolencias por las víctimas del atentado, que incluían a muchos mexicanos.

Para Washington las prioridades habían cambiado, pero las relaciones con México continuaron siendo positivas, aunque no tan intensas como antes. Fox hizo todo lo posible por acomodar a su amigo Bush durante la Cumbre de Monterrey de Financiamiento para Desarrollo de la ONU, del 18 al 22 de marzo de 2002, pero ello provocó una situación embarazosa entre el presidente mexicano y Fidel Castro, causando, a su vez, una crisis en los lazos mexicano-cubanos.

Tras la cumbre, el 22 de abril de 2002, Fidel Castro reveló una grabación de una conversación que sostuvo con Fox el 19 de marzo, cuando el líder mexicano le pidió al cubano que abandonara la reunión a la brevedad para no cruzarse con Bush. En un comienzo el presidente Fox y el canciller Jorge Castañeda negaron los rumores del supuesto pedido.

Castro dijo que sospechaba que Washington pondría presión para que México impidiera su participación en la cumbre. El líder cubano había enviado una carta a Fox informándole de que sólo se quedaría en México "el tiempo mínimo posible", lo cual equivalía a dos días de los cinco de la conferencia. Entonces, Fidel contó que recibió una llamada telefónica urgente de Fox previo a su salida para Monterrey. Y puso la grabación en que Fox solicitaba que la conversación fuese "privada" y "entre amigos".

En la grabación, Fidel le hace repetir a Fox la oferta que se conoció posteriormente en México como "comes y te vas", donde el presidente mexicano ofrece a su colega participar en el almuerzo ubicándolo a su lado en la mesa de honor, a cambio de volver a Cuba antes de la llegada de Bush. A su vez, Fidel compromete a Fox a conseguir que Kofi Annan adelante el orden del discurso de Cuba y anuncia arribar a México cerca de la medianoche del día miércoles 20 de marzo. Durante la conversación, Fox también solicita al líder cubano que "no ataque a EE UU o al presidente Bush". Al final, Castro no concurrió al almuerzo y, en cambio, mantuvo diversas charlas bilaterales, partiendo de México alrededor de las cinco de la tarde del jueves 21, justo en el momento en que Bush llegaba al aeropuerto de Monterrey.

El incidente entre México y Cuba fue precedido, el 20 de abril, por el voto mexicano a favor de condenar a Cuba por violaciones a los derechos humanos en la Comisión de Derechos Humanos de la ONU, por primera vez en la historia. Es más, durante una visita a Miami el 26 de febrero, el canciller Jorge Castañeda había efectuado una distinción conceptual diciendo que "las relaciones con la Revolución Cubana habían dejado de existir y que se habían iniciado con la República de Cuba," agregando, "las puertas de la embajada mexicana en La Habana están abiertas a todos los ciudadanos cubanos, lo mismo que México". La distorsión de estas palabras produjo serios incidentes e intentos de ingresar por la fuerza a la misión diplomática mexicana en La Habana, todo lo cual tensionó los lazos bilaterales previo a Monterrey. Las relaciones de México con La Habana alcanzaban su punto más bajo. México, el país que nunca suspendió relaciones diplomáticas con Fidel Castro, ni siquiera en los peores momentos de la Guerra Fría, enfrentaba ahora una crisis bilateral con la isla. Esta expresión mexicana de amistad y cortesía hacia EE UU, que arriesgó los lazos mexicanos con Cuba y se convirtió en un bochorno internacional para el presidente Fox, al final no tuvo incidencia alguna en la Casa Blanca en el momento de las diferencias bilaterales por la guerra en Irak.

El gobierno mexicano decidió retirarse del Pacto de Río en septiembre de 2002, mientras se complicaba el debate sobre Irak en el Consejo de Seguridad, en donde México recién en enero se había incorporado como miembro no permanente. El secretario de Estado norteamericano expresó su desilusión ante la decisión del país vecino de abandonar el tratado hemisférico de defensa mutua, días antes del primer aniversario del 11/9.

Bush y Fox se encontraron una vez más durante la cumbre de APEC celebrada en Los Cabos, México, el 26 de octubre de 2002. El tema migratorio estaba en la agenda, pero Bush declaró fríamente que la solución de largo plazo era estimular "el comercio en los dos lados de la frontera", para que la gente pudiese encontrar trabajo en territorio mexicano. Irak fue el eje de las conversaciones. Bush instó al Consejo de Seguridad a aprobar una resolución para exigir que Hussein cumpliese sus compromisos. "Si la ONU no actúa —dijo Bush en Los Cabos—, si Saddam Hussein no se desarma, encabezaremos una coalición para desarmarlo".

Durante el 2003, las relaciones entre los dos vecinos se deterioraron mucho más debido al problema de Irak. Los ataques y críticas contra México asumieron variadas formas. Incluso, una página *web* en EE UU titulada "Vicente, el Meddling President" (Vicente, el presidente entrometido), se dedicaba a atacar al presidente Fox y al canciller Luis Ernesto Derbez, así como a la política exterior mexicana, particularmente acerca de temas como Irak, la inmigración, los obreros indocumentados y las relaciones de México con Estados fronterizos.

Igual que en el caso de Francia, aparecieron artículos en la prensa norteamericana citando a funcionarios gubernamentales anónimos que hacían serias acusaciones o divulgaban inteligencia acerca de los supuestos peligros de México para la seguridad estadounidense. El 7 de abril de 2003, *The Washington Times* publicó un reportaje que aseveraba que había por lo menos 14 miembros de Al Qaida en México, según declaraciones de autoridades en condición de anonimato. "Los miembros de Al Qaida están trabajando con grupos criminales organizados mexicanos (...) dijeron las autoridades". Según el artículo, los terroristas estaban "intentando infiltrarse en Estados Unidos desde México para llevar a cabo ataques en el país". El Departamento de Seguridad de la Patria, sin embargo, no tenía ninguna información acerca de tal plan y la noticia nunca volvió a aparecer[27].

En febrero de 2003, Fox habló de manera cándida sobre las relaciones de México con Washington a la luz de las discusiones sobre Irak: "Nos hemos comprometido a entendernos (...) por primera vez tenemos posiciones diferenciadas y, sin embargo, no espero de ninguna manera represalias o presiones del gobierno norteamericano".

Después del comienzo de la guerra en Irak, el 19 de marzo, se hizo evidente que la relación entre México y EE UU había empeorado dramáticamente. Bush se sentía enormemente molesto con su amigo Fox. Su última llamada telefónica al presidente mexicano, el martes 11 de marzo, para presionar por apoyo a la resolución encabezada por EE UU, no había producido el endoso deseado. Fox prometió contactar a Bush pronto, pero el mandatario norteamericano fue informado posteriormente de que el canciller Derbez respondería futuras llamadas telefónicas porque, al día siguiente, el miércoles 12 de marzo, el presidente Fox se hospitalizaría para una cirugía de la espalda, lo cual fue confirmado por el Hospital Militar Central. La oportunidad de la operación suscitó comentarios irónicos en México e irritó a Bush.

La misma tarde de la cirugía, Fox realizó varias conversaciones telefónicas y hasta recibió en el hospital visitas de sus ministros de la presidencia, Finanzas, Defensa, Interior y del propio Derbez, con quien habló acerca del voto en el Consejo de Seguridad. Fox había contestado a Bush: "No apoyaré el uso de la fuerza", y tras su cirugía Fox entregó un mensaje público reafirmando que "la voz de México está siendo escuchada por el mundo entero" y que su compromiso era "lograr un acuerdo pacífico para el conflicto de

Irak". Al anunciar la decisión de no apoyar la opción de guerra, el presidente Vicente Fox argumentó que era necesario "seguir buscando soluciones que cumplan con la letra y el espíritu de la Carta de Naciones Unidas", y agregó que México "insiste en el camino multilateral para la solución del conflicto y lamenta el camino de la guerra".

Bush no devolvió las llamadas del presidente Fox después de la invasión de Irak. El 22 de abril, Fox admitió francamente que no había tenido ningún contacto con la Casa Blanca durante varias semanas, y en un diálogo con periodistas el presidente mexicano dijo que quería aprovechar para "enviar saludos" a Bush a través de ellos.

Pasado más de un mes, la administración Bush dio la primera señal de acercamiento con México. El martes 13 de mayo, a mediodía, el ex presidente George H.W. Bush llegó a Ciudad de México como enviado especial de George W. Bush y se dirigió inmediatamente a la residencia presidencial de Los Pinos, donde un sonriente presidente Fox lo recibió. Después de una reunión a puerta cerrada no hubo ninguna declaración conjunta a la prensa, aunque el canciller Derbez describió la visita como un reconocimiento claro de la profunda amistad entre los dos presidentes. Para muchos, la visita de Bush padre indicaba que, a pesar de las fuertes diferencias debido a la guerra de Irak, era necesario retomar las relaciones en un curso normal. El canciller Derbez y Colin Powell se habían encontrado una semana antes, el 7 de mayo, para reabrir las discusiones sobre el narcotráfico y la migración. Derbez también había visitado a Condi Rice y a miembros del Congreso norteamericano.

El hielo se rompió definitivamente cuando, el 10 de octubre de 2003, Bush llamó a Fox para hablarle de un encuentro bilateral en la cumbre de APEC en Tailandia. Fox informó que la llamada telefónica duró veinte minutos mostrando que "de parte de Bush hay una verdadera intención de reconstruir la relación, de retornar el acercamiento, de volver a tener suficiente tiempo para no sólo hablar de la agenda bilateral, sino también de la global". La conversación telefónica ocurrió cinco días antes de la votación de la Resolución 1511 sobre Irak, aprobada unánimemente, y en un momento en que la campaña presidencial norteamericana de 2004 comenzaba. No sorprendió entonces que cuando los dos presidentes se encontraron el 20 de octubre en Tailandia, Condi Rice relatara que entre los temas prioritarios tratados estaban los asuntos fronterizos y las políticas migratorias.

En enero de 2004, Fox presidió la Cuarta Cumbre de las Américas en Monterrey, que contó con la presencia de Bush. A esas alturas, una encuesta Zogby en América Latina reveló que Bush era el presidente más impopular del hemisferio. Por primera vez en muchos años, los sentimientos antinorteamericanos reaparecieron en la región. Fox felicitó a Bush por la captura de Saddam Hussein y luego el diálogo bilateral se centró en la inmigración. El líder mexicano expresó su apoyo al programa de Bush sobre la reforma de las políticas migratorias que permitiría a obreros temporales acceder a empleos no requeridos por los trabajadores estadounidenses, con el patrocinio de un empleador y por un periodo de tres años renovables. Durante una conferencia de prensa, Bush negó que su propuesta migratoria respondiese a propósitos electorales para ganar el voto latino y argumentó que era la "cosa correcta". Como una señal de que se habían reanudado los antiguos lazos, el presidente Bush invitó a Fox y a su esposa, Marta Sahagún, a una visita al rancho en Crawford, Texas, a principios de marzo de 2004. Fox, en respuesta a una pregunta de la prensa, declaró: hay algunos que "quieren ver las cosas por el lado equivocado y dicen que Fox ya se supeditó a Bush, que Fox ya es el lacayo de Bush, que ya está entregado". Después subrayó la importancia para México de un acuerdo migratorio con Washington.

A mediados de noviembre de 2003, el embajador mexicano ante la ONU, Adolfo Aguilar Zinser, destacado académico y político, comentó durante un discurso en la Universidad Iberoamericana, en Ciudad de México, que "Estados Unidos nunca ha visto a México como su socio, como lo hace con sus socios europeos; a nosotros nos ven como patio trasero". Continuó diciendo que "seguiremos siendo el patio trasero mientras haya alguien que piense que México deba tragar camote". El presidente Fox reprendió al embajador públicamente. El 17 de noviembre se le informó que tenía hasta enero, es decir, hasta el final del periodo de México en el Consejo de Seguridad, para hacer abandono de su cargo. Colin Powell calificó los comentarios de Aguilar Zinser de "insólitos (...) México es un socio de Estados Unidos, un vecino de Estados Unidos, un gran amigo. Nunca, de ninguna manera se trataría a México como algún patio trasero o como una nación de segunda clase".

En los círculos mexicanos bien informados se comentó que el presidente Bush se había quejado a Fox acerca de cierto "embajador mexicano" y éste habría interrumpido a Bush para decirle que se encargaría del asunto. Cuando el presidente Fox se refirió de nuevo a la controversia, haciendo notar que Aguilar Zinser había "ofendido al pueblo mexicano y a su presidente", el embajador decidió renunciar inmediatamente, sin esperar hasta el 1 de enero. "No tengo opción", me dijo durante el almuerzo de los miembros del Consejo de Seguridad con el secretario general el viernes 21 de noviembre, ocasión que sería su penúltima actividad en el consejo antes de su despedida oficial. Aguilar Zinser redactó una carta de renuncia escrita a mano ese día, dirigida a presidente Fox, que me mostró. Me causó asombro; era una denuncia pública más que una renuncia. Ofrecí un par de sugerencias para suavizarla, que él aceptó, pero que, en definitiva, no cambiaban el tenor de la misiva. Veinticuatro horas después, Aguilar Zinser ya no estaba en Naciones Unidas. Un año y medio más tarde, en junio de 2005, Aguilar Zinser fallecería trágicamente en un accidente automovilístico en las afueras de Ciudad de México. El ex embajador recibió el homenaje póstumo de los principales líderes políticos de su país, incluyendo al propio presidente Fox.

Chile: el vecino distante

El día lunes 17 del marzo a las 11.30, mientras EE UU se preparaba para invadir Irak, la Cancillería chilena recibió un *non-paper* comunicando formalmente que Estados Unidos, Gran Bretaña y España no buscarían una votación de su segunda resolución: "Esta fase de acción por parte del Consejo de Seguridad se ha acabado". El momento para continuar las inspecciones —indicaba el memo— había "terminado" y era "hora de dejar atrás el debate". El documento expresaba la "esperanza de que usted dará instrucciones a su delegación ante Naciones Unidas para que trabaje con nosotros, no en contra de nosotros, para enfrentar los desafíos que nos esperan". Finalizaba manifestando el deseo de "evitar más daño a la credibilidad del Consejo de Seguridad".

Unos días antes del retiro del segundo proyecto de resolución, el 11 de marzo, el portavoz de la Casa Blanca, Ari Fleischer, había declarado que si Chile y México votaban en contra, el presidente Bush "se sentiría, por supuesto, decepcionado". Ésta es una cuestión de "principios y un asunto diplomático", concluyó Fleischer.

Cuando Bush hizo su última llamada telefónica al presidente Lagos antes de la guerra, el 11 de marzo de 2003, el presidente chileno insistió en que se debía continuar con las negociaciones sobre la base de requisitos concretos o *benchmarks* que Saddam Hussein tendría que cumplir para evitar la guerra. Chile no estaba disponible para una resolución que autorizara el uso de la fuerza en ese momento, agregó Lagos; a su juicio, aún había tiempo para desarmar a Irak pacíficamente. Bush discrepó.

Muchos periodistas y analistas predijeron que el precio que pagaría Chile sería elevado. La "hora de la venganza" llegaría en la forma de una amenaza al acuerdo de libre comercio que Chile estaba negociando con Washington. Esta hipótesis ganó fuerza cuando la primera autoridad estadounidense en criticar la postura chilena sobre Irak en el Consejo de Seguridad, después de la invasión, fue Robert Zoellick, el representante de Comercio de EE UU. El jueves 10 de abril de 2003 expresó la desilusión de la administración Bush con Chile: "Trabajamos muy estrechamente con nuestros socios chilenos. Esperábamos su apoyo en un momento que considerábamos muy importante". Zoellick agregó que no había ninguna fecha concreta para firmar un acuerdo de libre comercio entre los dos países. Unos días después, el 25 de abril, el secretario de Estado Powell repitió que su gobierno se había sentido "defraudado" por la falta de apoyo diplomático en la crisis de Irak de parte de Chile, México y Canadá.

Sin embargo, bajo la administración Bush, Chile y EE UU habían desarrollado una relación fluida y constructiva, mucho más allá de los asuntos comerciales.

El primer contacto entre autoridades gubernamentales de los dos países a principios de enero de 2001, antes de la inauguración de George W. Bush, tuvo lugar entre Condoleezza Rice, consejera de Seguridad Nacional designada, y yo, como subsecretario de Relaciones Exteriores de Chile. Fue la primera reunión que Condi sostuvo con una autoridad extranjera.

Habíamos estado en contacto varias veces durante la campaña presidencial norteamericana, desde el momento en que Condi fue nombrada asesora de política exterior del entonces gobernador Bush. Condi me había invitado a visitarla durante la campaña en 1999 si yo viajaba a EE UU, lo cual no pude hacer en ese periodo. Pero le dije que tendríamos que juntarnos si su candidato ganaba y a ella la nombraban consejera de Seguridad Nacional o secretaria de Estado. Cuando Bush finalmente fue proclamado presidente y designó a Condi como su consejera de Seguridad Nacional, la llamé para felicitarla y le recordé de nuestra reunión pendiente. Me dijo: "Ven a Washington y nos podemos juntar para almorzar o desayunar". Le informé al presidente Lagos de la invitación y me autorizó a viajar. Organizada con un bajo perfil, mi visita a Washington no trascendió a los medios de comunicación.

Mi agenda estaba apretada, igual que la de Condi. Acordamos un desayuno de trabajo en el restaurante del hotel en Washington DC donde ella se hospedaba temporalmente. La reunión fue buena. Luego de conversar sobre los viejos tiempos e intercambiar información acerca de amigos mutuos, dialogamos principalmente sobre América Latina. Enfaticé la importancia del acuerdo de libre comercio con Chile, que se había pospuesto durante años y que, finalmente, se había comenzado a negociar en los últimos meses de la administración Clinton, dejando de lado el deseado prerrequisito de la autoridad para la "vía rápida" que otorga el Congreso. "Si la administración Bush toma en serio la promoción de la democracia y los mercados libres en la región, entonces el tratado de libre comercio con Chile será una señal política poderosa y la más fácil de lograr, sostuve". Ella estuvo de acuerdo.

Condi habló del interés especial de Bush en América Latina y particularmente en México, debido a la buena relación personal entre los dos presidentes. Para mi sorpresa su interés prioritario fue Venezuela. También hablamos sobre Brasil, en tanto que Cuba ni siquiera figuró en la conversación. La profundidad con la cual abordamos los temas latinoamericanos me dio la impresión de que la región podría tener un lugar privilegiado en la nueva política exterior estadounidense.

Muchos otros encuentros y diálogos se registraron entre autoridades chilenas y estadounidenses demostrando la existencia de buenas relaciones bilaterales. Chile estuvo detrás de iniciativas en momentos claves para fomentar los lazos de Estados Unidos con otros países latinoamericanos. El presidente Lagos visitó a Bush en la Casa Blanca el 16 de abril de 2001, ocasión en que una autoridad norteamericana de alto nivel declaró: "El presidente Lagos es un líder en la promoción de la reforma económica, el libre comercio y la democracia, así como de las relaciones entre los dos países. Él es un buen líder".

Contra estos antecedentes sobre la calidad de los lazos chileno-estadounidenses, los efectos negativos de la guerra de Irak parecían desproporcionados.

Las quejas sobre Chile no provenían solamente de fuentes oficiales. Una columnista del *The Wall Street Journal* escribió: "Las amenazas de los supuestos amigos México y Chile" de oponerse a la resolución sobre Irak liderada por EE UU en el Consejo de Seguridad de la ONU contrasta "fuertemente con la actitud de estadista de Tony Blair de Gran Bretaña y de José María Aznar de España". México y Chile —continuaba el comentario— "han resultado ser una desilusión para aquellos de nosotros que buscábamos un liderazgo latino maduro". El artículo editorial concluía con una abierta amenaza, "Que el señor Lagos venda su vino chileno en Francia"[28].

Fui testigo del grado de tensión en la relación bilateral post Irak durante una visita a Washington a fines de marzo de 2003, cuando fui a dictar una conferencia en el prestigioso Diálogo Interamericano, ubicado en la avenida Connecticut. Como es de costumbre, la institución anfitriona envía invitaciones a las autoridades de gobierno, así como a congresistas, académicos, ONG, etcétera.

Aunque no había pedido entrevista o contacto alguno con la Casa Blanca, puesto que en ese momento no ejercía ningún cargo oficial, recibí una llamada del embajador John Maisto, el director de Asuntos Interamericanos del Consejo de Seguridad Nacional, invitándome a tomar un café en la Casa Blanca.

A diferencia de las otras ocasiones cuando iba a ver a Condi y entraba a la Casa Blanca por la Avenida Pennsylvania o por la entrada sur, esta vez ingresé por la calle 17, directamente a las oficinas del Consejo de Seguridad Nacional en el Old Executive Office Building.

Maisto fue amistoso y cordial como de costumbre. Hablamos brevemente sobre nuestras familias y las complejidades del servicio público. Luego nos dirigimos a la Casa Blanca. Me llevó a la "cafetería", que era, para mi sorpresa, apenas una puerta dividida por la mitad con la parte de abajo cerrada y la de arriba abierta, con una pequeña cubierta para poner las tazas. La puerta se abría hacia una cocina no muy grande. La "cafetería no es gran cosa", dijo Maisto, "pero los capuccinos son buenos". Luego me indicó la ubicación de la *Situation Room*, con una puerta igualmente poco pretenciosa hacia lo que parecía ser un espacio no muy amplio. Al cruzar de regreso al Old Executive Office Building, Maisto hizo señas hacia algunos vehículos estacionados a lo largo de la calle interior entre la Casa Blanca y el edificio del Consejo y comentó: "Cheney está en su despacho".

Cuando nos sentamos en su cómoda oficina, Maisto fue derecho al grano. Quería entregar un mensaje importante al gobierno chileno y me consideraba un canal apropiado. "Existe una desilusión profunda con la postura de Chile en la ONU respecto al caso de Irak", empezó. "El presidente Bush está realmente decepcionado con Lagos, pero está furioso con Fox (...) Con México el presidente se siente traicionado, con Chile, frustrado y decepcionado". Escuché sin responder.

"Me temo que particularmente en el Congreso —agregó Maisto— la posición asumida por Chile en relación a Irak pueda llevar a atrasos en las negociaciones bilaterales de libre comercio. Ya se está hablando de separar las negociaciones con Singapur de aquéllas con Chile, en detrimento de ustedes". Mi interlocutor continuó: "Y la guerra en Irak, particularmente si se prolonga, repletará la agenda política estadounidense. Será más difícil entrar en esa agenda y Chile ahora ha perdido influencia". En ese momento respondí que la posición de Chile sobre Irak en el Consejo de Seguridad de ONU se basaba en sólidos argumentos de derecho internacional y en consideraciones políticas sensatas. La invasión no era el único método de desarmar a Irak. El unilateralismo estaba dividiendo a la comunidad internacional, agregué. Sin embargo, dije, las negociaciones bilaterales para el tratado de libre comercio eran un asunto totalmente diferente. Sería una señal importante para la región si tienen éxito y una señal negativa si se llegasen a interrumpir, en especial a causa de un asunto desvinculado, como es la posición de Chile en el conflicto de Irak, postura por lo demás compartida por la mayoría de los países de la región.

Maisto reaccionó: "Permíteme decirte que para el presidente Bush las materias multilaterales y bilaterales están inevitablemente entrelazadas. No se pueden separar". A continuación, Maisto se refirió a una controversia que recién había explotado en Chile. "Tu gobierno nos dijo oficialmente que la misión chilena en Ginebra votaría contra la moción de celebrar una sesión especial de la Comisión de Derechos Humanos para abordar la situación humanitaria iraquí, dado que éste es un asunto bajo la tuición del Consejo de Seguridad de la ONU; pero el embajador chileno se abstuvo. Tu amiga Condi me ha comentado: 'Bien, y ahora ¿qué va a hacer la administración de Lagos ahora que no ha respetado su palabra?'".

De hecho, en ese momento el tema de la votación en Ginebra era la crisis del día en la prensa chilena. El embajador Juan Enrique Vega, un agudo analista político perteneciente a las filas del Partido Socialista y cercano al presidente Lagos, había desobedecido sus instrucciones de oponerse a la iniciativa de realizar una sesión especial de la Comisión de Derechos Humanos en Ginebra para tocar el tema de Irak radicado en el Consejo de Seguridad. En contraste, México votó en contra de la iniciativa junto a otros 25 Estados, incluidos Francia y Alemania.

La canciller Alvear confirmó que el embajador en Ginebra tenía "instrucciones precisas" que no había seguido. El embajador Vega explicó que pensaba que tenía un "margen de maniobra" y sugirió que en el voto estaba en juego una cuestión moral.

Le dije a Maisto: "No puedo hablar a nombre del gobierno chileno, pero conociendo al presidente Lagos, puedo predecir que el embajador Vega no durará en su cargo. La credibilidad de Chile está en juego y, cualquiera que sea la razón que se esgrima para no haber votado según instrucciones de la Cancillería, creo que será considerado por el presidente como un desafío a su autoridad y al buen nombre de Chile". Maisto permaneció callado por unos segundos y entonces agregó: "Aquí en la Casa Blanca se analiza todo lo que se dice sobre nosotros por los embajadores y autoridades claves. Las palabras tienen un impacto, e incluso el presidente Bush recibe esos informes y, ciertamente, también Condi Rice. Ella los lee detenidamente. Te puedes imaginar el impacto del voto en Ginebra cuando teníamos información diferente". Cambiamos de tema y poco después concluimos nuestra conversación. Volví a mi hotel en la calle M y contacté a una persona de confianza para que le transmitiera discreta y urgentemente los contenidos de mi conversación con Maisto al presidente Lagos y a la Cancillería.

Lagos ya había tomado su decisión. El día sábado 30 de marzo, el embajador Vega fue llamado a Santiago y entregó su renuncia. Al día siguiente, el presidente Lagos declaró: "Las instrucciones del presidente de la República deben ser cumplidas y ésa es la razón por la cual se le aceptó de inmediato la renuncia. No hay ningún imperativo moral cuando se actúa en representación de la nación". Así se superó un nuevo roce bilateral con Washington.

La situación bilateral volvió a complicarse con unas revelaciones que aparecieron en la prensa británica a principios de marzo de 2003 acerca de la intervención de las líneas telefónicas y de Internet de la Misión de Chile ante la ONU y la residencia del embajador, así como de los teléfonos y correos electrónicos de otras delegaciones en el Consejo de Seguridad activamente involucradas en las negociaciones sobre la resolución de Irak. Un memo filtrado, supuestamente escrito por la Agencia de Seguridad Nacional norteamericana, fechado el 31 de enero de 2003, pedía que las contrapartes británicas aumentaran las operaciones de vigilancia "particularmente, dirigidas hacia miembros del Consejo de Seguridad de la ONU (menos EE UU y GBR, evidentemente)" para proporcionar inteligencia acerca de las intenciones de voto de esos miembros respecto a Irak. El memo fue filtrado por Katherine Gun, una traductora en la sede de comunicaciones del gobierno británico. Ella fue arrestada y procesada, pero, un año más tarde, los cargos contra la ex funcionaria fueron retirados. Chile protestó discretamente por el espionaje después de encontrar evidencia de diversos dispositivos electrónicos de interferencia y al poco tiempo la controversia se disipó.

Los comentarios de la ex ministra británica Claire Short diciendo que había leído las transcripciones de conversaciones presumiblemente privadas de Kofi Annan complicaron el caso. El día jueves 26 de febrero de 2004, el vocero del secretario general hizo referencia a las supuestas conversaciones telefónicas grabadas diciendo: "Nos sentiríamos decepcionados si esto fuera verdad" porque "tales actividades minarían la integridad y la naturaleza confidencial de los intercambios diplomáticos". Su declaración concluía: "Por consiguiente, el secretario general quisiera que esta práctica se detenga, si de hecho existe". Finalmente, se le bajó el perfil diplomático al bochornoso incidente.

El costo más alto que Chile sufrió debido al episodio de Irak resultó ser el retraso relativo de las negociaciones de libre comercio que estaban en marcha con EE UU. En contraste, la administración Bush concluyó rápidamente un acuerdo comercial con los gobiernos centroamericanos, la mayoría de los cuales había contribuido con tropas simbólicas a la guerra en Irak. La desvinculación de las negociaciones de Chile respecto a Singapur significó que el tratado de libre comercio chileno se firmaría después de la suscripción del acuerdo con el país asiático. A fines de marzo ya había un texto convenido entre Washington y Santiago que se enviaría a la Casa Blanca para la firma del presidente Bush y después al Congreso.

Bush anunció su decisión de suscribir el tratado con Singapur en un discurso en Camp Lejeune, Carolina del Norte. El pequeño pero económicamente poderoso Estado asiático respaldó con fuerza la posición norteamericana en Irak mientras ejerció como miembro elegido del Consejo de Seguridad hasta el 31 de diciembre de 2002. El primer ministro Goh Chok Tong incluso intercedió con algunos jefes de Estado del grupo de los países indecisos del consejo en 2003 para abogar por la posición de EE UU. Por tanto, no fue ninguna sorpresa que el primer ministro de Singapur firmara el acuerdo de libre comercio durante una ceremonia en la Casa Blanca el día martes 6 de mayo de 2003. En esa ocasión, el presidente Bush alabó a Singapur como "un amigo incondicional en la lucha contra el terrorismo global y miembro de la coalición para Irak".

Al día siguiente de la firma del acuerdo con Singapur, el presidente Bush dio una señal positiva acerca de Chile: "Tenemos un acuerdo de libre comercio importante con Chile con el cual vamos a seguir adelante". Agregó que Chile y México "seguían siendo buenos amigos", a pesar de las diferencias sobre Irak. Casi al mismo tiempo, Colin Powell, en una entrevista de televisión con la Canadian Broadcasting Corporation, desechó la idea de represalias: "No estamos conspirando en algún sótano del Departamento del Estado, del Pentágono o de la Casa Blanca sobre cómo vengarnos de estos tres amigos (Canadá, Chile y México)".

Exactamente un mes después de la ceremonia con Singapur en la Casa Blanca, Chile firmó el acuerdo de libre comercio con EE UU en una ceremonia, sin presidentes, en el Museo de Vizcaya en Miami, con la presencia de la canciller chilena Soledad Alvear y del representante del comercio estadounidense Robert Zoellick. Para Chile fue la culminación de un proceso que había empezado a principios de los noventa. El nivel político, el formato y el lugar de la firma claramente eran diferentes de la ceremonia con Singapur; pero, desde el punto de vista chileno, lo que importaba era la sustancia.

Para el presidente Lagos, la política respecto a Irak y el libre comercio iban por carriles separados. El libre comercio involucraba los intereses de Chile así como los de EE UU. Cancelar las negociaciones de libre comercio con Chile por parte de Washington debido a la controversia sobre Irak habría enviado una señal negativa a los actores económicos de la región que sabían que Chile era el país mejor posicionado para completar un acuerdo con EE UU. El costo habría sido enorme. Si no había tratado de libre comercio con Chile, ¿entonces con cuál otro país en la región? ¿En qué quedarían todas las rondas de negociaciones que ya se habían completado, faltando poco para llegar a la meta? ¿Qué pasaría con el capital político que la administración Bush y Zoellick habían invertido en el acuerdo de libre comercio con Chile desde principios del año 2001? La conclusión era que quizá tendríamos que pagar un precio por nuestra postura independiente sobre Irak en el Consejo de Seguridad, pero que no sería sustancial. Posiblemente un retraso en las negociaciones o una ceremonia de suscripción de bajo perfil. Por otro lado, la postura chilena con respecto a Irak justificaba el costo, porque se pensaba que sería una ganancia a largo plazo en términos de consistencia de la política exterior con los principios del multilateralismo y del derecho internacional.

Indudablemente, apoyar la guerra en Irak benefició a algunos países. La alianza militar llevó a Bush a impulsar negociaciones exitosas para un acuerdo de libre comercio con Australia, algo que muchos observadores veían como virtualmente imposible unos años antes. En contraste con Australia, Nueva Zelanda se opuso a la guerra en Irak y recibió una fría respuesta de Washington a su aspiración de negociar un tratado de libre comercio.

El 22 de mayo de 2003, la administración Bush dio luz verde a la venta de 10 aviones de combate F-16 para la Fuerza Aérea chilena. El Pentágono había realizado intensos esfuerzos para vender sus aviones a Chile, en competencia con los gobiernos de Francia y Suecia, que promovían aviones competitivos.

Las relaciones post Irak entre Chile y EE UU recobraron plena normalidad cuando el secretario de Estado Powell asistió, en junio de 2003, a la Asamblea General de la Organización de Estados Americanos en Santiago. Powell declaró que la "desilusión" con Chile era una cosa del pasado, pero pidió que el gobierno de Lagos apoyara futuras resoluciones en el Consejo de Seguridad para la reconstrucción de Irak y colaborara en la lucha contra el terrorismo. Ambos gobiernos concordaron en impulsar la ratificación parlamentaria del acuerdo bilateral de libre comercio que se había suscrito poco antes.

Lagos y Bush se encontraron y tuvieron una animada charla informal durante la cumbre de APEC de Tailandia, en el Queen's Imperial Hotel de Bangkok, el 20 de octubre de 2003. Hablaron sobre asuntos personales y acerca de los acuerdos de libre comercio con Chile y Singapur, cuyos jefes de Estado, coincidentemente, flanqueaban a Bush en la distribución de asientos, algo que Bush atribuyó en broma a una planificación previa. Fue una reunión relajada que les permitió a los líderes de Chile y EE UU recomponer lazos personales.

Los dos presidentes se encontraron de nuevo en la Cumbre de las Américas en Monterrey, en enero de 2004. Se podía percibir claramente la afinidad entre Lagos y Bush en su lenguaje corporal. En un momento, Bush puso su brazo sobre un hombro de Lagos y conversaron como viejos e íntimos amigos, riéndose de sus comentarios mutuos, como, por ejemplo, una observación de Lagos de que el español de Bush estaba mejorando. Lagos no tenía que cabildear a Bush por el acuerdo de libre comercio ya firmado y ratificado por ambos Congresos. Ahora se podían concentrar en los problemas regionales y mundiales, pues Lagos era percibido como un interlocutor serio y fiable en la región.

El 12 de enero los dos mandatarios tuvieron una charla bilateral en el hotel Intercontinental de Monterrey después de la cual Bush se refirió al presidente chileno como "un líder fuerte que cree en la dignidad del hombre, los derechos humanos y en la libertad. Le agradezco —dijo Bush— por su fuerte voz aquí en nuestro barrio". El presidente Bush quedó impresionado con el discurso de Lagos, que enfatizó que América Latina "no es el continente más pobre, pero es quizá uno de los más injustos". Cuando, durante la ceremonia de cierre formal, el presidente de Bolivia hizo una intervención inoportuna sobre las aspiraciones de su país de tener acceso soberano al océano Pacífico a través del territorio chileno, Lagos le respondió con firmeza. Hizo mención a la necesidad de respetar el derecho internacional, no desconocer los tratados limítrofes suscritos hace más de cien años, e hizo un llamado a la integración audaz. Bush quedó impresionado y convencido de los argumentos del presidente chileno. Más tarde, le hizo una observación en broma a Lagos: "Ahora sé que siempre debo tenerte de mi lado en cualquier pelea".

La cumbre de Monterrey fue también una ocasión para enmendar relaciones con los vecinos. Bush desayunó con Paul Martin, el primer ministro canadiense, y anunció un cambio en la política norteamericana: Canadá podría participar en una segunda ronda de contratos de reconstrucción en Irak. En una reunión con el presidente Fox, invitó al líder mexicano y su esposa a visitarlo en marzo en su rancho de Texas.

Bush invitó también a Lagos a visitarlo en Washington el día lunes 19 de julio de 2004. El presidente chileno arribó a la ciudad sin nada que pedir y con una agenda abierta, lo cual permitió que las conversaciones comprendieran desde una evaluación del acuerdo bilateral de libre comercio hasta el conflicto del Medio Oriente y la situación en Haití, donde Chile había enviado 600 soldados como parte de una fuerza de paz del Consejo de Seguridad de la ONU. Después de la reunión con Lagos en la Oficina Oval, seguida de un cordial almuerzo, Bush declaró que el líder chileno era un "hombre sabio que entiende muy bien la política de América del Sur y es muy conocedor del mundo; por eso siempre disfruto conversar con él. Es un hombre que da buenos consejos y asesoría sólida". Al día siguiente, después de Washington, el presidente Lagos se dirigió a Nueva York para visitar a Kofi Annan, en Naciones Unidas, subrayando así el compromiso multilateral de Chile.

El nuevo clima de amistad recuperada entre los dos países se consolidó durante la cumbre de APEC en Chile, el 20 y 21 de noviembre de 2004, cuando el presidente Bush permaneció en el país para una visita bilateral. Bush elogió el liderazgo de Lagos en América Latina. En un encuentro privado entre las dos delegaciones, Bush expresó que Chile era "el país modelo para la región". Consultado por periodistas acerca de las diferencias sobre la guerra en Irak, Bush contestó: "el presidente Lagos no estuvo de acuerdo con mi decisión y yo respeto eso. Él sigue siendo mi amigo". El presidente Lagos, a su vez, alabó la "relación moderna y madura" entre EE UU y Chile.

En suma, los aliados europeos y latinoamericanos en el Consejo de Seguridad de la ONU que no apoyaron la invasión de Irak sufrieron en un inicio un trato distante e incluso experimentaron una conducta agresiva de parte de la Casa Blanca. Ello sólo cambió cuando la administración se dio cuenta de que necesitaba a la ONU y más aliados para lidiar con una situación crecientemente caótica en el frente de batalla en Irak y a medida que subían los costos de la guerra para EE UU. Pero, pese al mejoramiento del clima con los aliados anteriormente distanciados, especialmente a partir de 2005, las diferencias sobre el uso unilateral de la fuerza persistieron. En agosto de 2005, cuando el presidente Bush sostuvo que "todas las opciones están sobre la mesa" para detener el desarrollo del programa nuclear iraní, el entonces canciller alemán Gerhard Schroeder le respondió que no apoyaría el uso arbitrario de la fuerza contra Teherán.

Cuando las políticas de Estados Unidos llegan a niveles elevados de impopularidad, debido a situaciones como Irak, se hace sumamente difícil para los países amigos respaldar a Washington debido a los efectos políticos domésticos. En elecciones presidenciales en países tan variados como España o Uruguay, la política estadounidense hacia Irak se convirtió en un tema de campaña electoral de primer nivel. Generalmente, las fuerzas contrarias a la política norteamericana ganaron votos. En suma, cuando la política exterior estadounidense pierde legitimidad como resultado del alejamiento de la cooperación multilateral, la desconfianza crece, la influencia estadounidense disminuye, y acompañar a EE UU en situaciones complejas se torna un riesgo político demasiado alto para los aliados potenciales. Ello ha sido parte del precio que EE UU ha tenido que pagar como consecuencia de emprender una guerra solitaria en Irak.

---

[1] *Testimonio de J. Curtis Strubble, subsecretario de Estado Asistente para Asuntos del Hemisferio Occidental. Cámara de Representantes, 27 de febrero, 2003.*

[2] *William Safire. "Rewarding Freedom's Friends".* The International Herald Tribune, *18 may. 2003.*

[3] *Ver Reuters. "Rice quoted saying U.S. to ignore Schroeder". 25 may. 2003.*

[4] *Ver James Surowiecki. "A Clean Slate for Iraq".* The New Yorker, *16 abr. 2003.*

[5] *Ver Edwin Truman. "The right way to ease Iraq's debt burden".* Financial Times, *28 abril 2003.*

[6] Sunday Times, *citado en* El País, *28 abr. 2003: 6.*

[7] *William Safire. "The French Connection".* The New York Times, *13 mar. 2003.*
[8] *Arian Campo-Flores, Kevin Peraino y Mark Hosenball. "Periscope".* Newsweek, *21 abr. 2004.*
[9] *Tom Zeller. "Pssst…Can I get a Bomb Trigger?".* The New York Times, *15 sep. 2002.*
[10] *Barton Gellman. "Four Nations thought to Possess Smallpox".* The Washington Post, *5 de nov. 2002.*
[11] *Ver "France Gave Passports to Help Iraqis Escape".* The Washington Times, *6 may. 2003.*
[12] *Ver Brian Knowlton. "France Protests 'Plot' by the U.S.".* International Herald Tribune, *16 may. 2003: 1 y 4.*
[13] *Ver Alison Leigh Cowan. "French exchange students get the cold shoulde".* The New York Times, *4 de julio, 2003, p. B6.*
[14] *Ver Craig Smith. "U.S. Chill Flattens Mood at French Wine Air".* The New York Times, *30 jun. 2003: A3. También, ver André Beaujanot. "Efecto 'Saddam' en el Mercado de vino".* La Segunda. *Chile, 5 may. 2003.*
[15] *Ver Robert J. McCartney. "U.S., France Agree to Work on Trade Relationship",* The Washington Post, *17 jun. 2003: A13, y "The Dangers of War".* The Economist, *15 mar. 2003: 60.*
[16] *Ver "The Pew Global Attitudes Project". The Pew Research Center. Washington, D.C., 16 de marzo, 2004.*
[17] *Charles Grant. "Europe and America Put off their Divorce".* Financial Times, *23 jul. 2003.*
[18] *Ver "Interview with Blair".* Financial Times, *28 abr. 2003: 6.*
[19] *Ver Gary Schmitt. PNAC Memorandum "NATO and EU Defense Plans". 17 de octubre, 2003.*
[20] *Robert Kagan. Of Paradise and Power: American and Europe in the New World Order. (New York: Alfred A. Knopf, 2003).*
[21] *Ver Quentin Peel, et al. "The Plot that Split Old and New Europe".* Financial Times, 27 *may. 2003.*
[22] *Ver Carlos Malamud. "España y América Latina tras la crisis iraquí". Real Instituto Elcano, 21 abril 2003.*
[23] El País, *17 de agosto, 2003, p.16*
[24] *Miguel Ángel Moratinos. "Spain's New Course".* The Wall Street Journal, *30 mar. 2004.*
[25] *Ver entrevista con Rodríguez Zapatero en* The New York Times, *6 may. 2004.*
[26] *Moratinos, op. cit.*
[27] *Bill Gertz. "Terrorists Said to Seek Entry to U.S. Via Mexico".* The Washington Times, *17 abr. 2003.*
[28] *Mary A. O'Grady. "Friends don't Let Friends Fight Terror Alone". The* Wall Street Journal, *21 mar. 2003.*

4. UNILATERALISMO EN RETIRADA: LA DIFÍCIL TAREA DE LOGRAR LA PAZ EN IRAK

La guerra en Irak se desarrolló rápidamente a favor de las fuerzas de ocupación y, por consiguiente, el multilateralismo, Naciones Unidas y principalmente el Consejo de Seguridad fueron el blanco de duras críticas por parte de la coalición liderada por Estados Unidos. Horas antes de la invasión a Irak, el vicepresidente Cheney había lanzado los primeros dardos: "Ha quedado demostrado que Naciones Unidas no es capaz de enfrentar la amenaza que representa Saddam Hussein, ni de hacer cumplir sus propias resoluciones, ni de encarar el desafío que enfrentamos en este siglo XXI de Estados aventureros equipados con armas mortales".

Multilateralismo bajo fuego

Richard Perle —presidente del Consejo de Políticas de Defensa, un organismo asesor del Pentágono, cargo al que debió renunciar por un conflicto de intereses pero sin abandonar el consejo— escribió un artículo atacando demoledoramente a Naciones Unidas al momento de la invasión de Irak. En el artículo, titulado *Gracias, Dios, por la muerte de Naciones Unidas*, Perle señaló: "El reino del terror de Saddam Hussein está a punto de desaparecer. Se irá rápido pero no solo: como última ironía se llevará a Naciones Unidas con él". Según Perle, las coaliciones de los dispuestos no eran una amenaza para un nuevo orden mundial, sino, "por descarte, la mejor esperanza para ese orden y la verdadera alternativa para la anarquía del fracaso abyecto de Naciones Unidas"[1]. Medios de comunicación tales como *The Weekly Standard*, *The New York Post*, *Fox News* y otros, pertenecientes total o parcialmente al magnate Rupert Murdoch, dieron una amplia cobertura a estas visiones negativas sobre la ONU y otras instituciones multilaterales.

Los neoconservadores comenzaron a especular sobre posibles alternativas a Naciones Unidas. David Gelernter, en *The Weekly Standard*, escribió que "el problema de Estados Unidos no es con la idea de una organización mundial: su problema es con Naciones Unidas. La ONU no sirve… Ya es tiempo de empezar a pensar en la era post Naciones Unidas, no sólo porque el Consejo de Seguridad ha creado tal desorden en Irak, sino también porque tenemos grandes oportunidades". Su propuesta era una nueva organización de los "tres grandes" —Estados Unidos, Gran Bretaña y Rusia—, donde los países democráticos o en tránsito hacia la democracia podrían postular a ser miembros en una categoría inferior[2]. Un artículo en la revista conservadora *National Review* incluso propuso un condominio más reducido de habla inglesa.

Pero imponer el unilateralismo y actuar sin Naciones Unidas no era realista. Previendo lo que ocurriría más adelante, el destacado ex diputado norteamericano Lee Hamilton declaró: "Yo no estoy de acuerdo con aquellos que dicen que Naciones Unidas está tornándose irrelevante. Eso no ocurrirá, porque Estados Unidos y otros países necesitan las habilidades de Naciones Unidas, sobre todo la pericia en administración civil y humanitaria, y en la entrega de alimentos, que probablemente serán primordiales en el Irak de posguerra".

Sin embargo, a comienzos de abril de 2003, a medida que las tropas de la coalición avanzaban hacia Bagdad, y el 3 de abril se tomaban el aeropuerto internacional donde encontraron menos resistencia que la esperada, el papel de Naciones Unidas en Irak parecía marginal en el mejor de los casos.

El 5 de abril, al ser consultada sobre la definición del rol de ONU en Irak, Condi Rice se negó a responder, señalando: "Con la liberación de Irak aún en curso, no podemos saber qué será necesario". Luego advirtió que la coalición liderada por Estados Unidos "tendrá un papel protagónico (...) habiendo entregado vida y sangre para liberar Irak". Sin embargo, algunos aliados de Estados Unidos deseaban un papel más importante para Naciones Unidas en Irak. Incluso en EE UU algunos pensaban que si las cosas no salían bien, la ONU sería una buena segunda opción.

El 8 de abril, a las nueve de la mañana, Bush y el primer ministro Blair se reunieron en Hillsborough Castle, en el norte de Irlanda. En la reunión, realizada en una acogedora sala con una gran chimenea, participaron la asesora de Seguridad Nacional de Estados Unidos, Condoleezza Rice; el secretario Colin Powell; el portavoz de la Casa Blanca, Ari Fleischer; Alastair Campbell, asesor de comunicaciones de Tony Blair, y el secretario de Relaciones Exteriores de Gran Bretaña, Jack Straw. Un día antes, Kofi Annan había designado a Raffendin Ahmend como asesor especial para Irak y destacó la necesidad de un papel importante para Naciones Unidas en la nueva situación creada en ese país; pero pocos creyeron que ese llamado tendría alguna acogida.

Por tanto, el comunicado conjunto realizado por Bush y Blair en la cumbre de Hillsborough Castle, la tercera reunión bilateral celebrada en tiempos de guerra en menos de un mes, sorprendió al afirmar que Naciones Unidas "tiene un papel vital que jugar en la reconstrucción de Irak". Además, se acogió positivamente "el nombramiento por parte del Consejo de Seguridad de Naciones Unidas de un asesor especial en Irak para trabajar con el pueblo iraquí y el representante de la coalición".

Sin embargo, cuando en la conferencia de prensa del 8 de abril se le preguntó al presidente Bush qué quería decir exactamente con "papel vital", él se refirió a un rol subordinado, limitado principalmente a asuntos humanitarios. "Un papel vital para Naciones Unidas, señaló Bush, sería como un intermediario para ayudar a que la gente viva más libremente. Eso es un papel vital, y eso significa alimentos, significa ayuda, significa un lugar donde las personas puedan entregar sus contribuciones. Eso quiere decir sugerir al pueblo una Autoridad Interina Iraquí. Significa estar totalmente comprometido con el progreso que se lleva a cabo en Irak".

En la óptica de la Secretaría de la ONU y de varios miembros del Consejo de Seguridad, surgía el peor escenario político posible: un involucramiento sumamente retórico de Naciones Unidas en Irak, pero, en términos reales, un papel menor y subordinado. En otras palabras, podía aparecer una imagen de fuerte responsabilidad de la ONU versus una realidad de presencia marginal. El riesgo era compartir los eventuales costos de un posible fracaso, teniendo un débil poder para influir en el curso de los acontecimientos.

La percepción en Gran Bretaña era que el gobierno de Bush quería a "Naciones Unidas limitada a actuar como poco más que un organismo asistencial y que consideraba el fracaso de su autoridad como una consecuencia beneficiosa de la guerra en Irak. El señor Blair tiene un punto de vista opuesto (…) Él quiere que quede una huella de la autoridad de Naciones Unidas en la situación de posguerra", señaló el gobierno británico, según el reportaje de un periódico[3].

Entretanto, el 9 de abril, el régimen iraquí se desplomaba mientras que las fuerzas estadounidenses tomaban el control de Bagdad desplazándose desde el poniente de la ciudad hacia el oriente, tomándose el palacio presidencial, los ministerios de gobierno y oficinas del Partido Baath. Luego se dirigieron hacia el norte, donde casi no encontraron resistencia. Durantes los días siguientes, las fuerzas estadounidenses y los soldados kurdos tomaron el control de las ciudades nortinas Kirkuk y Mosul. El 14 de abril, tropas estadounidenses se apoderaron de Tikrit, la última ciudad importante iraquí en caer ante las fuerzas de la coalición.

Las fuerzas norteamericanas en terreno, que pasadas varias semanas no encontraban armas de destrucción masiva, ya no necesitaban la ayuda de Naciones Unidas para buscarlas. No se deseaba la ayuda de Hans Blix ni de UNMOVIC. Marc Grossman, subsecretario de Estado para Asuntos Políticos, señaló que se realizarían cambios en el sistema de inspecciones. Para empezar, "la situación de seguridad no está lista para que civiles estén involucrados", declaró en aquel entonces.

El 1 de mayo del 2003, Bush declaró la victoria en la guerra de Irak. En un discurso pronunciado a bordo del portaviones *U.S.S. Abraham Lincoln*, Bush, quien vestía una chaqueta de piloto de guerra, después de aterrizar espectacularmente en un jet S-3B, anunció que las operaciones de combate en Irak habían finalizado. Fue una producción bien montada. El presidente habló con un gran lienzo situado a sus espaldas, producido por la Casa Blanca, que decía "Misión cumplida". Muchos pensaron que el portaviones estaba cerca del lugar de operaciones, pero, en realidad, se encontraba mar adentro cerca de la costa de San Diego, California.

En mayo del 2003, L. Paul Bremer III, conocido por sus amigos como Jerry, llegó a Bagdad para administrar Irak y reemplazar al general en retiro Jay Garner, quien había dirigido inicialmente un Departamento de Reconstrucción y Ayuda Humanitaria. Bremer pretendía poner en práctica algunas ideas esbozadas en Washington sobre Irak. El Pentágono había redactado un informe orientado a crear un gobierno iraquí compuesto principalmente por exiliados, proyecto coordinado por el vicesecretario de

Defensa, Paul Wolfowitz, quien había viajado meses antes a Michigan con el fin de reclutar a profesionales de la comunidad de expatriados iraquí-estadounidenses, algunos de los cuales fueron entrenados en el Pentágono, bajo la supervisión de Wolfowitz, para simular un gobierno en acción. Después de la invasión, varios exiliados fueron llevados a Irak desde distintos países. Entre ellos estaba Ahmad Chalabi, uno de los favoritos del Pentágono para liderar un posible gobierno iraquí, aunque este nunca se ganó la simpatía del general (retirado) Garner.

Bremer le dio a Chalabi un espacio en el consejo de gobierno que el administrador de la coalición designaría más adelante, compuesto principalmente por exiliados iraquíes, aunque la dirección del país permanecería en manos de la autoridad de ocupación. Una de las primeras medidas de Bremer fue disolver el ejército de Saddam Hussein, decisión que en su momento fue cuestionada. Ya en junio, Bremer prometía desmantelar el sector económico iraquí controlado por el Estado a través de la privatización de empresas y dictando nuevas leyes para fomentar la inversión extranjera.

La contratación de altos funcionarios para la Autoridad Provisoria de la Coalición (APC) estaba bajo la dirección de Donald Rumsfeld, en Washington, y sus asesores del Pentágono. En vez de buscar diplomáticos o expertos en administración, extranjeros o iraquíes, se reclutó a ideólogos del sector privado que querían transformar Irak. Por ejemplo, Michael Fleischer, hermano del entonces portavoz de la Casa Blanca, Ari Fleischer, fue a enseñarle a los iraquíes el concepto de propuestas de licitación competitivas para contratos de gobierno. Irak sería un ejemplo de capitalismo de libre mercado.

Elizabeth Cheney, hija del vicepresidente Cheney, designada subsecretaria asistente de Estado para el Cercano Oriente en marzo de 2002, dirigió la reforma política y económica en Irak y la región, a través del proyecto conocido como Asociación Estados Unidos-Medio Oriente. Crítica de las "economías de control estatal", Cheney apoyó las ideas de Bremer de implantar reformas legales y privatizaciones, insistiendo en que el propósito no era "imponer el modelo estadounidense", sino ayudar a los países de la región a tomar "las difíciles decisiones imprescindibles para emprender las reformas necesarias". En definitiva, se trataba de objetivos ambiciosos.

El principal interés de Estados Unidos respecto a Naciones Unidas era eliminar rápidamente las sanciones económicas que habían estrangulado a Irak por casi 13 años. Aun cuando algunos funcionarios del gobierno norteamericano insinuaban que las sanciones de la ONU podrían ser simplemente ignoradas, Colin Powell llamó a la cautela e hizo preparar un borrador de resolución (previamente discutido con Kofi Annan) que Estados Unidos y el Reino Unido presentaron ante el Consejo de Seguridad el 9 de mayo. El objetivo era lograr, entre otras cosas, la aprobación de una autoridad interina iraquí, eliminar las sanciones, eliminar paulatinamente el Programa Petróleo por Alimentos, solicitar al secretario general nombrar a un coordinador especial para Irak y buscar la aceptación de la presencia de la coalición en Irak por un periodo mínimo de 12 meses.

Algunos medios de comunicación norteamericanos no eran tan tolerantes con la discusión multilateral que se llevaba a cabo. Un editorial del *New York Daily News* sostuvo terminantemente: "Naciones Unidas debe darse cuenta de que Saddam Hussein ya no está a cargo del país, a pesar de las peores intenciones de sus amigos del Consejo de Seguridad... Si Naciones Unidas quiere desmentir —como muchos creen— que se ha tornado irrelevante, debiera embarcarse en el actual plan (...) Ya es extremadamente cortés de parte de los aliados ofrecerle un lugar a Naciones Unidas en el Irak de posguerra. Si los diplomáticos no aprovechan la oportunidad, Bush y la coalición debieran seguir adelante y hacer el trabajo sin ellos[4]. Pero la opinión pública estadounidense parecía pensar diferente. El 5 de abril, el periódico *The Los Angeles Times* publicó una encuesta sobre la guerra en Irak, en la que preguntaba "¿Quién debiera liderar los esfuerzos de reconstrucción en Irak?"; un 29% respondió que Estados Unidos y un 50%, Naciones Unidas, mientras que el resto prefería otro país (7%), un esfuerzo conjunto entre Estados Unidos y Naciones Unidas (7%) o el propio Irak (3%)[5].

Hacia mediados de mayo, EE UU presionaba para adoptar una rápida decisión sobre el borrador de resolución. Esta vez, el presidente Chirac dejó en claro que su gobierno no vetaría, pero que deseaba un mayor papel de Naciones Unidas. Los ministros de Relaciones Exteriores de Francia, Rusia y Alemania se reunieron en París y aseguraron que esta vez apoyarían la resolución del Consejo de Seguridad que eliminaba las sanciones a Irak, pese a lamentar la presencia restringida de la ONU en el futuro de dicho país. El ministro De Villepin resumió los sentimientos colectivos de evitar nuevas confrontaciones al señalar: "Aún cuando este texto no abarca todo lo que quisiéramos, hemos decidido votar a favor de esta resolución". Ése era el multilateralismo posible de alcanzar en aquel momento.

Al día siguiente, el 22 de mayo, el Consejo de Seguridad adoptó la Resolución 1483 con 14 votos a favor y ninguno en contra. Siria no estuvo presente, aunque su representante adjunto diría luego que su país podría haber votado a favor si se le hubiese permitido tener más tiempo para recibir instrucciones desde su capital. La Resolución 1483 decidió que Naciones Unidas debía "cumplir un papel vital en la ayuda humanitaria, la reconstrucción de Irak y la restauración y establecimiento de instituciones locales y nacionales para la gobernabilidad representativa". Inmediatamente fueron levantadas las sanciones, y al Programa Petróleo por Alimentos se le otorgó un periodo de seis meses para su eliminación gradual. Además, la resolución solicitó al secretario general "designar un representante especial para Irak cuyas responsabilidades independientes" involucrarían varias actividades de coordinación de la ONU y organismos internacionales comprometidos con la ayuda humanitaria y actividades de reconstrucción en Irak. Además, dicho representante, debía trabajar en coordinación con la autoridad (las potencias ocupantes) para emprender tareas que comprenderían desde promocionar la reconstrucción económica y la protección de los derechos humanos hasta reforzar los esfuerzos para reconstruir la capacidad de la policía civil iraquí y promover la reforma legal y judicial. La resolución también solicitaba que el representante especial apoyara la formación de un gobierno interino iraquí.

De Villepin se mostró optimista. Estimó que, con la resolución, "Naciones Unidas estaba de vuelta en el juego"; sin embargo, una caricatura aparecida en el diario *Le Monde* ilustraba el escepticismo reinante sobre la concesión que supuestamente se le había extraído a Estados Unidos en la resolución en cuestión. Dos días después, el 24 de mayo, el secretario general, Kofi Annan, designó al entonces alto comisionado de Naciones Unidas para los Derechos Humanos, Sergio Vieira de Mello, como el representante especial para Irak. El dilema para la ONU era aparecer como una suerte de subcontratista de las fuerzas de ocupación o, si jugaba un papel más activo, convertirse en un chivo expiatorio en caso de que las cosas no resultasen bien.

Y las cosas en Irak empeoraron. Primero, las fuerzas de ocupación poco o nada pudieron hacer frente a las primeras olas de saqueos, la lenta restauración de los servicios básicos, la inseguridad, el desempleo y una sensación de caos generalizada, pues el combate no cesaba, incluso después de la declaración del fin de las operaciones de guerra anunciada por Bush el 1 de mayo. Ello causó el reemplazo del general retirado Jay Garner, por el embajador Bremer, en el cargo de administrador de Irak.

Llegado junio, ya era más evidente que un incipiente movimiento guerrillero se estaba desarrollando. Soldados estadounidenses morían en un número cada vez mayor, y era claro que la resistencia iraquí trascendía a los partidarios de Hussein o los posibles combatientes extranjeros.

La resistencia armada estaba formada por miembros del antiguo régimen, estimados por fuentes estadounidenses de entre 5.000 y 9.000 fieles seguidores de Hussein: islamistas sunitas, incluyendo kurdos de Ansar al-Islam; resistencia tribal, motivada por los ataques indiscriminados de la coalición en lugares como Fallujah, Mosul, Ba'-Quha y al-Majar al-Kabir; elementos criminales que, con la caída del régimen baathista, habían mejorado su organización y se habían reforzado con ex militares; voluntarios extranjeros islamistas, y sectores chiítas, principalmente el grupo liderado por Moqtada al-Sadr.

Durante los primeros meses posteriores a la invasión, los comandantes de la coalición y de Estados Unidos no dieron importancia a los ataques, calificándolos como hechos aislados de violencia. Pero, a mediados de julio, el comandante de *Centcom*, general John Abizaid, tuvo que admitir en una conferencia de prensa del Pentágono que las fuerzas estadounidenses enfrentaban un fenómeno que cada vez más tenía el sello de una "clásica campaña de tipo guerrilla" bien organizada.

El proceso político hacia el establecimiento de una autoridad interina iraquí tampoco era fácil, debido a las diferencias políticas, religiosas, culturales y étnicas entre muchos de los líderes y candidatos, algunos de los cuales recién habían regresado al país después de años de exilio. Estados Unidos se convenció entonces de que la administración sustantiva debía seguir bajo su control. En todo caso, el 13 de julio de 2003 se constituyó el Consejo de

Gobierno de Irak, compuesto por 25 miembros, y se reunió por primera vez como el principal cuerpo de la administración interina solicitada en la Resolución 1483 del Consejo de Seguridad. El consejo de gobierno, sin embargo, gozaría de poderes limitados, siendo la autoridad provisoria de la coalición quien tendría la última palabra.

A mediados de julio de 2003, ya como embajador de Chile en el Consejo de Seguridad de Naciones Unidas, fui invitado a reuniones en el Departamento de Estado en Washington, donde sostuve entrevistas con el subsecretario de Organizaciones Internacionales, Kim Holmes, el vicesecretario para el Desarme y la No Proliferación, John Bolton —quien más adelante sería nombrado embajador en la ONU—, y con otros funcionarios del Departamento de Estado y del Ministerio del Tesoro. El jueves 17 de julio, aproveché para visitar a Condi Rice en la Casa Blanca. En ese momento había rumores de que, dada la creciente complejidad de la situación en Irak, EE UU volvería al Consejo de Seguridad de la ONU para procurar una nueva resolución orientada a fomentar el apoyo a las fuerzas de ocupación y a alentar a otros países a enviar tropas.

Como siempre, la reunión con Condi fue cordial y fluida. Yo ya había estado en su oficina del ala oeste, luminosa y espaciosa en comparación con otras oficinas de la Casa Blanca, más aún en un día soleado de verano. La puse al día sobre lo que había estado haciendo desde nuestra última conversación y luego me centré en mi labor del Consejo de Seguridad como presidente del Comité de Sanciones contra Al Qaida y los talibanes, y en la agenda más amplia del consejo.

Al tocar Irak, pregunté a Condi si Estados Unidos pretendía presentar otro borrador de resolución para motivar a otros países a aportar tropas bajo un mandato nuevo y diferente. Respondió que el asunto estaba "en estudio", pero que si había una decisión favorable, no se presentaría inmediatamente un texto, "sino probablemente en unos pocos meses". Me preguntó cómo veía el apoyo del consejo a una resolución de ese tipo. Le respondí que había notado cierta reticencia de la Secretaría de Naciones Unidas a aumentar su presencia en Irak, pero que eso parecía estar cambiando. En cuanto a los miembros del consejo, señalé que todo dependía de los contenidos específicos del borrador. Agregué que bajo las circunstancias del momento, claramente no había ninguna disposición de otros países a mandar fuerzas militares. Le mencioné que un nuevo mandato con un papel más importante para Naciones Unidas y una señal política positiva hacia el mundo islámico podría convencer a algunas naciones. Sin embargo, le advertí que sería un desafío complicado.

Sobre un tema relacionado, le expresé el recelo de algunos Estados sobre el consejo de gobierno iraquí, recientemente constituido, y su relación con la APC, mencionando que el anunciado viaje a Nueva York de algunos de sus miembros había despertado un debate sobre si se debiera permitir que los iraquíes asistieran e hicieran uso de la palabra en la reunión del Consejo de Seguridad, donde Sergio Vieira de Mello presentaría su informe. A continuación señalé que las reglas de procedimiento bajo el artículo 39 le permiten al consejo escuchar a personas que puedan aportar información relevante a nivel personal.

Cuando me iba, Condi dijo que la contactara por teléfono por cualquier tema de Naciones Unidas y que ella se tomaría la libertad de hacer lo mismo. Fue una buena reunión, con dos interrupciones de llamadas telefónicas del presidente Bush. Ella respondió formal pero relajadamente con frases que empezaban con un "Sí, señor".

La reunión del consejo programada para el 22 de julio, con Vieira de Mello y los miembros del consejo de gobierno, siguió generando controversia. Algunos países estimaban que el hecho de permitir hablar a los líderes del consejo iraquí podría constituir implícitamente algún tipo de reconocimiento diplomático. Finalmente, en la sesión abierta del 22 de julio, a la cual asistió una enorme cantidad de observadores y prensa, se escuchó el informe de Vieira de Mello y una intervención de Adnan Pachachi, presidente de la delegación iraquí; éste habló bajo la norma 39 del consejo. La ministra de Relaciones Exteriores de España, Ana Palacio, presidió la reunión en la cual también estuvo presente Kofi Annan.

Vieira de Mello pronunció un vigoroso discurso que enfatizaba que los iraquíes debían empezar a adoptar decisiones sobre su futuro o por lo menos se les debería consultar al respecto. Señaló que percibía la existencia de un deseo de un mayor papel para Naciones Unidas en el proceso de estabilización y reconstrucción. Vieira de Mello defendió al consejo de gobierno, catalogándolo como un importante paso hacia la normalización institucional del país e informó que prontamente aquél designaría ministros y representantes en organizaciones internacionales y países de la región. También destacó la importancia de la cooperación para el desarrollo y el respeto a los derechos humanos.

Pachachi habló con inesperada franqueza, afirmando que las condiciones de vida y de seguridad de la población iraquí no habían mejorado como se esperaba, aunque ahora tenían "un grado de libertad". Pachachi señaló que era necesario "reducir el tiempo de la ocupación militar" y, simultáneamente, avanzar en la preparación de una nueva constitución y de iniciativas legislativas sobre partidos políticos, leyes electorales, etcétera. También se refirió a la necesidad de reformar el poder judicial, las fuerzas armadas y la policía.

Agosto fue un mes clave en la guerra y en el ánimo acerca del futuro de Irak. Como algunos miembros del Consejo de Seguridad consideraban —algunos con menos entusiasmo que otros— que el consejo iraquí merecía una oportunidad, el 14 de agosto se aprobó la Resolución 1500, con 14 votos a favor y una abstención (Siria), que aprobaba el establecimiento de un consejo de gobierno: "como un paso importante hacia la formación, por parte del pueblo iraquí, de un gobierno representativo reconocido internacionalmente que ejercerá la soberanía de Irak". La resolución también estableció una misión de asistencia a Irak de Naciones Unidas por un periodo inicial de un año.

La guerra se intensifica: la ONU como blanco

Sin embargo, aparecían nubes negras en el horizonte. El 7 de agosto, la embajada de Jordania en Bagdad sufrió un ataque terrorista con bombas donde murieron 11 personas y otras 15 resultaron heridas. Después del atentado, un grupo de personas atacó la embajada, destrozando retratos del rey de Jordania, Abdullah II.

Pocos días después, el martes 19 de agosto, cerca de las 16.30 horas, la sede de Naciones Unidas en Bagdad fue destruida cuando un camión que transportaba explosivos se estrelló deliberadamente contra la débil defensa que rodeaba el hotel Canal, sede de la organización. El delegado de la ONU, Sergio Vieira de Mello, murió junto con otros 21 miembros del personal de la organización y más de cien resultaron heridos. Una ola de conmoción sacudió al planeta.

Una sesión de emergencia del Consejo de Seguridad fue convocada de inmediato. La mayoría de los embajadores estaba de vacaciones fuera de la ciudad y debió regresar rápidamente a Nueva York. Los medios de comunicación del mundo centraron toda su atención en el atentado dinamitero. CNN y otras cadenas televisivas transmitían en directo desde Nueva York y Bagdad. Vieira de Mello quedó atrapado entre los escombros, resistiendo con vida algunas horas, pero así como las comunicaciones con él se apagaron lentamente, también se esfumaron las esperanzas de que sobreviviera. Fue un día triste y emocionalmente agotador.

Había estado varias veces con Vieira de Mello desde su partida a Bagdad, y recordé que sólo pocas semanas antes había informado al consejo sobre el proceso político, donde defendió apasionadamente el consejo de gobierno, calificándolo como un importante avance en la transición política iraquí. Como "compatriotas" suramericanos, tuvimos conversaciones privadas —en portugués, ya que nos facilitaba un ambiente de camaradería— sobre los desafíos de Irak.

En una de esas conversaciones, el jueves 24 de julio, Vieira de Mello reconoció que sería difícil trabajar con el consejo iraquí, debido a la diversidad de puntos de vista y de experiencias de vida (líderes religiosos, políticos, empresarios y muchos exiliados, que habían vivido fuera del país durante décadas). Le expresé mi fuerte apoyo a la determinación de un calendario concreto de transición y me respondió que era "demasiado pronto para abordar ese tema", ya que el consejo iraquí debía establecer un plan de trabajo y luego adoptar decisiones en cuanto a un futuro referendo sobre la constitución, y luego vendrían elecciones. Vieira de Mello se oponía a cualquier estructura federalista para Irak, pues podría provocar la división del país en un norte kurdo, un centro sunita y un sur chiíta. Le pregunté sobre la seguridad en terreno. Irónicamente, el representante de Naciones Unidas, nacido en Brasil, me explicó: "Tú conoces Río de Janeiro. Pues bien, las condiciones de seguridad en Bagdad no son más peligrosas de lo que pasa en Río". Es "principalmente un problema policial —insistió— y se podrá controlar una vez que la nueva fuerza de policía haya recibido entrenamiento debidamente". Lamentablemente, él estaba equivocado.

Vieira de Mello había ejercido influencias sobre el administrador Bremer para que se centrara en la configuración del consejo de gobierno en vez de la redacción del primer borrador de una nueva Constitución. Se sabía que, inicialmente, Bremer se resistió tenazmente a la creación del consejo de gobierno. Vieira de Mello claramente mantenía mejores relaciones que el administrador estadounidense con importantes actores de Irak y estaba cultivando su confianza. Bremer era conocido por su personalidad arrolladora e inflexible. Sir Jeremy Greenstock, quien después de haber sido embajador del Reino Unido en la ONU fue a Irak como representante británico, nunca logró llevarse bien con su colega estadounidense.

De Mello me había dicho que pretendía volver a su cargo permanente en Ginebra hacia fines de septiembre. Bromeé diciéndole que Kofi Annan no lo dejaría regresar, dada la buena labor que estaba realizando en Irak. Pero me respondió, con una risa nerviosa, que el secretario general de Naciones Unidas ya le había prometido que realizaría una misión corta en Bagdad.

La mañana del martes 19 de agosto, el Consejo de Seguridad estaba conmocionado. Los primeros informes que llegaron desde Irak fueron entregados por el subsecretario de la ONU, Danilo Turk. Kofi Annan se encontraba en Noruega de vacaciones, en un viaje de montañismo, y regresó de inmediato a Nueva York. La información era que Vieira de Mello estaba atrapado, pero vivo, y hablaba con los rescatistas. En el consejo redactamos y emitimos un comunicado de prensa que condenaba duramente el ataque terrorista. Pocas horas más tarde, la noticia sobre la muerte de Vieira de Mello abatió los ánimos. Algunos especulaban que el bombazo podía haber sido en represalia por la aprobación de la reciente resolución del Consejo de Seguridad, en la que se respaldaba el consejo de gobierno y autorizaba la misión de la ONU en Irak. Otros señalaban que atacar un "blanco blando" demostraba la incapacidad de la coalición de mantener condiciones mínimas de seguridad. Claramente, la situación era mucho más compleja que esas primeras impresiones.

Al día siguiente, el Consejo de Seguridad volvió a reunirse, en una sesión a puerta cerrada con el secretario general, que acababa de llegar de Escandinavia. Annan declaró: "Ayer fue uno de los días más negros en la historia de Naciones Unidas" y, emocionado, rindió homenaje a Vieira de Mello y confirmó el rescate de 16 cuerpos, así como que algunas personas continuaban desaparecidas y muchas otras estaban gravemente heridas. Por lo anterior, se reevaluarían las medidas de seguridad para todo el personal de la ONU en Irak. Indicó que siempre se consideraba a Naciones Unidas como parte de la solución de los conflictos, nunca como un blanco; pero que era necesario seguir adelante para que no triunfara el extremismo.

Había una nueva realidad en Irak. Muchos se preguntaban que si la ONU se había convertido en un blanco de guerra, entonces qué ocurriría con aquellos que no gozaban de la legitimidad de la organización. Más allá del dolor, el sentido imperante era que la guerra se había tornado más dura y más difícil de controlar. Todos eran blancos potenciales y la seguridad empeoraba.

Mary Robinson, ex presidente de Irlanda y predecesora de De Mello como alto comisionado de Naciones Unidas para los Derechos Humanos, advirtió: "No es saludable para la ONU estar jugando un papel subordinado a una potencia de ocupación, como así se percibe". Paralelamente, el canciller británico declaró que su gobierno tenía una "actitud abierta" respecto de darle a Naciones Unidas una función más amplia en Irak.

Justamente, el 20 de agosto abordé este tema con el embajador norteamericano, John Negroponte, después de un día emocionalmente desgastador y de largas sesiones abiertas y privadas del Consejo de Seguridad con Kofi Annan. Esa tarde, en una reunión social, el representante de Estados Unidos me señaló que Colin Powell visitaría al día siguiente a Annan para ofrecerle sus condolencias y aprovecharía el momento para informarle sobre los elementos de una posible nueva resolución sobre Irak. Negroponte indicó que en una sesión abierta del Consejo de Seguridad programada para la mañana siguiente, solicitaría una sesión a puerta cerrada para la tarde con el fin de discutir aquellos elementos de una nueva resolución. Recordé que a mediados de julio Condi Rice me había dicho en la Casa Blanca que se podría presentar una nueva resolución en algunos meses más. El atentado a la sede de la ONU en Bagdad había acelerado esos planes.

La resolución propuesta insistía en pedir a más países que enviaran tropas a Irak o que contribuyeran con fondos, lo cual causó decepción. Daba la impresión de que se estaba invitando al Consejo de Seguridad a poner su sello de aprobación a la presencia de las fuerzas militares de la coalición en el terreno. Consciente de esta percepción, el secretario Powell declaró: "Quizá un lenguaje adicional y una nueva resolución podrían alentar a otros (a participar en la fuerza militar en Irak). Otros temas relacionados con la función que debe cumplir Naciones Unidas, se pueden discutir en el curso de las negociaciones para la resolución".

La situación en Irak se agravaba con nuevos bombardeos y un conflicto armado en ascenso. El 29 de agosto, el importante eclesiástico chiíta, el ayatolá Mohamed Baqir al-Hakim, falleció junto a casi cien personas más en la explosión de un carro bomba en la ciudad sagrada de Najaf. Al-Hakim era el líder del Sciri, el consejo supremo para la Revolución Islámica en Irak. En septiembre, la doctora Akila al-Hashimi, integrante del consejo de gobierno iraquí, murió tras recibir disparos y la explosión de una bomba.

Giro hacia un multilateralismo táctico

El 4 de septiembre, cuatro editoriales en distintos periódicos norteamericanos coincidieron en que era tiempo de que la ONU asumiera un papel más gravitante en Irak. *The New York Post*, un medio proclive al presidente Bush, escribió: "Puede que la decisión del gobierno de Bush de esta semana al ofrecer un rol más importante a Naciones Unidas en los asuntos de Irak no cause daño siempre y cuando Estados Unidos siga dirigiendo la situación. Los detractores del presidente Bush (...) tratan de presentar la decisión como una derrota de Bush y los suyos (...) una suerte de reconocimiento de que las cosas en Irak están fuera de control (...) para obtener un reconocimiento forzado de que Estados Unidos, después de todo, no puede actuar solo"[(6)]. Por su parte, *The New York Times* señaló que "con un terrorismo creciente en Irak y las fuerzas estadounidenses extendidas al límite, el gobierno de Bush ha retractado su tozuda resistencia a otorgar una mayor participación a Naciones Unidas (...) La repentina aceptación por parte del gobierno de otorgar un papel más amplio a Naciones Unidas no debiera limitarse a asuntos de seguridad (...) Una presencia más plena no sólo reduciría los costos en dólares y vidas estadounidenses, sino que también aumentaría las posibilidades de tener éxito[7].

The Wall Street Journal señaló que "como un asunto de estrategia, la decisión del presidente Bush de buscar otra resolución de Naciones Unidas para reconstruir Irak podría ser muy lógica", pero siempre y cuando "el precio de la bendición de la ONU no sea tan elevado". Bajo el supuesto de que la guerra en Irak era "ganable", el comentario editorial concluía expresando el deseo de que "esta nueva estrategia pro Naciones Unidas pretenda fortalecer el compromiso de Estados Unidos con la victoria en Irak y no sea el primer paso hacia la retirada[8]. A su vez, *The Washington Post* destacó que "la decisión del presidente Bush de volver a Naciones Unidas para obtener un nuevo mandato y más ayuda en Irak es un paso importante hacia la superación de las crecientes dificultades de una autoridad de ocupación que la administración erradamente quiso dominar desde Washington (...) Un nuevo mandato de Naciones Unidas —proseguía el editorial— puede hacer que el desafío sea más manejable y que haya más probabilidades de tener éxito —sin embargo, este país debe prepararse para un esfuerzo caro, difícil y prolongado"[9].

En realidad, muchos actores políticos ya estaban abogando por un mayor enfoque multilateral en Irak después del ataque a la sede de la ONU. El senador demócrata Robert C. Byrd dijo con su estilo directo: "El atentado a la sede de la ONU dejó en claro nuestra política fallida en Irak (...) Aun cuando el secretario de Estado ha iniciado un diálogo con Naciones Unidas, éste debe ser un verdadero intercambio y no un monólogo de Estados Unidos". El senador demócrata Joseph Biden, centrándose en los costos de la guerra, afirmó que éstos eran "inmensos" y que "había que dar un giro hacia Naciones Unidas para obtener ayuda para lograr una operación militar sancionada por Naciones Unidas bajo el comando de Estados Unidos".

Colin Powell había logrado convencer al presidente Bush de volver a la ONU para conseguir una nueva resolución, tarea que no había sido fácil, debido a la resistencia del Pentágono. Bush y Condi Rice estuvieron de acuerdo con el enfoque de Powell. Durante meses —comentó un artículo del *Washington Post*—, Rumsfeld y sus asesores civiles habían logrado resistir los deseos del Departamento de Estado y del gobierno británico de buscar ayuda en Naciones Unidas, argumentando que la actuación de las tropas estadounidenses y extranjeras fuera del marco de la autoridad de Naciones Unidas era suficiente para cumplir con la tarea. Sin embargo, esta vez la situación se percibía distinta porque la realidad de Irak ponía en duda la postura de Rumsfeld, en la visión de la Casa Blanca[10].

Las negociaciones sobre la nueva resolución continuaron a un ritmo intenso. Varios embajadores sentíamos que se debía poner más énfasis en el proceso político. Por lo tanto, un párrafo que hacía referencia a un "calendario y un programa para la redacción de una nueva Constitución" debía ser más concreto para que los iraquíes pudieran percibir un horizonte de soberanía. Chile presentó enmiendas a Estados Unidos, entre las cuales se sugirió que el calendario y el programa de una nueva Constitución debían ser presentados al Consejo de Seguridad "dentro de un plazo de sesenta días".

La discusión sobre la resolución se interrumpió al aproximarse el periodo de sesiones de la Asamblea General. Nadie en el consejo quería bloquear la propuesta de resolución, pero los cambios aceptados por EE UU hasta ese momento eran mínimos, con lo cual mi conclusión era que el documento podía obtener los 15 votos, pero ello podría no tener ningún efecto práctico en Irak.

A medida que presidentes, primeros ministros y cancilleres, junto con sus respectivas delegaciones, llegaban a Nueva York para asistir a la semana de inauguración de la Asamblea General de Naciones Unidas, la ciudad se agitaba. El 25 de septiembre, el secretario Powell invitó a los ministros de Relaciones Exteriores de los 10 miembros elegidos del consejo a reunirse en el hotel Waldorf Astoria, en la calle Park Avenue.

Una vez que las cámaras de televisión y los fotógrafos abandonaron la sala de reunión, Colin Powell se refirió al caso de Irak. Comenzó manifestando su sorpresa por el colapso absoluto de las instituciones tras la caída de Saddam. Señaló que las unidades militares habían desaparecido; en 1991 Estados Unidos había capturado a 80.000 prisioneros iraquíes y en 2003, sólo a 7.700. Por mi parte, yo me preguntaba si esta vez la táctica iraquí había sido esconderse, guardar las armas y aparecer después con ataques de tipo guerrillero. Guardé mi reflexión para un mejor momento. El precio político del fracaso total —prosiguió Powell— es que "no es posible que haya una rápida transferencia de la administración a iraquíes no representativos". Hizo una interpretación apologética de las intervenciones de Estados Unidos, diciendo que "siempre eran liberadoras y no colonizadoras"; aparentemente el mensaje iba dirigido a los europeos presentes en la sala. El serio ambiente se distendió cuando el ministro de Relaciones Exteriores de Siria interrumpió: "Estados Unidos no es una potencia colonizadora, pero podría aprender rápidamente". Todos los participantes rieron, incluso Powell.

Luego, el secretario de Estado se refirió al borrador de resolución, pidiendo apoyo y solicitando opiniones sobre la opción de constituir un gobierno provisorio antes de las elecciones. Powell destacó la importancia de redactar y aprobar una Constitución antes del inicio del proceso electoral. La mayoría de los ministros manifestó una actitud constructiva hacia la resolución, queriendo dejar atrás las diferencias del pasado.

Durante los días de la Asamblea General, las conversaciones siguieron a un ritmo febril. En una reunión entre los cancilleres de los países E-10, los miembros no permanentes del consejo y Kofi Annan, se abordaron los mismos temas tratados en la reunión del Waldorf Astoria con Powell. El secretario general destacó la necesidad de una buena resolución del Consejo de Seguridad sobre Irak, con un verdadero impacto en terreno, y sugirió que la secuencia de eventos en la transición política era más importante que la simple aceleración del proceso. Según un rumor que corría entre los ministros de Relaciones

Exteriores, Colin Powell estaba trabajando en un nuevo borrador de resolución que incorporaría algunas de las preocupaciones de Francia, pero ahora Powell estaba inquieto por la reticencia de Kofi Annan de volver a enviar personal de la ONU a Irak.

El martes 2 de octubre, en el almuerzo mensual de los miembros del Consejo de Seguridad con el secretario general, Annan nos lanzó una verdadera bomba política. Con voz suave pero firme, entregó un duro mensaje: "No se puede esperar que la Secretaría juegue un papel más gravitante en Irak bajo las actuales condiciones de seguridad". Señaló, además, que la conducción del proceso político debiera estar en manos ya sea de Naciones Unidas o bien de la autoridad de la coalición: dos administraciones paralelas llevarían a la confusión y "sería una receta para el desastre". Una sola entidad tendría que dirigir el proceso; es decir, la coalición, y no se le debería otorgar a la ONU la responsabilidad del proceso político, aunque ello podría ocurrir en una etapa futura, cuando las condiciones de seguridad hubiesen mejorado. A esas alturas, el personal de Naciones Unidas operaba desde Kuwait y Jordania, y la Misión de Asistencia de las Naciones Unidas para Irak (UNAMI) estaba bajo la dirección del representante especial suplente, el embajador Ross Mountain de Nueva Zelanda.

Esa misma mañana, Negroponte había presentado formalmente el borrador de resolución al Consejo de Seguridad. Varios representantes manifestaron que todavía consideraban que el documento era insuficiente y difícil de implementar en terreno.

La intervención de Annan en el almuerzo había frenado los esfuerzos por otorgarle un papel más importante a Naciones Unidas en Irak. El secretario general insistió en que el problema no era sólo de redacción, sino de sustancia. Si la ONU debía enfrentar serios peligros de seguridad y arriesgar su credibilidad, entonces debería ejercer un liderazgo proporcional. ¿Por qué desempeñar un papel marginal y poner en riesgo la seguridad del personal de la organización?, preguntó Annan. Además, se temía que si las cosas en terreno seguían empeorando, Naciones Unidas podía transformarse en el "chivo expiatorio". Por un momento, el comedor quedó en silencio.

El secretario general propuso una salida, haciendo mención a un tema al que se había referido días antes. Si se cambiaba la secuencia de eventos y se establecía rápidamente un gobierno provisorio, el ambiente de seguridad mejoraría. El embajador de Estados Unidos discrepó: "No existe ninguna evidencia de que al instalar inmediatamente un gobierno provisorio, mejorarán las condiciones de seguridad en el país".

Nos fuimos del almuerzo con una sensación de inquietud, pues veíamos escapar nuestras mejores cartas de negociación frente a los copatrocinadores de la resolución. Annan aceptaría el "liderazgo", pero no un papel más "amplio"; era una apuesta fuerte. Pero Washington quería una resolución, sobre todo antes de una conferencia de donantes para Irak a realizarse en Madrid, y sería necesario efectuar nuevas consultas antes de votar. Estábamos en compás de espera.

El embajador Negroponte advirtió que su gobierno no podría acoger nuevas modificaciones al texto de resolución. "Esto es lo más lejos que podemos llegar", señaló. Pocos días antes, *The New York Times* publicó un artículo que indicaba que algunos funcionarios del gobierno de Bush habían expresado que Estados Unidos podría abortar la iniciativa de llevar a votación la nueva resolución sobre Irak debido a la dura resistencia que enfrentaba[11]. Parecía un *bluff*.

El día lunes 13 de octubre, EE UU hizo circular otro borrador de resolución. El papel de la ONU estaba definido en función del logro de condiciones de seguridad adecuadas. Incluía la propuesta de Chile de establecer una fecha concreta para presentar al Consejo de Seguridad el calendario de transición; se mencionaba una fecha antes del 15 de diciembre, lo cual equivalía a los 60 días propuestos en la enmienda que habíamos entregado al embajador norteamericano. El borrador también hacía referencia al tema de la "transparencia en el manejo de los recursos financieros" y establecía para ese propósito un consejo internacional de asesoría y gestión.

Nos sentíamos satisfechos. Según nuestra opinión, el aspecto clave de la resolución era un programa concreto de transición a ser presentado al consejo lo antes posible, ya que un acuerdo de ese tipo desencadenaría una dinámica de transferencia de soberanía a los iraquíes y terminaría con la ocupación. Chile también deseaba un mayor liderazgo para Naciones Unidas en el proceso político, pero dadas las condiciones de seguridad demandadas por el secretario general y la reticencia de Estados Unidos de ceder la conducción de la transición, la referencia de la resolución a un "papel fortalecido de Naciones Unidas a medida que las circunstancias lo permitan" era realista y dejaba espacio para mejorar.

La delegación norteamericana quería que la votación fuese el miércoles 15 de octubre. Sin embargo, Francia, Rusia y Alemania presentaron una propuesta conjunta con más cambios y señalaron que el fin de semana anterior sus respectivos jefes de gobierno habían sostenido una conversación telefónica en la que habían llegado a una postura común frente a la resolución. El embajador de China anunció en ese momento que su país se adhería a la postura de los tres. Cerca de la medianoche del martes 14, el representante estadounidense ofreció otra versión de la resolución, que incorporaba parcialmente los cambios sugeridos, excluyendo una propuesta que le otorgaba soberanía inmediata a un gobierno de transición.

Las negociaciones prosiguieron durante todo el miércoles 15 entre Estados Unidos por una parte, y Francia, Rusia y Alemania, por otra. En el caso de estos últimos, el texto final debía ser aprobado por los jefes de gobierno. Se llegó a un consenso, y el 16 de octubre los 15 miembros del Consejo de Seguridad votaron a favor de lo que luego se conocería como la Resolución 1511. Sin embargo, las tres delegaciones mencionadas leyeron un comunicado de explicación de voto, donde declaraban que la resolución debiera haber profundizado sobre una función de liderazgo de Naciones Unidas en la dirección del proceso político y sobre el tema de la transferencia de soberanía al pueblo iraquí. Debido a la debilidad de la resolución, los tres países no enviarían tropas a Irak, ni tampoco harían contribuciones financieras adicionales. Pakistán y China también expresaron sus dudas y el embajador pakistaní señaló que el gobierno de su país no podría participar en la "fuerza multinacional" creada, porque "debiera haber tenido un mandato diferente al de las fuerzas de ocupación" y "debiera haber sido solicitado por un gobierno iraquí".

Estados Unidos y sus copatrocinadores consiguieron que el consejo autorizara "una fuerza multinacional bajo un comando unificado para tomar todas las medidas necesarias conducentes a mantener la seguridad y estabilidad en Irak", aunque en realidad fueron pocos los países que contribuyeron con tropas a esa fuerza multinacional. Se había perdido otra oportunidad de ampliar la coalición.

Ahora se debía presentar un calendario y un programa de transición al Consejo de Seguridad antes del 15 de diciembre de 2003, "para la redacción de una nueva Constitución de Irak y para celebrar elecciones democráticas bajo esa Constitución". La Resolución 1511 fue aprobada a tiempo para la conferencia de donantes para Irak, celebrada el 24 de octubre en Madrid. Los países reunidos en

España prometieron 33.000 millones de dólares en donaciones, préstamos y otros tipos de ayuda.

No obstante, la situación de la seguridad en Irak seguía deteriorándose. El día domingo 26 de octubre, a las 6.00 *a.m.*, el hotel Al-Rashid, considerado seguro al estar dentro de la "zona verde" de Bagdad, fue atacado con misiles. Uno de los misiles voló varias habitaciones debajo del piso 12, donde se alojaba Paul Wolfowitz durante una corta visita a Irak. Muchas personas murieron y hubo una enorme cantidad de heridos. Al día siguiente, el 27 de octubre, se registraron ataques suicidas con bombas contra la sede del comité internacional de la Cruz Roja en Bagdad y contra cuatro estaciones de policía, que cobraron la vida de 43 personas e hirieron a más de 200. A comienzos de noviembre, dos helicópteros estadounidenses fueron derribados y fuerzas de la coalición fueron atacadas en diversas ciudades, con un saldo de más de 60 soldados muertos y muchos más heridos.

El calendario fue preparado antes de lo esperado. El sábado 15 de noviembre de 2003, el consejo de gobierno iraquí y Paul Bremer, en representación de la APC, firmaron un "Acuerdo sobre el Proceso Político" que establecía el calendario: la autoridad provisoria de la coalición y el consejo acordarían una Ley Fundamental antes del 28 de febrero de 2004; una vez que la Ley Fundamental fuese aprobada, un comité nacional de iraquíes seleccionados organizaría "cabildos" *(caucuses)* en las 18 gobernaciones de Irak; los "cabildos" a su vez elegirían una Asamblea Nacional Transitoria antes del 31 de mayo de 2004; esta asamblea elegiría un ejecutivo y designaría ministros, quienes conformarían el gobierno de transición hacia el 30 de junio de 2004.

La autoridad de transición, que se constituiría el 30 de junio de 2004, asumiría poderes soberanos y se disolvería la APC. Luego, antes del 15 de marzo de 2005, se elegiría una Convención Constitucional por medio de votación directa y ésta redactaría una Constitución para llevarla a plebiscito. Por último, se realizarían elecciones para escoger un gobierno iraquí antes del 31 de diciembre de 2005, basándose en la nueva Constitución. La Ley Fundamental caducaría cuando el nuevo gobierno asumiera el poder.

El 24 de noviembre, mucho antes del plazo de los 60 días, Jalal Talabani, presidente provisorio del consejo de gobierno, envió una carta al presidente del Consejo de Seguridad en la que explicaba el programa y calendario acordados. Al final de la carta, se sugería que el Consejo de Seguridad adoptara "una nueva resolución que considere las nuevas circunstancias". Los miembros del consejo eran de la opinión de que, además de la carta, correspondía una presentación formal del calendario y del programa.

Pocos días antes del almuerzo mensual de los integrantes del Consejo de Seguridad con el secretario general, el día jueves 20 de noviembre, Kofi Annan había anticipado los contenidos de la carta del consejo de gobierno sobre el calendario de transición. Por otra parte, Annan reveló que Naciones Unidas había reiniciado sus actividades en Irak desde Nicosia, Chipre, mientras esperaba que mejoraran las condiciones de seguridad en el país. Más aún, hizo público el establecimiento de un grupo de países asesores o "Grupo de Amigos de Irak".

La "madre de todas las noticias" estalló temprano el domingo 14 de diciembre. Saddam Hussein había sido capturado por tropas estadounidenses en un búnker bajo una granja, a 15 kilómetros de Tikrit, su ciudad natal. Fue una inyección de energía para el espíritu de la coalición. Un jubiloso Paul Bremer exclamó "¡Lo tenemos!" ante una sala llena de periodistas expectantes. Condi Rice despertó al presidente Bush al alba de ese día para informarle sobre la captura de Hussein. El presidente señaló que la captura del dictador era un "hito crucial" para la reconstrucción de Irak.

Pocos días antes, el 10 de diciembre, el consejo iraquí había creado un Tribunal Especial para juzgar crímenes de guerra y crímenes de derechos humanos cometidos en el régimen de Saddam. Una amplia mayoría consideraba que a pesar de que el dictador había sido responsable de torturas y asesinatos de miles de personas y de enterrarlas en fosas comunes, debía recibir un juicio internacional justo y abierto bajo supervisión de Naciones Unidas, con las garantías del debido proceso, aunque él nunca las dio a sus innumerables víctimas. Pero la opción que se impuso fue la del Tribunal Especial iraquí, que en mayo de 2004 había designado a su administrador, junto con siete jueces investigadores y cinco fiscales. Algunos jueces iraquíes ya habían recibido capacitación en La Haya, y se contemplaba hacer lo mismo con los jueces investigadores y los fiscales.

El ministro de Relaciones Exteriores de Irak, Hoshyar Zebari, presentó al Consejo de Seguridad el calendario para la transición en una reunión realizada en la mañana del 16 de diciembre, a la cual asistió Kofi Annan. El canciller, así como los embajadores del consejo y el secretario general, elogiaron la captura de Saddam Hussein. Fue un día simbólico: el régimen baathista concluía con el arresto de Hussein y ante el Consejo de Seguridad de la ONU se presentaba un calendario que llevaría a un gobierno soberano.

La mayoría de las delegaciones agradecieron el calendario de transición, pero destacaron que la situación de seguridad en Irak seguía siendo crítica, y no mejoraría por la simple detención de Saddam Hussein. El secretario general pidió claridad: "Al tomar las difíciles decisiones que vienen por delante, necesito sopesar el grado de riesgo que se le está solicitando aceptar a Naciones Unidas, con la esencia del papel que se nos está pidiendo cumplir". La vuelta al multilateralismo no era tan sencilla.

El calendario y el programa presentado por el canciller iraquí ante el consejo pronto se desmoronaron. El líder chiíta, gran ayatolá Ali al-Husseini al-Sistani, cuestionó la selección tipo *caucus* de la Asamblea Nacional Transitoria que designaría el gobierno que asumiría el 30 de junio de 2004. El ayatolá quería elecciones directas para que la asamblea reflejara debidamente la presencia nacional chiíta. Sayid Abdul Aziz al-Hakim escribió al secretario general el 30 de diciembre, en su calidad de presidente temporal del consejo iraquí, para solicitar "una opinión de un equipo especializado de Naciones Unidas sobre la posibilidad de efectuar elecciones para la Asamblea Nacional Provisoria". La carta proseguía: "Solicitamos su amable cooperación y pronta acción para apoyar al pueblo iraquí y a nosotros con el objeto de lograr resultados rápidos que nos permitan cumplir nuestro compromiso con el calendario presentado…".

Con el fin de resolver el *impasse* y para esclarecer la función de ONU en el proceso de transición, puesto que el calendario redactado por el consejo iraquí y la APC no hacía ninguna referencia a la presencia de Naciones Unidas en dicho proceso, se fijó una reunión en Nueva York para el 19 de enero de 2004, entre la Secretaría de la ONU, el consejo de gobierno y la autoridad provisoria de la coalición. Pero, antes, el 8 de enero, Kofi Annan respondió por escrito al presidente del consejo iraquí y expuso su parecer: "Puede que no haya tiempo para organizar unas elecciones libres, justas y creíbles para un gobierno provisorio en el marco del acuerdo del 15 de noviembre entre el Consejo de Gobierno y la Autoridad Provisoria de la Coalición". No obstante, añadió que era consciente "de la importancia de asegurar que el plazo para la transferencia de la soberanía efectiva" fuese respetado.

La carta de Annan, que señalaba que las elecciones directas eran imposibles dado el plazo del 30 de junio, no convenció ni satisfizo al ayatolá al-Sistani. El imán Jalaladeen al-Sangheir, un personero cercano a al-Sistani, afirmó que el ayatolá sólo escucharía a una delegación de Naciones Unidas que estuviera dispuesta a evaluar la situación directamente en Irak. "¿Qué pasaría si una delegación de la ONU dice que no es posible realizar elecciones?", preguntó el imán Sagheir. "En ese caso, el ayatolá Sistani cambiará de opinión".

En ese momento, yo era presidente del Consejo de Seguridad y había recibido una carta de la Misión de Irak ante la ONU solicitando que el consejo recibiese el lunes 19 de enero al ministro de Planificación, Mahdi Hafedh, quien acompañaría a la delegación del consejo de gobierno que venía a Nueva York, encabezada por su presidente temporal, Adnan Pachachi. Tras una conversación con el embajador de Estados Unidos, quien no sabía nada acerca de la petición del ministro de ser escuchado por el consejo, acordamos que toda la delegación liderada por Pachachi debiera reunirse con el consejo en una reunión privada, sin prensa ni público y ni siquiera otras delegaciones ante Naciones Unidas. Como los estadounidenses estaban preocupados por posibles divisiones entre los miembros de la delegación del consejo, en caso de que más de uno de ellos hablara, señalé que invitaría a toda la delegación, pero sólo ofrecería la palabra al presidente Pachachi. También acordamos que ni Paul Bremer ni Jeremy Greenstock, el representante británico en Irak, deberían asistir a la sesión, para evitar una posible discusión centrada en la ocupación de Irak. El Consejo de Seguridad aceptó esos términos.

Entretanto, el ambiente de seguridad en Irak seguía deteriorándose. El 1 de febrero de 2004, más de 100 personas murieron y muchas más resultaron heridas en un doble atentado suicida en las oficinas de dos importantes partidos kurdos, donde perecieron varios de sus líderes. El 2 de marzo, casi un mes después, 271 musulmanes chiítas fueron asesinados cuando celebraban el día santo de Ashura —conmemoración de la muerte del imán Hussein en el año 680—; ése fue el día más sangriento de Irak desde el término oficial de la guerra. Los ataques en Bagdad y Kerbala fueron agresiones bien coordinadas que utilizaron suicidas cargados de bombas, ataques con morteros, bombas de tiempo y disparos con rifles automáticos.

A fines de 2003, un extenso informe de *Newsweek* describía una situación de caos, desorganización, derroche y fraude en los esfuerzos de reconstrucción y, citando al senador republicano John McCain, comparaba la situación en Irak con Vietnam[12]. Para empeorar las cosas, en diciembre de 2003 un estudio de la Escuela de Guerra del Ejército de Estados Unidos criticaba al gobierno de Bush por "una guerra preventiva e innecesaria, por opción, contra un Irak ya disuadido, que ha creado un nuevo frente para el terrorismo islámico en el Medio Oriente y ha desviado la atención y los recursos del objetivo de proteger la patria estadounidense contra nuevos atentados de un al-Qaida incansable. La guerra contra Irak —proseguía el estudio— no es parte integral de la guerra mundial contra el terror, sino más bien ha sido un desvío de ella"[13].

Las reuniones de la delegación del consejo iraquí y la APC con Kofi Annan y luego con el Consejo de Seguridad, el 19 de enero, emitieron el mismo diagnóstico: no habría tiempo suficiente entre enero y mayo para llevar a cabo elecciones creíbles para designar a la autoridad transitoria.

Cuando la sesión privada del consejo, la tarde del 19 de enero, estaba por comenzar, se suscitó una situación tensa. Recibí a la delegación iraquí y me dirigí al presidente Pachachi para advertirle que, como presidente del consejo, sólo le ofrecería a él la palabra, aunque sus colegas podían sentarse detrás, en los asientos designados en la mesa semicircular del consejo. Pachachi estaba acompañado de políticos como Ahmad Chalabi y Muhsin Abdul-Hamid. Accedió a mis términos, pero pidió que el letrero delante de él dijera "Irak" y no "Consejo de Gobierno Iraquí", como ocurrió la última vez que él había estado en Naciones Unidas. Acepté su petición, pues recordé que el canciller Zebari había informado recientemente al Consejo de Seguridad acerca del calendario en calidad de representante de Irak, con la placa correspondiente. Sin embargo, cuando iniciaba la sesión, me di cuenta de que el libreto de la Secretaría para el presidente señalaba que se invitaba a los iraquíes bajo la norma 39, lo que significaba que habría un letrero del consejo de gobierno frente al puesto designado, como efectivamente aconteció. La delegación iraquí se detuvo en seco cuando se dirigía a los asientos designados, al ver que no estaba la placa con la palabra "Irak". Luego de un breve diálogo con el funcionario encargado de la Secretaría, decreté que los iraquíes estaban allí bajo la norma 37, que se refiere a los Estados miembros de la ONU, y el *impasse* fue superado. Pachachi se sentó detrás del letrero con el nombre de su país. Después de todo, a su ministro de Relaciones Exteriores ya se le había permitido hacerlo y, además, el consejo de gobierno ya ocupaba el asiento de Irak en varios foros internaciones, incluyendo la Liga Árabe.

Pachachi agradeció al Consejo de Seguridad de Naciones Unidas su apoyo en el proceso político de Irak. Añadió que había una creciente comprensión internacional sobre su situación y que trabajaban arduamente en un texto constitucional para dirigir la transición. Reconoció que existían diferencias entre los miembros del consejo iraquí sobre cuál sería la mejor manera de elegir el gobierno que asegurara soberanía, el 30 de junio, de acuerdo al calendario. A continuación, Pachachi solicitó que la Secretaría enviara un equipo técnico para examinar la posibilidad de realizar elecciones directas antes del 30 de junio.

Surgieron preguntas sobre la posibilidad de que el calendario de transición del 15 de noviembre fuese enmendado y sobre la visión del consejo iraquí del papel de la ONU durante la transición. Pachachi respondió que su consejo aceptaría cualquier decisión de la ONU y la implementaría, aun cuando ello implicara modificar el calendario. Insistió en que los iraquíes deseaban un papel fundamental de Naciones Unidas en la preparación de las elecciones de la asamblea y en las etapas posteriores

El embajador de Estados Unidos le pidió al secretario general enviar un equipo técnico para evaluar la situación electoral en Irak lo antes posible, con la promesa de proporcionar la seguridad necesaria para tal misión. Le comenté a Pachachi que la experiencia chilena indicaba que, para llevar a cabo elecciones creíbles, se necesitaba cumplir con una serie de requisitos, incluyendo, entre otros, una ley electoral, registros electorales, un sistema independiente de apelaciones y observadores de mesa, todo lo cual demoraría a lo menos ocho o nueve meses en estar listo, siempre y cuando las circunstancias fuesen normales.

Cuando la sesión concluía, Pachachi agradeció al consejo y bromeó diciendo que, afortunadamente, las preguntas planteadas por los embajadores "no habían sido demasiado duras". Le prometimos un interrogatorio más fuerte para la próxima vez.

El gobierno de Bush solicitó a Lakhdar Brahimi, experimentado negociador de Naciones Unidas, quien acababa de concluir su misión como enviado de la ONU en Afganistán, para que dirigiera la misión electoral en Bagdad y negociara un trato con el ayatolá al-Sistani. Brahimi aceptó la nueva misión con cierta reticencia.

El 24 de enero, al-Sistani pidió a sus miles de seguidores suspender las manifestaciones callejeras demandando elecciones directas en espera de una decisión final de Naciones Unidas sobre si enviaba un equipo electoral o no. El ayatolá no aceptaba reunirse con ningún representante estadounidense, incluido el administrador Bremer. La ONU parecía ser la única solución. Un analista expresó que se percibía un cambio en la política norteamericana:

"El gobierno de Bush creyó que tenía controlada la trayectoria política de Irak. Desde esos primeros días, la administración ha visto a Irak desmoronarse y ahora vuelve a Naciones Unidas diciendo 'Ayúdenos, por favor'"[14]. El multilateralismo parecía ser la única opción práctica para la Casa Blanca.

---

[1] *Richard Perle. "Thank God for the Death of the U.N."*. The Guardian, *21 mar. 2003.*

[2] *David Gelernter. "Replacing the United Nations"*. The Weekly Standard, *17 mar. 2003.*

[3] *"Ulster Summit"*. The Independent, *on Sunday, 6 abr. 2003.*

[4] *"U.N. mustn't obstruct New Iraq"*. New York Daily News, *may. 10 2003.*

[5] *Ver "Views on Bush and the War"*. The Los Angeles Times, *5 abr. 2003: A4.*

[6] *"The U.N. and Iraq"*. New York Post, *4 sep. 2003: 28.*

[7] *"A Bigger U.N. Role in Iraq"*. The New York Times, *4 sep. 2003.*

[8] *"Wobbly in Iraq?"*. The Wall Street Journal, *4 sep. 2003: A18.*

[9] *"Back to the United Nations"*. The Washington Post, *4 sep. 2003: A20.*

[10] *Dana Milbank y Thomas Ricks. "Powell and Joint Chiefs Nudged Bush towards U.N."*. The Washington Post, *4 sep. 2003: A1 y A12.*

[11] *Steven Weisman y Felicity Barringer. "U.S. may drop attempt at vote on Iraq in U.N."*. The New York Times, *8 oct. 2003: A1 y A18.*

[12] *Ver* Newsweek, *30 nov. 2003: 24-38.*

[13] *Jeffrey Record. "Bounding the Global War on Terrorism". Strategic Studies Institute, U.S. Army War College. Dic. 2003: v.*

[14] *Charles Kupchen, citado en Farah Stockman. "Annan says U.N. to help with Iraq elections"*. The Boston Globe, *28 ene. 2004.*

5. ¿POR QUÉ IMPORTA EL MULTILATERALISMO?: LA CONSTRUCCIÓN DEL CONSENSO PARA LA TRANSFERENCIA DE LA SOBERANÍA EN IRAK Y LAS ELECCIONES DE ENERO DE 2005

A medida que crecía el baño de sangre en Irak, y que declinaba el respaldo a la coalición liderada por Estados Unidos, se alzaban y generalizaban las voces a favor del retorno a un enfoque multilateral. Paralelamente, muchos ahora recomendaban al gobierno estadounidense que recuperara el apoyo de Rusia, China y de los aliados de Europa occidental en el Consejo de Seguridad de la ONU.

La Détente con los aliados europeos distanciados

Jean-Marie Colombani, editor de *Le Monde*, quien había escrito el famoso editorial titulado "Somos todos estadounidenses", inmediatamente después del 11/9, reflejó el cambio de ánimo en el periodo posterior a la guerra de Irak, al señalar en marzo de 2004 que se habían producido profundas divisiones dentro de la comunidad atlántica pero que, dadas las dificultades de Estados Unidos en el campo de batalla, Washington ahora estaba "más indulgente con los aliados de los cuales se había alejado" —Francia y Alemania— y que los aliados, por su parte, mostraban su disposición a colaborar nuevamente puesto que "el estandarte de Naciones Unidas había reaparecido y, por ende, también la legalidad internacional"[1].

Un año después de la invasión a Irak, un editorial del *The New York Times* presentó una evaluación sombría de la situación en el frente de batalla y llamó a "sacar el mejor provecho de una situación muy perturbadora", entre otros aspectos, "obteniendo la cooperación de países como Francia y Rusia", los cuales —según el análisis— "exigirían al gobierno de Bush mucha mayor seriedad en otorgar responsabilidad real en Irak a Naciones Unidas y a la OTAN"[2].

Un editorial publicado en *The Economist* en junio de 2004 admitió que "la alianza atlántica probablemente nunca vuelva a ser tan sólida como lo fue cuando el Ejército Rojo estaba listo para avanzar sobre la brecha de Fulda, y la OTAN, estaba preparada para repelerlo...". Luego, en un tono realista la nota editorial continuaba: "Irak demostró que Francia y Alemania en último término no pueden impedir que Estados Unidos declare la guerra si desea hacerlo. No obstante, su oposición ha dificultado en gran medida las labores de posguerra en Irak. Y ahí es precisamente donde se debe comenzar a recomponer las relaciones. A pesar de todas las diferencias previas a la guerra, ambas partes comparten ahora gran interés en asegurarse de que Irak goce de paz y prosperidad en vez de que degenere en otro Estado fallido, cuna del terror"[3].

El 25 de mayo de 2004, Bush alivió las tensiones con Francia y sentó las bases para el acuerdo sobre la resolución para la soberanía iraquí al sostener una conversación telefónica con el presidente Chirac, con el objeto de conseguir un voto favorable a la resolución y dialogar sobre su futuro viaje a Francia para asistir a la conmemoración del Día D de la Segunda Guerra Mundial. A diferencia de otras ocasiones, la reacción del Palacio de los Elíseos fue optimista. Washington estaba siguiendo el camino correcto para lograr la resolución del Consejo de Seguridad. Antes del viaje de Bush, el vicesecretario de Estado,

Richard Armitage, se trasladó a Bruselas para moderar el ambiente europeo en anticipación de la visita presidencial, la cual sería seguida por una cumbre del G-8 en Estados Unidos, una cumbre Unión Europea-Estados Unidos en Irlanda y una cumbre de la OTAN en Estambul, todas a realizarse en el mes de junio y con la presencia de los líderes de ambos lados del océano Atlántico.

Las señales de cordialidad incluyeron una entrevista especial al presidente Bush en el semanario *Paris Match*, en que el presidente señaló que "nunca había estado molesto con los franceses", agregando que "Francia es un antiguo aliado". Ante la pregunta sobre la declaración formulada un año antes, en el sentido de que Chirac no sería invitado próximamente a su rancho en Texas, Bush respondió: "Si quiere venir y ver vacas, será bienvenido y que las vea". Bush tal vez no sabía que el presidente de Francia es, como ex ministro de Agricultura, experto en vacas. De hecho, Chirac posee una casa de campo y es conocida su afición a inspeccionar ganado en las ferias agrícolas. De ahí que, cuando le contaron los comentarios de Bush durante una entrevista de la NBC, el presidente de Francia respondió: "Es obvio que si el presidente me invita a su rancho, iré con todo agrado, en especial porque tengo entendido que cría vacas"[4]. Mucho después, el 21 de febrero de 2005, cuando Chirac y Bush cenaron en una atmósfera cordial durante una publicitada visita del presidente de Estados Unidos a Europa para recomponer las relaciones transatlánticas, un periodista le consultó al presidente Bush si ahora invitaría al presidente de Francia a su rancho en Texas. Bush evadió la pregunta bromeando con que estaba "buscando un buen vaquero", respuesta que Chirac pareció no entender.

El 2004, el presidente Chirac había dado sus primeras señales de reconciliación, en una conferencia de prensa en el Palacio de los Elíseos junto al primer ministro de Irlanda, Bertie Ahern, al declarar que nunca había estado molesto con Bush, a pesar de sus "diferencias de opinión" respecto de Irak. Bush había formulado casi la misma declaración durante la entrevista de *Paris Match:* "Jacques me dejó muy en claro que no creía que fuera necesario el uso del poderío militar. Y lo discutimos como amigos". Anteriormente, el canciller alemán Schroeder había manifestado en una entrevista que "una Europa unida debería ser socia de Estados Unidos, un socio en igualdad de condiciones. Y cuando digo socio, quiero decir socio, no un contrapeso".

La tarde del sábado 5 de junio de 2004, el presidente Bush fue el invitado de honor en una cena ofrecida por el presidente Chirac, precedida por una entrevista bilateral, en lo que muchos consideraron "un encuentro de reconciliación". Al día siguiente, Bush, Chirac y otros jefes de gobierno se reunirían en Normandía para conmemorar el Día D, ocurrido el 6 de junio de 1944. Ambos presidentes habían llegado a la conclusión de que debían trabajar juntos con respecto a Irak. Para ese entonces, París había descartado una "enérgica oposición" a la resolución de transferencia de soberanía que se había sometido a consideración del Consejo de Seguridad.

Washington no sólo cambió radicalmente su postura en relación a Francia y otros aliados europeos y Naciones Unidas, sino también respecto de la OTAN. La OTAN había sido dejada de lado como una institución irrelevante en el clima unilateralista posterior a la invasión. Su participación se limitaba a proporcionar apoyo logístico a las tropas polacas.

En la cumbre del G-8, realizada en Sea Island, Georgia, en junio del 2004, el presidente Chirac rechazó la sugerencia de que la OTAN tuviera una mayor presencia en Irak, idea avanzada en un desayuno privado entre el presidente Bush y el primer ministro Blair: "No creo que sea labor de la OTAN intervenir en Irak", señaló Chirac a los reporteros en una videoconferencia desde Sea Island. La sugerencia de Bush de una participación de la OTAN en Irak resultaba especialmente sorprendente no sólo por el escaso interés previo de EE UU en la organización, sino porque, una semana antes, en los corredores del Consejo de Seguridad de la ONU se había escuchado que si Bush planteaba la idea, recibiría un rotundo "no" de parte de Francia y Alemania. Con todo, Chirac dejó una pequeña puerta abierta en relación a la presencia en Irak de la OTAN cuando indicó que respaldaría su participación si el gobierno soberano iraquí expresamente lo solicitaba. Eso fue exactamente lo que ocurrió pocos días después, cuando el primer ministro Iyad Allawi envió una carta al secretario general de la OTAN en la que solicitaba "asistencia y capacitación técnica" para las fuerzas armadas y de seguridad de Irak.

El presidente Bush dio marcha atrás en su posición original y, en una conferencia de prensa al término de la cumbre del G-8, realizada el jueves 10 de junio, manifestó: "No espero que se ofrezcan más tropas de la OTAN", añadiendo que "lo que sugerimos es que la OTAN tal vez ayude en labores de capacitación, pero a solicitud del gobierno de Irak".

En Irlanda, durante la cumbre de Estados Unidos y la Unión Europea, efectuada el sábado 26 de junio de 2004, Bush estaba más optimista y declaró el fin de "las enconadas diferencias" entre Estados Unidos y Europa respecto a la guerra en Irak y que la OTAN tendría que desempeñar alguna función asistiendo a los iraquíes en su propia seguridad. Ese mismo sábado, el secretario general de la OTAN, Jaap de Hoop Schoffer, confirmó que la organización había acogido la solicitud de asistencia del primer ministro Allawi para adiestrar a las Fuerzas Armadas iraquíes. Pocos días después, en la cumbre de la OTAN, efectuada el 28 de junio en Estambul, se aprobó oficialmente la cooperación con Irak.

En la misma reunión de Estambul, Bush cambió radicalmente su postura respecto de los turcos y decidió que era hora de solucionar las diferencias con el país anfitrión. Las tensiones con Turquía surgieron después de que el año 2003 el Parlamento local se negara a permitir que las tropas estadounidenses pasaran por su territorio para invadir Irak. La decisión del Congreso fue un bochorno para el gobierno y para las Fuerzas Armadas turcas, que habían manifestado su disposición a colaborar con Washington. Las relaciones bilaterales alcanzaron su punto más álgido cuando el vicesecretario de Defensa Wolfowitz criticó a las fuerzas militares turcas por no cumplir su compromiso de apoyo, e incluso instó a Turquía a pedir disculpas por la decisión parlamentaria. Esta vez Bush decidió compensar abogando públicamente por el inicio de conversaciones para la adhesión de Turquía a la Unión Europea. El presidente Chirac respondió que el presidente norteamericano no tenía por qué interferir en un asunto europeo.

Persistían aún importantes diferencias entre Estados Unidos y los aliados de Europa occidental, pero las heridas provocadas por la guerra de Irak estaban lentamente cicatrizando. La Casa Blanca se había dado cuenta de que necesitaba a las organizaciones multilaterales y a los aliados que había rechazado al momento de invadir Irak. La ayuda de los aliados europeos no sólo era necesaria en el conflicto iraquí. En varios otros temas claves de seguridad para Estados Unidos y de la política internacional resultaría indispensable la activa participación de los países que se opusieron a la guerra en Irak.

La importancia de los aliados distanciados: Corea del Norte e Irán.

Corea del Norte ha representado una amenaza nuclear para Estados Unidos y la comunidad internacional por muchos años. En 1993, las autoridades del Pyongyang fueron persuadidas de suspender su programa nuclear mediante negociaciones que condujeron al Acuerdo Marco de 1994. En esa época, Corea del Norte congeló todas sus actividades nucleares y se almacenaron alrededor de 8.000 varillas de combustible nuclear gastado. No obstante, en diciembre de 2002, Pyongyang reinició su reactor nuclear en Yongbyon y expulsó del país a dos inspectores de Naciones Unidas.

Las relaciones entre Estados Unidos y Corea del Norte se distanciaron aun más desde el momento en que el presidente Bush definió a Corea del Norte como parte del "eje del mal" en enero de 2002. Las tensiones escalaron en octubre de ese año, cuando Washington acusó a Corea del Norte de desarrollar un programa secreto de armas nucleares utilizando uranio y Corea del Norte respondió que tenía "derecho" a desarrollar armas nucleares —pese a que posteriormente ofreció detener su programa nuclear a cambio de asistencia y la firma de un pacto de "no agresión" con Estados Unidos.

El 10 de enero de 2003, Corea del Norte anunció que se retiraba del Tratado de No Proliferación Nuclear. Sólo días antes, la Agencia Internacional de Energía Atómica de la ONU (OIEA) había adoptado una resolución en que exigía a Pyongyang que readmitiera a los inspectores de Naciones Unidas, abandonara su programa secreto de armas nucleares "en un periodo de semanas" o bien enfrentara las medidas que el Consejo de Seguridad de la ONU pudiere adoptar, las cuales más tarde en efecto dispuso. Corea del Sur solicitó a China ejercer su influencia en Corea del Norte, en tanto Rusia ofreció presionar a Pyongyang.

Las tensiones aumentaron considerablemente en febrero de 2003, cuando Estados Unidos anunció una concentración de tropas en Corea del Sur. Pyongyang advirtió que esa medida podría llevarla a un ataque preventivo contra las fuerzas estadounidenses, advertencia que fue seguida por el lanzamiento de misiles que hizo Corea del Norte en el mar entre Corea del Sur y Japón.

En ese peligroso escenario, la diplomacia multilateral calmó los ánimos. El 9 de abril de 2003 —cuando Estados Unidos invadía Irak—, el Consejo de Seguridad de Naciones Unidas expresó su inquietud por el programa nuclear de Corea del Norte. Pocos días después, se iniciaron conversaciones en Beijing entre Estados Unidos y Corea del Norte, auspiciadas por China, firme opositor a la guerra de Irak. Las conversaciones resultaron poco fructíferas, pues Pyongyang declaró que ya tenía armas nucleares. No obstante, luego de mucha presión de parte de China y Rusia, Corea del Norte aceptó en agosto de 2003 el diálogo conjunto con Estados Unidos, Japón, Corea del Sur, China y Rusia.

La primera ronda de conversaciones no produjo resultados; un segundo periodo de sesiones se realizó en Beijing en febrero de 2004, y un tercero se llevó a cabo a fines de junio del mismo año, ocasión en que Estados Unidos de nuevo propuso otorgar a Corea del Norte asistencia si congelaba y desmantelaba su programa nuclear. Hacia el mes de septiembre, las conversaciones fueron suspendidas por Pyongyang. El 18 de noviembre del 2004, la estrategia de Estados Unidos, explicada por el secretario de Estado Powell durante la cumbre del Foro de Cooperación Económica de Asia Pacífico (APEC) en Chile, era comenzar un nuevo intento por lograr que Rusia, China y los demás socios presionaran a Corea del Norte para que reanudaran las conversaciones tendientes a poner término a su programa de armas nucleares. En julio de 2005 Corea del Norte decidió volver a la mesa multilateral de negociaciones. Algunos aliados distanciados en el contexto de la guerra de Irak se habían transformado en socios indispensables para los intentos multilaterales de controlar la amenaza nuclear de Corea del Norte.

Francia y Alemania, por su parte, desempeñaron un papel fundamental frente a proliferación nuclear en Irán. En otras palabras, la diplomacia multilateral ejercida por los aliados rechazados en el periodo previo a la guerra de Irak contribuía considerablemente a los intereses de seguridad de Estados Unidos. Según el *The Washington Post*, "el éxito en la prevención del desarrollo de una bomba nuclear iraní depende de la formación de una estrategia occidental cohesionada, basada en el restablecimiento de las relaciones de Estados Unidos con Alemania y Francia"[5].

En el pasado, Irán había echado pie atrás ante la enérgica voluntad multilateral y la amenaza de sanciones, tal como ocurrió en 2003, cuando —luego de que el OIEA revelara que Irán tenía un programa de enriquecimiento de uranio— Europa y Japón enviaron firmes señales sobre eventuales medidas punitivas. Dichas señales dieron como resultado que Irán acordara suspender temporalmente su programa nuclear.

El 18 de diciembre de 2003, Irán firmó el protocolo adicional del Tratado de No Proliferación, que autoriza inspecciones sorpresivas de sus instalaciones nucleares. Sin embargo, en agosto de 2004, el presidente de Irán, Mohammad Khatami, declaró que la OIEA debería aceptar el derecho de su país a enriquecer uranio para fines pacíficos. Hacia septiembre, Teherán había reiniciado la conversión a gran escala de uranio en bruto hacia uranio enriquecido. Alemania, Francia y Gran Bretaña instaron a Irán a suspender dicha actividad para evitar que su caso fuese llevado ante el Consejo de Seguridad de Naciones Unidas. Ofrecieron incentivos como la entrega de combustible nuclear para fines pacíficos y un posible apoyo al intento de Irán de incorporarse a la Organización Mundial de Comercio.

Como era de esperar, el 14 de noviembre de 2004 las autoridades de Teherán enviaron una carta a la OIEA en que aceptaban "suspender lo que los europeos desean que suspendamos", según las palabras de Hassan Rowhani, jefe del Consejo de Seguridad Nacional de Irán. El acuerdo, seguido de arduas conversaciones adicionales para suspender completamente su programa de enriquecimiento de uranio, fue visto como una importante victoria de los tres países europeos que habían llevado las negociaciones: Francia, Alemania y Gran Bretaña, tres países profundamente divididos entre sí respecto de la guerra de Irak.

Fuentes del gobierno estadounidense sugirieron que la diplomacia europea en relación a Irán había progresado debido a la amenaza de imposición de sanciones por parte del Consejo de Seguridad de la ONU que formulara Estados Unidos. No obstante, considerando los arraigados vínculos comerciales de algunos miembros permanentes del consejo con Irán, resulta difícil pensar que las sanciones, por lo menos en materia de petróleo, hubieran prosperado sin obstáculos. La opción militar de "cambio de régimen" parecía poco realista no sólo porque las tropas estadounidenses escaseaban por la guerra de Irak, sino también debido a que un posible intento de ocupar Irán podría ser incluso más peligroso y costoso que la invasión de Irak. Ni siquiera parecía fácil atacar por aire las instalaciones nucleares iraníes —sea por parte de Estados Unidos o Israel—, dada la falta de información sólida de inteligencia sobre la red nuclear de Irán y porque algunas instalaciones nucleares se encuentran bajo tierra.

En Santiago, en la cumbre de la APEC realizada en noviembre de 2004, el presidente Bush identificó como las principales prioridades para su segundo periodo presidencial la proliferación nuclear en Corea del Norte e Irán. Según el *Financial Times*, "en ambos casos, la cooperación internacional es la consigna. La Casa Blanca insiste que el señor Bush está escogiendo la vía diplomática; otros dicen que la presencia de Estados Unidos en Irak no le deja otra alternativa (...) La principal preocupación en Chile ha sido revivir el marco multilateral para tratar con Pyongyang"[6].

Más allá de Irán y Corea del Norte, el camino multilateral se había convertido en una necesidad en Irak, pues la guerra se había tornado crecientemente incontrolable.

Una sensación de pérdida de dirección y de derrota moral

El escándalo de Abu Ghraib explotó a inicios de mayo de 2004. Las terribles y degradantes fotografías de soldados estadounidenses torturando y ridiculizando a prisioneros en la misma cárcel en que Saddam Hussein había torturado a sus víctimas, se convirtieron en el símbolo de una guerra errada y recalcaron la urgente necesidad de iniciar una estrategia de salida sustentada en Naciones Unidas. Se originó un debate de si el secretario de Defensa Rumsfeld debía ser sustituido, pues Bush lo acusaba de haberle "ocultado" los abusos cometidos en la prisión. Sin embargo, el presidente en definitiva le reiteró su confianza.

A medida que aparecían más y más fotografías en los medios de comunicación, cundió la indignación. Había una sensación de caos o, al menos, de pérdida de dirección, realzado por la horrible decapitación de un rehén norteamericano originario de Pennsylvania. El nuevo ministro de Relaciones Exteriores de Francia, Michel Barnier, declaró en una entrevista en *Le Monde:* "Lo que asombra es la espiral de horror, sangre, inhumanidad, que vemos en todos los frentes, desde Falluja a Gaza, y en las terribles imágenes del asesinato de ese pobre rehén estadounidense. Da la impresión de una pérdida de dirección total"[7].

Abu Ghraib fue un duro golpe al argumento de que la guerra era en favor de la liberación y por los derechos humanos negados bajo Saddam Hussein. Muchos recordaron el discurso del presidente Bush ante la Asamblea

General de Naciones Unidas en septiembre de 2003, cuando, refiriéndose a Hussein, señaló: "Los verdaderos monumentos de su régimen y su carácter —las cámaras de tortura, las salas de violación y las celdas para niños inocentes— están ahora cerrados".

Peor aún, el comité internacional de la Cruz Roja había entregado a las Fuerzas Armadas norteamericanas un informe preliminar sobre Abu Ghraib ya a principios de noviembre de 2003. El informe había puesto al descubierto los abusos cometidos con los prisioneros no sólo en esa cárcel, sino también en otras prisiones iraquíes administradas por Estados Unidos.

En este contexto, el ex asesor de Seguridad Nacional, Anthony Lake, declaró que el escándalo de Abu Ghraib "socavaba aún más la poca credibilidad o legitimidad que la presencia de Estados Unidos en Irak alguna vez pudo tener (...) En el Irak, de hoy, Estados Unidos ya no ofrece una solución. Se ha vuelto parte del problema"[8]. Samuel P. Huntington, el pensador conservador y ex funcionario gubernamental de Estados Unidos, hizo pública su propia crítica: "Bush nos llevó a una guerra contra el pueblo de Irak, una guerra que Estados Unidos nunca ganará. La única solución es empezar a reducir inmediatamente nuestra presencia militar y transferir el poder a los iraquíes". Huntington añadió: "Washington no tiene la superioridad moral en el conflicto iraquí y las revelaciones de tortura en Abu Gharib pusieron en una posición aún más difícil a los gobiernos amigos de Estados Unidos, tales como Jordania, Egipto y Arabia Saudita"[9]. Exhibiendo su propia frustración, el senador republicano Richard Lugar, presidente del comité de Relaciones Exteriores del Senado, declaró que el gobierno de Bush no había ofrecido "planes sólidos para el futuro de Irak" y comentó que prevenir el terrorismo a nivel mundial exigía "reparar y construir alianzas".

La crítica sobre la falta de planes para lograr la paz y la ausencia de diplomacia multilateral parecía aumentar entre los principales comentaristas y expertos en política exterior. Todos los que tenían algún peso político señalaban que la única solución sensata era recurrir a Naciones Unidas para que condujese el proceso de transición y nombrase a un gobierno provisional en Irak.

Incluso el vicesecretario de Defensa, Paul Wolfowitz, uno de los principales defensores de la intervención en Irak, reconoció los errores cometidos ante el comité de Relaciones Exteriores del Senado: "Teníamos un plan que anticipaba, creo, que podíamos imponer un régimen de ocupación por mucho más tiempo que el que los iraquíes pudieron tolerar. Teníamos un plan que asumía que conseguiríamos, básicamente, condiciones de seguridad más estables que las que encontramos". Al otro lado del océano, el secretario de Relaciones Exteriores de Gran Bretaña, Jack Straw, también reconocía en una entrevista con la BBC que la situación en Irak era mucho peor que la que se previó: "Evidentemente, las dificultades que enfrentamos fueron mucho mayores que las que razonablemente uno hubiera supuesto hace nueve meses". Asimismo, el ministro de Asuntos Europeos de Italia, Rocco Buttiglione, comentó a mediados del 2004 que Italia debía "insistir enérgicamente ante nuestros amigos estadounidenses" en la necesidad de transferir a la brevedad la autoridad a Naciones Unidas, dada la compleja situación en el terreno.

El desánimo y desconcierto se reflejó en un duro editorial del *New York Times* titulado "America Adrift in Iraq" (Estados Unidos a la deriva en Irak): "En ocasiones el único tema unificador de las políticas de Washington parece ser la desesperación (...) En la arena diplomática, los asesores de la Casa Blanca ahora suplican a Naciones Unidas, que alguna vez despreciaron, que rescate la transición, esperando que su emisario especial, Lakhdar Brahimi, pueda de alguna forma elaborar un plan para un gobierno interino después del 30 de junio (...) Si ahora el presidente Bush está dispuesto a entregar verdaderas atribuciones a Naciones Unidas para, por ejemplo, celebrar acuerdos de transición, puede crear un sentido de legitimidad que Washington ya en modo alguno posee"[10].

Un proceso paralelo comenzó a desenvolverse en ese entonces. Por un lado, Brahimi retornó a Irak la mañana del 6 de mayo para continuar con las consultas destinadas a seleccionar a los miembros del gobierno de transición que asumiría el poder el 30 de junio. Por otro lado, se iniciaron las negociaciones informales en Nueva York entre los miembros del Consejo de Seguridad, con el objeto de redactar un proyecto de resolución sobre los múltiples aspectos de la nueva fase en Irak.

Brahimi permaneció en Nueva York por varios días hacia fines de abril y principios de mayo, escuchando las opiniones y deseos de los principales actores de Washington, la Secretaría de Naciones Unidas y el Consejo de Seguridad. Al retornar a Bagdad, retomó su intensa agenda de conversaciones con miras a elaborar la nómina de personas que constituiría la autoridad transitoria de Irak.

Diversos nombres se rumoreaban para ocupar los cargos de presidente y primer ministro. La idea de nombrar un gobierno de transición integrado por tecnócratas parecía enfrentar dificultades, pues los líderes iraquíes —temiendo que se les dejara de lado— presionaban por una autoridad con peso político. En todo caso, Brahimi nunca descartó la posibilidad de incluir a algunos políticos en el gobierno provisional. Así nos lo señaló en conversaciones privadas que sostuvimos. Su principal argumento era que quienes integraran el gobierno del 30 de junio deberían ser personas competentes y honorables que administraran la transición e, idealmente, no tuvieran una ambición electoral para la siguiente etapa.

La cambiante situación en Irak podía percibirse en los planteamientos de Ahmad Chalabi. Inicialmente, uno de los candidatos preferidos del Pentágono a presidente de Irak, Chalabi se había convertido en uno de los más duros críticos de la ocupación norteamericana y de la misión mediadora de Brahimi. Además, puesto que Bremer había aceptado la recomendación del representante de Kofi Annan de relajar la prohibición de desempeñar funciones en el nuevo gobierno que pesaba sobre los ex miembros del Partido Baath, Chalabi había comparado esta decisión con "permitir el ingreso de los nazis al nuevo gobierno inmediatamente después de terminada la II Guerra Mundial".

The New York Times reveló el 2 de junio de 2004 que Chalabi había informado a un funcionario iraní que Estados Unidos había descifrado el código secreto de comunicaciones del servicio de inteligencia de Irán, "traicionando una de las fuentes de información más valiosas de Washington respecto de Irán". El mismo periódico divulgó que, argumentando razones de seguridad, el gobierno de Bush había solicitado no publicar los detalles del caso, pero que la administración había retirado tal petición luego que fueran publicados diversos reportajes sobre el desciframiento del código.

A pesar de estas graves acusaciones, los aliados de Chalabi en Washington culpaban a la CIA de montar una campaña de desprestigio en su contra y algunos de ellos —incluidos Newt Gingrich y Richard Perle— se entrevistaron con Condoleezza Rice en la Casa Blanca para defenderlo. Condi Rice manifestó su aprecio por las opiniones formuladas, pero no asumió ningún compromiso ni realizó ninguna concesión respecto de los comentarios en defensa del ex favorito del Pentágono.

El domingo 23 de mayo de 2003 nos enteramos de que la noche del lunes el presidente Bush pronunciaría un discurso a la nación sobre el cronograma en Irak y acerca de la resolución para la transferencia de soberanía que estábamos discutiendo informalmente en Naciones Unidas. El periódico *The Christian Science Monitor* interpretó que ese día el presidente Bush comenzaría "una serie de discursos para tranquilizar al pueblo estadounidense en el sentido de que su gobierno tenía un plan para transferir el poder en Irak el 30 de junio", todo ello "en el contexto de una dañada presencia estadounidense, una creciente controversia sobre el abuso a los prisioneros iraquíes y el surgimiento de nuevas disputas internas"[11]. Un funcionario de Washington había reconocido que la presentación de la resolución y el discurso de Bush eran parte de un plan para disipar "la idea de que no sabemos lo que estamos haciendo" en Irak[12].

El presidente tenía que actuar rápidamente, pues aumentaba la crítica interna y persistía la inseguridad respecto del futuro de Irak. Sólo una semana antes, en una audiencia ante el Congreso, el jefe del Estado Mayor, general Richard Myers, había señalado en tono alarmante: "No hay forma de que suframos una derrota militar en Irak. Tampoco hay manera de que podamos vencer militarmente".

Naciones Unidas, antes dejada de lado por Washington, ahora mediaba la transición política que trazaría el futuro de Irak y repercutiría en el debate interno en Estados Unidos. Tal como lo reconoció *The Wall Street Journal*: "Ahora parece evidente que Bush tendrá que solucionar el lío político de Irak con Naciones Unidas, la organización cuya influencia una vez trató de restringir en Irak (el futuro político de Irak será) diseñado por un representante especial de Naciones Unidas, Lakhdar Brahimi, quien ha sido enviado para configurar un gobierno de transición que asuma el 30 de junio"[13].

La negociación de la transferencia de la soberanía en Irak

En el almuerzo mensual del consejo con el secretario general, realizado el miércoles 19 de mayo, buena parte de la conversación giró en torno a Irak. Kofi Annan planteó sus exigencias relativas a la resolución: debía promover un proceso de transición creíble, partiendo por la restauración de la soberanía; definir claramente las atribuciones del gobierno provisional (sugirió que tal vez el mismo gobierno podía autoimponerse limitaciones en sus atribuciones en vista de su carácter transitorio); delinear con exactitud la labor de Naciones Unidas, dentro de los límites que permitiesen las circunstancias; garantizar la seguridad del personal de la ONU, y detallar las relaciones entre el gobierno interino, Naciones Unidas y las ex autoridades de la coalición.

Los embajadores que intervinieron en el almuerzo concordaron con las palabras del secretario general. Pregunté al embajador Negroponte, quien estaba sentado a mi lado, cuál era su opinión, particularmente debido a que pronto sería embajador de Estados Unidos en Irak. "Mira —dijo—, deseamos ayudar al gobierno provisional a que se haga cargo del proceso político tan pronto como sea posible. Ésta es mi misión oficial y mi determinación. Francamente —añadió—, no queremos que este nuevo gobierno se caiga sobre su propio trasero". Luego lamentó que en Irak no hubiera un equivalente del presidente Karzai de Afganistán.

El proyecto de resolución fue presentado el día lunes 23 de mayo, en una reunión a puerta cerrada del consejo. El documento no cumplió con las expectativas. Las conversaciones informales en Nueva York habían sido mejores que el contenido del texto presentado. Las decisiones, evidentemente, venían de Washington.

Algunos objetamos el hecho de que un párrafo sobre la nueva fuerza multinacional estuviera directamente vinculado con la autorización de la fuerza internacional aprobada anteriormente, en el contexto diferente de la ocupación. Asimismo, algunos delegados, incluidos Francia, Chile, Alemania y Brasil, opinaban que el mandato concebido para la fuerza multinacional era demasiado extenso y que el nuevo gobierno debía decidir su duración. Otros consideraban que el texto omitía elementos como la referencia al control de las fuerzas armadas y policía de Irak por parte del gobierno soberano.

La noche del lunes en que se presentó el proyecto de resolución, el presidente Bush se dirigió a la nación desde el U.S. Army War College. A diferencia de otras veces, el discurso fue transmitido en vivo solamente a través de la televisión por cable. El presidente no añadió mucho al cronograma que ya había respaldado públicamente. Explicó la agenda de transición para Irak previamente negociada por Naciones Unidas y prometió destruir la infame cárcel de Abu Ghraib y construir un nuevo complejo penitenciario.

Nuevamente, el presidente Bush otorgó su "pleno apoyo a la labor de Brahimi" e informó de que el enviado especial de Naciones Unidas tenía por misión "informar esta semana los nombres de quienes integrarán el gobierno provisional"; se refirió a la labor electoral de la ONU, encabezada por Carina Perelli, y anunció que Estados Unidos y el Reino Unido recién habían "presentado una nueva resolución ante el Consejo de Seguridad para ayudar a Irak en su transición a un gobierno autónomo". Bush añadió que había ordenado al secretario Powell que "trabajara con los miembros del consejo para respaldar el cronograma que Irak había adoptado, expresar el apoyo internacional al gobierno provisional de Irak, reiterar el compromiso mundial con la seguridad del pueblo iraquí e impulsar a otros miembros de Naciones Unidas a unirse a este esfuerzo".

El cambio de política de Estados Unidos respecto de las negociaciones multilaterales fue objeto de un editorial del *The New York Times* en el que se indicaba que el presidente había optado por "elaborar una nueva resolución de Naciones Unidas en consulta con los aliados de Estados Unidos, no impuesta en contra de su parecer, y un cronograma para la transición de Irak hacia un gobierno autónomo elegido". No obstante, añadía que Bush había actuado "después de casi 14 meses de políticas erradas —ninguna de ellas reconocida por el presidente— que han aumentado la violencia en Irak y minado la credibilidad de Washington ante el pueblo iraquí y la comunidad internacional"[14]. En otras palabras, Estados Unidos había incurrido en costos por su postura unilateralista y ahora giraba hacia el multilateralismo.

El clima pesimista respecto de Irak no mejoró ostensiblemente con el discurso presidencial. El tono sombrío continuó en múltiples editoriales, análisis noticiosos y conversaciones diplomáticas. Algunos señalaban las razones tras el cambio hacia la diplomacia multilateral. Un artículo en el *Financial Times* sobre el discurso de Bush señalaba: "Luego de rechazar la intervención de Naciones Unidas por más de un año, el gobierno de Bush ahora desea que ésta asuma la responsabilidad por el proceso de transición". Recordando las críticas de Dick Cheney a la ONU, el artículo se preguntaba si "Naciones Unidas se había transformado en la estrategia de salida de Estados Unidos". Concluía con una advertencia: "Convocar a Naciones Unidas ante un fracaso es una táctica que se ha vuelto demasiado común. La ONU, que en los últimos años ha debido asumir cargas imposibles, debe ser muy cuidadosa en la forma en que afronta este reciente desafío". La advertencia era compartida por muchos en Naciones Unidas.

Luego del discurso de la noche del lunes, Bush llamó al presidente Chirac para acordar una negociación constructiva de la resolución enviada al Consejo de Seguridad. El presidente estadounidense informó que había sostenido "una gran conversación con Chirac" y añadió que el líder francés deseaba "asegurarse de que la transferencia de soberanía al gobierno provisional fuese una transferencia real y eso es también lo que nosotros queremos". Pero, dando su propia versión, un alto diplomático francés aclaró: "Queremos un cambio verdadero (de soberanía) (...) Estamos en una postura constructiva, pero no extenderemos un cheque en blanco". El canciller alemán Schroeder fue un tanto más cauteloso y señaló que la resolución debía garantizar que el nuevo gobierno iraquí "pueda adoptar decisiones en materia de seguridad; si no no será plenamente soberano".

Una interpretación realizada por Tony Blair respecto de la resolución pareció contradecir a Estados Unidos. Según Blair, el gobierno soberano iraquí contaría con un efectivo poder de veto sobre la participación de sus propias fuerzas armadas en algunas operaciones e, incluso, en las acciones militares de Estados Unidos o de la fuerza multinacional en lugares como Falluja. "Si hubiera una decisión política —dijo Blair en una conferencia de prensa— de si entrar o no a lugares como Falluja, ello debe adoptarse con el consentimiento del gobierno de Irak. Eso es lo que implica la transferencia de soberanía".

El planteamiento de Washington era que en tales circunstancias habría consultas. "Obviamente —declaró Colin Powell— tomaremos en cuenta lo que tengan que decir (los iraquíes) a nivel político o militar. Y, para asegurarnos de que ello suceda, crearemos órganos de coordinación política y órganos de coordinación entre fuerzas armadas, de modo que haya transparencia". Powell añadió que las fuerzas de Estados Unidos permanecerían bajo el mando estadounidense y harían lo que fuera necesario para protegerse.

Precisamente éste fue uno de los principales puntos analizados en un desayuno celebrado entre los 10 miembros elegidos del Consejo de Seguridad, organizado en la Misión de Chile el día miércoles 26 de mayo. Si fuese verdaderamente soberano, el nuevo gobierno iraquí tendría que dar su consentimiento a cualquier operación militar de importancia de la fuerza multinacional (FMN) y, para ello, un párrafo dispositivo del proyecto de resolución que se refería a una "estrecha coordinación" entre la FMN y el gobierno interino parecía insuficiente. Otro tema acordado en las oficinas de Chile fue que la permanencia de la FMN debía ser limitada. Algunos embajadores consideraban que debería ser el nuevo gobierno el que decidiera cuánto tiempo debía permanecer en Irak el personal de la fuerza multinacional.

En una entrevista con el diario *El País*, Condoleezza Rice rechazó la idea de que Estados Unidos tuviera la intención de permanecer indefinidamente en Irak. "Los iraquíes por sí solos —dijo— aún no son capaces de garantizar la seguridad y alguien tiene que ayudarlos. Las fuerzas multinacionales garantizan la seguridad en diversas partes del mundo donde los gobiernos soberanos no son capaces de hacerlo". Luego añadió que "Estados Unidos permanecerá sólo con el consentimiento del gobierno"[15].

Mientras proseguían las negociaciones sobre la resolución, Brahimi en Irak intentaba construir el esqueleto político del nuevo gobierno, tomando en cuenta los delicados equilibrios que se requerían.

A las tres de la tarde del martes 25 de mayo, los miembros del Consejo de Seguridad nos reunimos con el secretario general en el piso 38 del edificio de la ONU para recibir informaciones sobre la labor de Brahimi. Kofi Annan advirtió que no deberíamos esperar resultados hasta que Brahimi volviera a Nueva York. Brahimi estaba en medio de un complejo ejercicio de equilibrio. Los líderes chiítas demandaban la mayoría de los cargos de gobierno; los kurdos deseaban proteger su autonomía como segunda minoría del país; los sunitas demandaban seguridades acerca de su presencia en el gobierno; los turcomanos demandaban los espacios correspondientes como tercera minoría; los cristianos querían representación adecuada. Además, el enviado de Naciones Unidas debía equilibrar los porcentajes entre los miembros procedentes del extranjero —los exiliados— y los "internos".

Kofi Annan analizó el progreso en materia electoral realizado por Carina Perelli, en especial el acuerdo sobre una comisión electoral independiente compuesta por siete iraquíes —más de cien candidatos postularon a siete cargos— y un representante extranjero, elegido por Naciones Unidas. Luego de algunas observaciones y preguntas de representantes del consejo, el secretario general reiteró el 31 de mayo como la fecha de formación del gobierno y recomendó que el consejo diera al "gobierno en espera" tiempo suficiente para participar en el debate sobre la resolución, de modo que pudiese aportar ideas. Concluyó con una alarmante advertencia: "No hay un plan B; Lakhdar es nuestra última esperanza".

La difícil misión de Brahimi se tornó aún más compleja cuando en la prensa occidental surgió el nombre de Hussain Shahristani —científico nuclear chiíta cercano al ayatolá al-Sistani que había pasado años en la prisión de Abu Ghraib luego de negarse a participar en el programa de armas nucleares de Hussein— como la persona elegida para ocupar el cargo de primer ministro del nuevo gobierno. Brahimi recién había aparecido en al-Iraqia, estación de televisión controlada por Estados Unidos, la noche del lunes para garantizar a los telespectadores que él estaba consultando a todos los sectores, y que los elegidos constituirían un gobierno auténticamente soberano, aun cuando sus atribuciones y duración fueren limitadas. La entrevista formaba parte de una serie de apariciones que el enviado de Naciones Unidas hacía para mostrar transparencia y realzar el liderazgo e independencia de la ONU en ese proceso. Había hecho hincapié en que aún no había llegado a ninguna conclusión final ni adoptado decisión alguna.

Al día siguiente, la Secretaría de Naciones Unidas en Nueva York declaró que "aún no se han decidido nombres y estas especulaciones no ayudan al proceso. No se ha presentado ninguna lista de candidatos". No obstante, un alto funcionario del Departamento de Estado había señalado que "Shahristani es el candidato que va adelante". Pero diversos actores iraquíes mostraron poco entusiasmo ante su nombramiento y los políticos chiítas del consejo de gobierno llegaron incluso a manifestarle a Brahimi que vetarían a Shahristani. En consecuencia, este último retiró su nombre.

Brahimi, siempre un hombre calmado bajo cualquier circunstancia, se irritó ante la filtración del nombre de Shahristani como principal candidato para el cargo de primer ministro. Shahristani no había pasado "la prueba del mercado político".

El surgimiento del gobierno soberano provisional

Durante su tercera visita a Irak en mayo de 2004, Brahimi se reunió con más de 600 personas en Bagdad y Erbil. Consultó a menudo con los miembros del consejo de gobierno y la APC, pero, más importante aún, se reunió con los jefes de las principales tribus de Irak, la comunidad caldeo-asiria, autoridades y docentes universitarios, colegios profesionales, sindicatos, grupos de editores y periodistas de los principales medios de Irak, empresarios, líderes religiosos y clérigos, autoridades cívicas y religiosas de Falluja, representantes del Movimiento Socialista Árabe y otros partidos, la Red de la Mujer de Irak, los líderes kurdos y la Asamblea Nacional del Kurdistán, los líderes de la tribu turcomana, representantes del Movimiento Nacionalista Árabe y el cuerpo diplomático local. Brahimi también asistió a innumerables otras reuniones y cenas de trabajo.

Se mostró complacido al escuchar la declaración del presidente Bush de que no todos los iraquíes que luchaban contra la ocupación eran terroristas, pues también estaba sosteniendo conversaciones con personeros del "movimiento insurgente". Incluso trató de reclutar a algunos cercanos al movimiento para el gobierno provisional, pero las personas con las cuales se contactó señalaron que no podían formar parte del gobierno "en ese momento". El enviado de Naciones Unidas mantuvo contacto casi a diario con Annan y también con Colin Powell y, ocasionalmente, con otros actores importantes fuera de Irak.

En Irak, Brahimi creó un grupo de trabajo integrado por la APC, representada por Jerry Bremer y el embajador Robert Blackwill del Consejo de Seguridad Nacional; una troika del consejo de gobierno compuesta por Massoud Barzani (kurdo), Ezzedine Selim (chiíta árabe) y el Sheik Ghazi al-Yawar (sunita árabe), y, finalmente, Naciones Unidas, representada por Brahimi. Fue en esta instancia que se establecieron los criterios que debían cumplir los candidatos y donde se eligió a las personas para ocupar los cargos. Las negociaciones se interrumpieron cuando, un día después de que el grupo de trabajo se había reunido en la ciudad de Erbil, Ezzedine Selim, entonces presidente del consejo de gobierno, fue asesinado en Bagdad. En su reemplazo se invitó a Hamid Majid Moussa, presidente del comité para la transferencia de la soberanía.

Causó cierta sorpresa cuando, el viernes 28 de mayo, el consejo de gobierno iraquí anunció públicamente la elección de Iyad Allawi —chiíta musulmán secular y ex Baathista que vivió más de 25 años exiliado en Gran Bretaña— como primer ministro del gobierno de transición. La reacción inicial de Naciones Unidas fue cauta. La proclamación del doctor Allawi había sido formulada por el consejo de gobierno. "El secretario general respeta la decisión" fue la diplomática declaración redactada en Nueva York. Colin Powell, a su vez, hizo saber que esperaba los comentarios del embajador Brahimi sobre este nuevo nombre. No obstante, poco después, un funcionario de la Casa Blanca confirmó el respaldo estadounidense a Allawi. Brahimi señaló, en términos realistas, que "al finalizar el día, había que conciliar las opiniones de las personas que están en el poder y las de quienes no lo están. Espero que los iraquíes lo encuentren aceptable (al doctor Allawi) (...) Espero que los iraquíes evalúen al gobierno en pleno"[16].

Brahimi valoraba la trayectoria y activos políticos de Allawi. Por ejemplo, permaneció cercano a los partidos panárabes; era conocido como un hombre duro, que había abogado por establecer servicios de seguridad competentes y un gobierno fuerte. Militante baathista durante sus años de estudiante, Allawi se separó del régimen iraquí y abandonó el partido en 1975. Al igual que Brahimi, había sido sumamente crítico de la campaña de destrucción del Partido Baath y de la disolución del Ejército iraquí por parte de los líderes de la ocupación norteamericana. Las desventajas de Allawi eran que pertenecía al consejo de gobierno, su Partido del Acuerdo Nacional Iraquí fue financiado por la CIA durante años y no gozaba de relaciones especialmente buenas con el clero chiíta, aun cuando el ayatolá al-Sistani no cuestionó su designación.

El nombramiento de Allawi parecía una victoria del consejo de gobierno, luego del sorpresivo y poco duradero surgimiento del nombre de Hussein Shahristani. ¿Podrían los estadounidenses haber filtrado deliberadamente el nombre de Shahristani para quemarlo y favorecer, en cambio, a Allawi? Parecía así, pero ésa no es la verdadera historia.

Una vez que Brahimi y el resto del grupo de trabajo acordó nombrar a Allawi para el cargo de primer ministro, se organizaron dos reuniones para comunicar la decisión al consejo de gobierno: una a las cuatro de la tarde, de modo que la APC y la "troika" anticiparan el nombre de Allawi y sondearan las reacciones, y la otra una hora después, para recibir una propuesta formal de Brahimi. Sin embargo, en la primera reunión el consejo de gobierno reaccionó con entusiasmo al nombre de Allawi y aplaudió la decisión. Entonces, Mahmud Othman, un kurdo sunita de baja estatura y extremadamente conversador, miembro del consejo conocido por su afición a hacer declaraciones a la prensa, salió corriendo de la sala e informó a los medios que Allawi había sido elegido primer ministro. Cuando Brahimi llegó a las cinco, dada la respuesta inicial tan positiva, ni siquiera hubo necesidad de realizar una votación sobre Allawi. No obstante, nadie en la sala de reuniones, incluido Brahimi, tenía conocimiento de que los medios de comunicación ya estaban informando sobre la elección de Allawi gracias al anuncio personal de Othman. Así se creó la imagen de que el consejo de gobierno había forzado la designación de Allawi, con los estadounidenses haciendo *lobby* tras bastidores.

Respecto del cargo de presidente, Brahimi nos informó que rápidamente las posibilidades se redujeron a dos candidatos. Por un lado, Brahimi y el administrador de la APC, Bremer, se inclinaban por Adnan Pachachi, ex ministro de Relaciones Exteriores y ex presidente del consejo de gobierno, y, por otro, la mayoría de los integrantes de dicho cuerpo respaldaba al Sheik Gahzi al-Yawar, también miembro del consejo de gobierno, ambos sunita musulmanes.

En el intertanto, Brahimi había avanzado en la composición del gobierno de 36 miembros, logrando acuerdo en la designación de varias caras nuevas, independientes y mujeres en los principales cargos del gabinete. Las negociaciones continuaron frenéticamente hasta pasada la medianoche del día lunes 31 de mayo y concluyeron en la mañana del 1 de junio.

Pachachi prácticamente había reunido el consenso cuando algunos líderes kurdos comenzaron una campaña en su contra, esperando que así abrirían el camino para alguien que no fuera un sunita árabe. Al-Yawar, luego de una compleja reunión con Brahimi, aceptó el nombre de Pachachi. Sin embargo, los ataques publicados en la prensa que describían a Pachachi como demasiado moderado y vendido a los estadounidenses lo hicieron cambiar de opinión y retirar su opción. Brahimi tuvo que volver atrás rápidamente y solicitarle a al-Yawar que aceptara la presidencia. Finalmente, la lista de candidatos estaba concluida. Al-Yawar, graduado de universidades sauditas y estadounidenses, y *sheik* tribal de los shammar, tribu que incluía a sunitas y chiítas entre sus miembros, sería el presidente.

Brahimi definió el gobierno soberano provisional como "el mejor gobierno que puede haber en Irak en las actuales circunstancias". El gabinete compuesto por 32 ministros elegidos por Brahimi y sus colegas incluía a 21 personas con doctorados. Además, por lo menos dos ministros corruptos del consejo de gobierno quedaron fuera y otros tres sobre quienes existían sospechas también fueron excluidos. El consejo se disolvería inmediatamente y empezaría una nueva fase en la historia de Irak.

El martes 1 de junio, los canales de televisión estadounidenses abrieron con una noticia de último minuto desde Irak: finalmente se había nombrado el gobierno interino que asumiría el ejercicio de la soberanía el 30 de junio, con Iyad Allawi como primer ministro y el *sheik* Ghazi al-Yawar como presidente. Al final, sólo cuatro de los 36 miembros provenían del consejo de gobierno nombrado por Estados Unidos, el cual, ese mismo día, se disolvió. El anuncio, originalmente pensado como una conferencia de prensa, se realizó enteramente en árabe ante 400 invitados iraquíes y extranjeros, en un monumental edificio alguna vez conocido como la Torre del Reloj de Saddam Hussein, con la discreta presencia del administrador Paul Bremer. La primera declaración de Allawi se centró en problemas prácticos: la necesidad de fuerzas armadas internacionales para "ayudar a derrotar a los enemigos de Irak" y su disposición a discutir acuerdos de seguridad con los aliados de la coalición.

El Consejo de Seguridad de la ONU se reunió para consultas urgentes en la tarde del día martes 1 de junio. La formación del gobierno de transición en Irak suscitó diversas opiniones. La mayoría de los embajadores coincidió en que no era el gobierno "ideal"; había "luces y sombras" según las palabras de un representante. "Varias caras nuevas, seis mujeres en el gabinete, pero, por otra parte, los dos puestos principales son ocupados por miembros del ex consejo de gobierno". Se recordó que Brahimi había buscado una "transacción" y se decidió que un análisis más profundo de la formación del gobierno tendría que esperar el regreso de Brahimi a Nueva York. Esa misma tarde, Estados Unidos y el Reino Unido distribuyeron un nuevo proyecto de resolución sobre la transferencia de la soberanía.

A pesar de ciertas críticas de sectores iraquíes, la gran señal de legitimidad para el nuevo gobierno iraquí provino del gran ayatolá Ali al-Sistani quien, luego de semanas de silencio, emitió una declaración el día jueves 3 de junio de 2004 en que respaldaba al gobierno encabezado por el primer ministro Allawi e instaba a realizar *lobby* ante el Consejo de Seguridad de la ONU para conseguir una auténtica soberanía y remover "todo vestigio" de ocupación. Al-Sistani añadió que el gobierno nombrado por el grupo dirigido por Brahimi carecía de "la legitimidad de las urnas", pero esperaba que "este gobierno demuestre ser eficiente, íntegro y resuelto para llevar a cabo la enorme labor que tiene sobre sí".

El gobierno de Allawi fue bien recibido por varios vecinos árabes, otro indicio de la reinserción de Irak en la comunidad internacional. Arabia Saudita, Kuwait y Jordania reconocieron formalmente al gobierno interino, mientras que Egipto, por intermedio de su ministro de Relaciones Exteriores, valoró la designación de Allawi como "un paso hacia la soberanía". La nueva estrategia multilateral de Estados Unidos estaba dando frutos, en términos de respaldo concreto hacia el gobierno iraquí de transición.

A las 11.15 horas de un soleado día en Washington, la misma mañana en que se realizó el anuncio del nuevo gobierno de Irak, el presidente Bush se dirigió a la prensa desde el jardín de las Rosas de la Casa Blanca. Se veía contento al anunciar entusiastamente el respaldo de Estados Unidos a los 36 iraquíes nombrados en el nuevo gobierno y al primer ministro designado Allawi. Era el primer logro de Bush en muchos meses de malas noticias sobre Irak. Y este éxito se debía a una solución concebida y dirigida por la ONU.

Bush informó que, temprano ese mismo día, había hablado con Kofi Annan para "felicitarlo por el papel desempeñado por Naciones Unidas en la formación de este nuevo gobierno". También informó a los reporteros sobre las positivas conversaciones sostenidas con varios líderes mundiales. Ante la pregunta sobre si el consejo de gobierno iraquí había realizado las principales designaciones, el presidente respondió: "Brahimi tomó las decisiones e informó los nombres al consejo de gobierno. Según tengo entendido, el consejo sólo opinó sobre los nombres. Las decisiones fueron del señor Brahimi y yo instruí a los embajadores Bremer y Blackwill a que trabajaran con el señor Brahimi. Como decimos en la jerga del fútbol estadounidense, él fue el 'mariscal de campo'".

El centro de interés era ahora la resolución del Consejo de Seguridad. En su conferencia en el jardín de las Rosas, Bush expresó la "esperanza de que el nuevo gobierno enviase a alguien a Nueva York pronto. De hecho, no creo que vaya a pasar mucho en cuanto a la resolución (...) hasta que los iraquíes vengan y expliquen por qué se requiere una resolución".

En la tarde del día jueves 3 de junio, el Consejo de Seguridad celebró una reunión de consulta a puerta cerrada y una reunión informativa previa para escuchar al ministro de Relaciones Exteriores designado, Hoshyar Zebari, quien había llegado a Nueva York desde Bagdad. La sesión pública generó gran expectación y los medios de comunicación concurrieron en gran número. La sala del Consejo de Seguridad estaba repleta en espera del canciller designado y del informe del secretario general sobre la labor realizada por Brahimi quien, en ese momento, se encontraba aún en Bagdad.

Durante la sesión pública del consejo, el ministro iraquí parecía más animado y satisfecho que otras ocasiones. Zebari coincidió con Brahimi y Kofi Annan: "La selección del gobierno interino se basó en criterios de mérito y preparación, con un elemento de equilibrio político y social". El canciller se centró en lo que debía contener la resolución del Consejo de Seguridad. Claramente, señaló: "Buscamos una nueva resolución que no contenga ambigüedades y recalque la transferencia de la plena soberanía al pueblo de Irak y sus representantes. Esta resolución debe marcar una nítida distinción en cuanto a las resoluciones previas del Consejo de Seguridad de Naciones Unidas que legitimaron la ocupación de nuestro país".

En relación al tema de la seguridad, el ministro iraquí señaló que su país continuaría requiriendo "asistencia y asociación" de tropas internacionales. No obstante, también señaló que dicha presencia tendría que "ser regulada bajo acuerdos que no comprometan ni la soberanía del gobierno interino ni el derecho de la fuerza multinacional a defenderse. Las fuerzas iraquíes deben estar bajo mando iraquí, pero operar en conjunto con la fuerza multinacional (...) el nuevo gobierno iraquí debe tener poder de decisión respecto de la futura presencia de estas fuerzas y los instamos a que ello se refleje en la nueva resolución".

Ese fin de semana del 4 y 5 de junio, los miembros del Consejo de Seguridad nos reunimos con el secretario general en un retiro en Greentree Estate, en Long Island. El lugar era una mansión de campo que parecía un museo, debido a las abundantes obras de arte, antigüedades y fotografías históricas que la decoran, ubicada en un entorno bucólico. Allí nos alojamos los 15 embajadores y nuestras esposas, el secretario general, sus principales asesores y Lakhdar Brahimi, quien sería el último en llegar procedente de Bagdad vía París.

En una atmósfera de camaradería, el trabajo se centró en temas urgentes como los más recientes combates en la República Democrática del Congo y una visita del consejo a África Occidental. Pero la atención se concentró, inevitablemente, en Irak.

Brahimi explicó el proceso de selección del gobierno por parte del grupo de trabajo tripartita y cómo se había llegado a elegir a Allawi y a al-Yawar. Declaró: "No es vino añejo en una nueva botella", y recalcó que los miembros eran personas competentes y honestas. Brahimi también explicó que había involucrado a los partidos políticos en el proceso de consulta pues, de otra manera, se habrían transformado en "una molestia" en el proceso de selección. De todas formas, algunos de esos líderes políticos tenían suficiente peso político como para hacer oír sus opiniones e, incluso, bloquear el proceso.

Cuando la reunión en Greentree Estate llegaba a su término, los embajadores de Estados Unidos y del Reino

Unido distribuyeron cartas recién enviadas al Consejo de Seguridad por el primer ministro Allawi y el secretario de Estado Colin Powell, respecto de los asuntos claves que debían considerarse en la resolución. John Negroponte me había informado, durante un receso en Greentree, que solicitaría al presidente del Consejo de Seguridad que llamara a consultas a puerta cerrada para el día siguiente, domingo 6 de junio a las cinco de la tarde. Brahimi informaría formalmente al Consejo de Seguridad el lunes 7 de junio a las cuatro. La idea de los miembros de la coalición era acelerar las negociaciones de la resolución sobre Irak.

Dado que Chile, Brasil y España habían elaborado conjuntamente algunas modificaciones al proyecto de resolución, acordamos con el embajador norteamericano celebrar una reunión el día domingo a las cuatro de la tarde en la misión estadounidense, con la presencia del representante británico. Al abandonar la mansión para retornar a Manhattan esa tarde de sábado, decidimos con los embajadores de Brasil y España reunirnos antes de ir a la misión estadounidense puesto que estábamos en la recta final de la negociación. Nos juntaríamos a las tres de la tarde en la misión española, ubicada en la calle 46, a una cuadra de las oficinas de Estados Unidos.

El grupo tripartito —Chile, Brasil y España— se había formado en conversaciones presidenciales sostenidas en Guadalajara, México, durante la Cumbre Unión Europa-América Latina y El Caribe, celebrada el 29 de mayo de 2004. En esa ocasión, los presidentes Chirac, de Francia; Zapatero, de España; Lula, de Brasil; Lagos, de Chile, y Fox, de México, habían analizado el proyecto de resolución sobre Irak y acordado continuar con las conversaciones como un "grupo con ideas afines".

Llamé al presidente Lagos tras la cumbre de Guadalajara y le comenté: "Presidente, espero que usted no quiera continuar el debate sobre la resolución del Consejo de Seguridad a nivel presidencial". "Oh, no", respondió Lagos. "Lo que sucedió fue que Chirac sugirió que conversáramos sobre el estado de la resolución; intercambiamos ideas generales al respecto, pero, obviamente son ustedes en Nueva York quienes deben reunirse como grupo *like-minded* y efectuar un aporte constructivo a la redacción de la resolución".

Seguí lo indicado por el presidente e invité a una reunión en la misión de Chile, para el día miércoles 2 de junio de 2004 a las cinco de la tarde, a los embajadores de Francia, Brasil, España y Alemania. Concordamos que si los mexicanos decidían aportar ideas, las acogeríamos, pero que la labor se limitaría a los miembros en ejercicio del Consejo de Seguridad.

Estábamos totalmente de acuerdo en los aspectos que debían mejorarse en la resolución: reforzar la transferencia de la soberanía, aclarar la relación de seguridad entre el gobierno provisional y la fuerza multinacional, reforzar el texto en lo referente a los derechos humanos y el derecho humanitario internacional y subrayar el papel de Naciones Unidas. No obstante, dado que Francia y Alemania recién habían presentado sus propias sugerencias a Estados Unidos y el Reino Unido, decidimos que Chile, España y Brasil actuarían en forma separada, pero en estrecha coordinación con Francia y Alemania.

A las tres de la tarde del día domingo 6 de junio, nos reunimos en la misión de España. No había un alma en el edificio o en el vecindario de Turtle Bay, donde se encuentra Naciones Unidas. Sólo se divisaban unos enormes camiones tipo *trailer* y equipos de filmación para la película *The Interpreter*, dirigida por Sydney Pollack y protagonizada por Nicole Kidman y Sean Penn, que se filmaba en Naciones Unidas. Coincidentemente, en mi calidad de presidente del consejo durante enero de 2004, había autorizado la filmación en sus dependencias, luego de que Kofi Annan otorgara la autorización previa. Ese domingo estaban grabando en la Asamblea General.

Los embajadores de España, Brasil y Chile y nuestros alternos revisamos las modificaciones que presentaríamos a los estadounidenses y británicos. Esta vez, estábamos con los españoles en el mismo lado de la mesa de negociaciones. La estrategia sería discutir sólo los párrafos críticos y dejar de lado los que no fueran esenciales.

Caminamos hasta la misión de Estados Unidos y llegamos a las cuatro de la tarde en punto a la entrada principal en la Primera Avenida, que estaba cerrada. Un oficial del servicio secreto nos llevó a una puerta lateral en la calle 45, por donde ingresamos. A medida que avanzábamos escoltados por otro oficial, veíamos pilas de cajas, muebles y carretillas de mano para mover objetos pesados. Recordamos entonces que en pocas horas todo el edificio sería desalojado para luego ser demolido y reemplazado por un edificio nuevo y más grande para la misión estadounidense, que se construiría en el mismo sitio. Si bien las oficinas temporales ya estaban funcionando a pocas cuadras, los altos funcionarios aún no se habían trasladado. El embajador de Brasil susurró en mi oído: "Éste es el verdadero fin de la ocupación". Reí y le dije que le contaría a Negroponte su ingeniosa ocurrencia. Agregué que al menos el retiro de la misión de Estados Unidos desde su ubicación en la Primera Avenida era un verdadero "fin de la ocupación", pero que aún estaba por verse si ocurriría lo mismo en Irak.

Habíamos enviado con anticipación a nuestros anfitriones las propuestas de modificaciones y ellos ya habían incorporado algunas en el nuevo proyecto. Respecto de un párrafo preliminar sobre el derecho internacional, habían agregado lo solicitado: "incluidas las obligaciones contraídas en virtud del derecho internacional humanitario...". Los patrocinantes del proyecto habían acordado insertar:

"plena responsabilidad y atribuciones" en cuanto a la naturaleza de las atribuciones del gobierno interino. En otro párrafo dispositivo habían aceptado incluir la fecha de término del periodo de transición: "a más tardar el 31 de diciembre de 2005". También aceptaron aumentar las reuniones informativas de Estados Unidos ante el Consejo de Seguridad, en representación de la fuerza multinacional, informando trimestralmente en vez de cada seis meses.

Luego nos concentramos en los puntos pendientes. Un párrafo vital tenía que dejar en claro que el gobierno provisional debía controlar las fuerzas armadas y policía iraquíes, dado que el proyecto original sólo hacía referencia a las "fuerzas de seguridad". Los patrocinantes explicaron que entendían que el término "fuerzas de seguridad" comprendía a las fuerzas armadas. Insistimos que ello no quedaba claro y acordaron insertar la expresión "fuerzas armadas". Además, modificamos términos ambiguos por otros más precisos para reforzar la idea de urgencia en el control de las Fuerzas Armadas y fuerzas de seguridad por parte del gobierno iraquí. También solicitamos una nueva frase sobre la aplicación del derecho humanitario internacional y el respeto por los derechos humanos. Nuestros interlocutores se rehusaron, argumentando que ya habían aceptado nuestra sugerencia en la sección preambular y que tanto las cartas del primer ministro Allawi como del secretario Powell formulaban claros compromisos en ese sentido, y que dichas misivas serían anexadas a la resolución como parte integral de la misma. No obstante, insistimos. ¿Qué podemos perder?, preguntamos. Reiteraron su postura. Ningún párrafo nuevo en la materia. Intuí que Washington y Londres ya habían adoptado decisiones casi definitivas sobre nuestras propuestas y sobre las de las demás delegaciones.

Otro párrafo proponía establecer una "asociación" entre la FMN y el gobierno de Irak. No nos gustaba la amplitud de la frase y sugerimos que se insertara el término "asociación de seguridad". Nuestros colegas entendieron el punto y transamos en "asociación para fines de seguridad". Otro párrafo acogía con beneplácito los aportes de los Estados miembros al gobierno de Irak, pero sentimos que era importante reconocer el papel de las "organizaciones internacionales", subrayando así el enfoque multilateral. Esta sugerencia también fue aceptada. Asimismo, varias otras proposiciones que recalcaban poner en primer lugar el "gobierno soberano de Irak" en vez de la FMN fueron incorporadas.

El resultado fue muy positivo. Estados Unidos y el Reino Unido aceptaron alrededor del 70% de nuestras modificaciones. Antes del esfuerzo trilateral, los copatrocinadores habían incorporado las sugerencias de Chile de agregar un párrafo preliminar en que se reafirmaba "el derecho del pueblo iraquí a determinar libremente su futuro político y controlar sus recursos naturales" y una referencia dispositiva al "rol de liderazgo" de Naciones Unidas en las tareas prioritarias a desarrollar en Irak. Pasada una hora habíamos finalizado, y estábamos listos para cruzar al edificio de Naciones Unidas para la reunión de consulta del Consejo de Seguridad. El embajador Negroponte descendió al primer piso con nosotros, escoltándonos hasta la salida. A medida que veíamos las cajas arrumbadas y los equipos de mudanza, le dije: "O sea, este es el término de la ocupación por parte de Estados Unidos". Negroponte rió de buena gana y nos contó que estaban vendiendo todo, pues en poco tiempo se demolería el edificio. La silla del embajador, ocupada entre otros por Adlai Stevenson, había generado el mayor interés.

La reunión de consulta comenzó con atraso, pues nuestra negociación había demorado a las delegaciones estadounidense y británica.

El embajador Negroponte presentó formalmente las cartas enviadas por el primer ministro Allawi y el secretario Powell. Hizo hincapié en la solicitud de asistencia de la comunidad internacional formulada por el primer ministro designado, de modo de poder ejercer la soberanía iraquí. El representante norteamericano recalcó que se trataba de una verdadera transferencia de soberanía y señaló que los países de la coalición respetarían esta nueva condición y fase en Irak. Negroponte sugirió un programa de trabajo: al día siguiente, lunes, alrededor del mediodía, se presentaría formalmente el nuevo proyecto de resolución; luego, en la tarde, escucharíamos el informe oficial de Brahimi ante el consejo en sesión pública e, inmediatamente después, se celebrarían consultas a puerta cerrada para analizar el nuevo proyecto. El objetivo de los copatrocinadores era "poner el texto en azul", es decir, prepararlo para ser votado en la tarde del martes 8 de junio. Todos estuvieron de acuerdo con el calendario. No obstante, varios embajadores insistieron en que restaban modificaciones y sugerencias que debían ser incorporadas al proyecto definitivo.

Rusia insistió en que debía celebrarse una conferencia internacional sobre Irak. El embajador de Francia manifestó que era necesario aclarar la relación entre el gobierno interino y la FMN —idea que Chile ya había planteado a los copatrocinadores, pero que habíamos acordado que sería defendida por Francia y Alemania—, incluido el requisito de "acuerdo previo" para cualquier operación militar ofensiva sensible. La resolución tenía que convencer no sólo a los abogados, expertos o funcionarios de gobierno, sino principalmente a la opinión pública mundial y, sobre todo, al pueblo de Irak. Los iraquíes tenían que creer que el 30 de junio comenzaría una nueva etapa con el término de la ocupación y la asunción de un gobierno auténticamente soberano.

El lunes 7 de junio, pasado el mediodía, Estados Unidos y el Reino Unido hicieron circular una nueva versión que incorporaba todas las modificaciones acordadas con España, Brasil y Chile. Otras modificaciones incluían sugerencias de Francia y Alemania, Pakistán y Argelia. También incorporaba referencias en anexo a las cartas del primer ministro Allawi y del secretario de Estado Powell. Luego de la distribución del nuevo proyecto, Lakhdar Brahimi dio inicio a su informe oficial ante la sesión pública del consejo.

Si bien Brahimi dio menos detalles que en las consultas privadas previas, mencionó un hecho importante. La Ley Administrativa Transitoria (LAT) adoptada por el consejo de gobierno de Irak y las fuerzas de ocupación el 8 de marzo de 2004, señalaba en su artículo 2 b) que el gobierno interino que asumiría el 30 de junio "se constituiría de conformidad con un amplio proceso deliberativo y de consultas con todos los sectores del pueblo iraquí", dirigido por el consejo de gobierno y la APC, otorgando un rol marginal a la ONU, pues añadía: "posiblemente en consulta con Naciones Unidas". No obstante, las circunstancias en terreno habían empeorado y, al final, Naciones Unidas se había transformado en el único órgano creíble para seleccionar al nuevo gobierno iraquí.

Durante la sesión del consejo, Kofi Annan pronunció un significativo discurso que recalcó los momentos difíciles para la ONU durante la invasión de Irak y luego, cuando EE UU modificó su política hacia la organización. El secretario general afirmó: "Desde que estalló la crisis de Irak, el rol de Naciones Unidas ha sido complicado, a menudo peligroso, plagado de restricciones y controversias (...) No es un secreto que los hechos que condujeron a la guerra de Irak, y lo sucedido desde entonces, se encuentran entre los hechos que más división han provocado en este consejo desde el término de la Guerra Fría". En este contexto, continuó Annan, "era inevitable que el acuerdo sobre el papel que debía desempeñar Naciones Unidas en el periodo siguiente a la guerra, especialmente en el proceso político, también sería esquivo". Ese rol "nunca se definió en forma específica", señaló el secretario general. Sólo después de un intercambio de cartas con el consejo de gobierno y la APC, en que se formulaba una solicitud formal y clara de asistencia de la ONU, Annan había solicitado a Lakhdar Brahimi que hiciera de facilitador en el proceso de transición política. Annan recordó al consejo que Brahimi y su equipo habían abandonado Bagdad, con el trabajo terminado, el 2 de junio de 2004, exactamente un año después de que Sergio Vieira de Mello y su equipo de Naciones Unidas llegara a la ciudad el 2 de junio de 2003.

En una inusual aparición conjunta en París, el 5 de junio, Chirac y Bush anticiparon que era inminente un acuerdo sobre la resolución. El presidente Chirac declaró que las negociaciones del texto "habían avanzado positivamente" y que se estaba "en condiciones de dar los últimos toques al texto dentro de muy poco tiempo". Según los comentarios del secretario de Estado Powell desde París, los asuntos pendientes podían resolverse "en unos días", a lo que añadió que "con el recibo de la carta de Allawi, estamos mucho más cerca de la meta". Unos cuantos días antes, en Bruselas, el vicesecretario de Estado norteamericano, Richard Armitage, había expresado su convicción de que su país "podría hacer suyas las sugerencias y opiniones de la mayoría de los 15 miembros del Consejo de Seguridad". La predicción fue acertada.

La tarde del día lunes 7 de junio, los estadounidenses presentaron un nuevo texto para acomodar las propuestas de Francia y Alemania en el tema de las operaciones militares. La idea sobre la conformidad iraquí para las operaciones ofensivas sensibles se incorporó al texto, si bien no con la misma redacción propuesta por Francia. La idea rusa de la conferencia internacional sobre Irak se aceptó en forma condicionada. Además, se agregó en el texto una sugerencia del secretario general: mencionar la formación de la comisión electoral independiente de Irak.

La noche de ese lunes, el presidente Putin manifestó: "Hay muy buenas razones para creer que esta labor puede fructificar". A la mañana siguiente, el ministro alemán Fischer anunció que su país podría votar afirmativamente la resolución sobre restauración del ejercicio de la soberanía. El ministro de Relaciones Exteriores de Francia, Michel Barnier, también anunció un voto afirmativo y señaló que "muchas de nuestras ideas se encuentran contenidas en este texto", añadiendo que ello demostraba que, por primera vez, "existía un verdadero diálogo respecto de este asunto (Irak) (...) Los estadounidenses entendieron claramente, después de meses y meses de operaciones militares, que no había salida por medio de las armas u operaciones militares en Irak". A su vez, el ministro de Relaciones Exteriores de China insinuó un voto positivo en la declaración que realizó la mañana del martes.

El clima de acuerdo motivó a los estadounidenses a realizar la votación la misma tarde del martes 8 de junio. El secretario general, Kofi Annan, había programado una reunión del Grupo de Amigos de Irak en una de las salas del subterráneo de Naciones Unidas. Poco antes, recibí una llamada de Santiago. Era el presidente Lagos. Temprano, en la mañana, había llamado tanto al presidente como a la canciller Alvear para ultimar una decisión sobre el proyecto de resolución. Le expliqué las nuevas negociaciones y modificaciones de la resolución sin mucho detalle, pues el presidente estaba bastante bien informado por la Cancillería sobre los debates del Consejo de Seguridad. Lagos se sentía complacido de que se hubieran aceptado las propuestas de Chile, España y Brasil, y de la receptividad norteamericana hacia las proposiciones de Francia y Rusia. Me dio luz verde para votar "sí".

El Consejo de Seguridad aprobó por unanimidad el texto que se convertiría en la Resolución 1546. Kofi Annan y Lakhdar Brahimi estaban presentes y la mayoría de los embajadores hizo uso de la palabra para expresar la "relevancia histórica" de la resolución, que marcaba el "inicio de una nueva era" para Irak, que abría el camino no sólo para un auténtico ejercicio de la soberanía por parte de los iraquíes, sino también para la construcción de la democracia, y que el Consejo de Seguridad —a diferencia de lo sucedido un año atrás— había logrado el consenso en un tema polémico. Las actitudes respecto del multilateralismo habían cambiado, al igual que las condiciones en el frente de batalla.

Luego de concluida la sesión, hablé privadamente con el embajador Negroponte, quien pronto viajaría a Bagdad como el primer embajador de Estados Unidos ante el gobierno soberano provisional. Nos congratulamos mutuamente por la flexibilidad mostrada en las negociaciones durante las semanas pasadas y me dijo: "¿Sabes?, esta resolución en realidad representa las instrucciones para mi misión diplomática en Irak. Todo lo que tengo que hacer y promover se encuentra aquí".

La reacción a la resolución de transferencia de la soberanía fue variada. *The Washington Post* informó: "Estados Unidos cede ante Francia y Rusia respecto de la resolución de Naciones Unidas sobre Irak", haciendo hincapié en las "concesiones de último minuto" para incorporar las demandas francesas y rusas al documento. El presidente ruso Putin declaró: "Sin exagerar, diría que es un gran paso en la dirección correcta". El primer ministro Blair aportó una perspectiva histórica: "Ahora todos queremos dejar atrás las divisiones del pasado y unirnos en la visión de un Irak estable y moderno". El presidente Bush proclamó el voto de 15 a 0 como un "catalizador del cambio (...) un momento muy importante". Kofi Annan, a su vez, declaró momentos después de adoptarse la resolución que era "equitativa y justa" y que "todos los bandos deberían ser capaces de trabajar con ella".

The Economist realzó el cambio del unilateralismo al multilateralismo que había tenido lugar en un año respecto de Irak. "Si alguien hubiera dicho, luego de que Naciones Unidas se negó a respaldar la invasión de Irak por parte de Estados Unidos, que poco después de un año el Consejo de Seguridad respaldaría por unanimidad la transferencia de poder de Estados Unidos a un gobierno iraquí soberano, habría parecido iluso". En un editorial, el mismo periódico concluyó que el presidente Bush había "reconocido, pese a malos consejos anteriores, que Naciones Unidas debía desempeñar un papel esencial en asistir a Irak en el camino hasta alcanzar algún tipo de democracia"[17].

Temprano, en la mañana del lunes 28 de junio, las redes de televisión internacionales se centraron en la sorpresiva noticia del día. En una ceremonia de cinco minutos, a las 10.26 *a.m.* hora local, la autoridad de la coalición en Irak, dirigida por el administrador Paul Bremer, había transferido el poder al gobierno soberano provisional encabezado por el primer ministro Allawi y el presidente al-Yawar, dos días antes del traspaso programado para el 30 de junio.

Bremer entregó un portafolio azul que contenía un documento firmado —en que se le identificaba como "ex administrador"— que transfería las atribuciones políticas al presidente de la Corte Suprema de Irak, Mahdi Mahmoud, todo ello con la presencia del primer ministro Allawi; el presidente Ghazi al-Yawar; el viceprimer ministro, Barhan Salih, y el enviado británico, David Richmond. Bremer también entregó a Allawi una carta del presidente Bush en que solicitaba el establecimiento de relaciones diplomáticas con el gobierno interino. Horas después, todos los miembros del nuevo gobierno iraquí juraron mientras colocaban una mano sobre el Corán. Bremer voló en un helicóptero Black Hawk hasta el aeropuerto internacional de Bagdad, donde abordó un avión militar C-130 que, dos horas más tarde, lo llevaría de regreso a su hogar en Vermont, luego de haber tenido pleno control y autoridad sobre Irak por casi 15 meses.

La decisión de anticipar la transferencia del poder en dos días fue adoptada por el primer ministro Allawi en vista del ambiente de seguridad, de modo de impedir que sectores radicales tuvieran la oportunidad de montar ataques para estropearla. El gobierno estadounidense tuvo conocimiento, con varios días de anticipación, de la posibilidad de que se adelantara la ceremonia de transferencia y estuvo de acuerdo con la idea. Sin embargo, la decisión final la tomó Allawi la noche anterior al 28 de junio.

El presidente Bush estaba en Estambul, en la cumbre de la OTAN. Al recibir una nota manuscrita de Condi Rice, entregada por el secretario Rumsfeld, se enteró de la noticia: "Señor presidente, Irak es un país soberano. La carta fue entregada por Bremer a las 10.26, hora de Irak. Condi". Las cámaras mostraron al presidente sonriendo y escribiendo una respuesta en el mismo papel: "Que reine la libertad". Entonces, observó su reloj para verificar que se hubiera producido la transferencia, le susurró la noticia al primer ministro Blair, sentado a su lado, y se dieron la mano.

Luego de la transferencia, en una ceremonia más concurrida organizada para celebrar el cambio, el primer ministro Allawi se comprometió con la "unidad nacional y la tolerancia, la conducta fraterna y un espíritu de paz y prosperidad" y estipuló la agenda de transición, que abordaría desde la lucha contra el desempleo hasta la creación del Ejército nacional. "Éste es un día histórico", declaró el presidente Ghazi al-Yawar. Las encuestas mostraban que los iraquíes estaban dispuestos a respaldar al nuevo gobierno.

En una declaración presidencial, el Consejo de Seguridad acogió con beneplácito la "entrega de la responsabilidad y atribuciones plenas" al gobierno provisional. Los miembros del consejo también instaron a "respaldar al gobierno provisional de Irak en la implementación del proceso político que llevaba, entre otras cosas, a elecciones en una fecha no posterior al 31 de enero de 2005".

Los líderes de la OTAN emitieron una declaración durante la cumbre de Turquía, el 28 de junio, en que expresaron: "Estamos unidos en nuestro apoyo al pueblo de Irak y ofrecemos plena cooperación al gobierno soberano provisional, que trata de fortalecer la seguridad interna y preparar el camino para las elecciones nacionales el 2005". La declaración añadió que la OTAN había decidido "ofrecer asistencia al gobierno de Irak en la capacitación de sus fuerzas de seguridad". Es decir, las organizaciones multilaterales respondían positivamente al giro pragmático de Estados Unidos.

Como era de esperar, los vecinos del Medio Oriente fueron más cautos. El ministro de Relaciones Exteriores de Egipto calificó la transferencia como "un paso positivo en la dirección correcta, que lleva a Irak a tomar el control de sus propios asuntos y a la soberanía plena". Siria declaró que la transferencia era un paso positivo que, se esperaba, pudiese conducir a la "plena soberanía y al término del sufrimiento de los iraquíes". Con mayor entusiasmo, el rey Abdullah II de Jordania manifestó que la transferencia de poder era "un hito en la historia de Irak" y que su país asistiría a Irak para que éste "recuperara su posición de nación independiente y democrática con libertad y prosperidad". En la declaración final de la Sexta Conferencia de Ministros de Relaciones Exteriores de los Estados Vecinos de Irak, celebrada en El Cairo el 21 de julio de 2004, los ministros "acogieron con beneplácito la transferencia de autoridad al gobierno soberano interino" y la consideraron un "paso hacia la formación de un gobierno elegido, representativo, plenamente democrático". También acogieron la Resolución 1546 del Consejo de Seguridad de Naciones Unidas, sobre "el término de la ocupación". Pocos días después, el primer ministro Allawi realizó una gira de fin de semana por los países vecinos para consolidar esos apoyos.

Pese a las observaciones de que el nuevo gobierno de Irak no era un gobierno soberano "normal", dado que no tenía control absoluto en algunas áreas —como la administración de puertos y aeropuertos otorgada por contrato a firmas extranjeras—, de inmediato se notaron algunos importantes cambios simbólicos. El ex administrador de Irak, Bremer, aún no había despegado del aeropuerto de Bagdad cuando, en la ceremonia de celebración organizada por el primer ministro Allawi, la antigua bandera roja, verde y negra presidía el evento. Una virtual cortina de banderas, incluso con la inscripción "Dios es Grande", que Saddam Hussein añadió luego de la Guerra del Golfo, fue instalada tras los asientos de las principales autoridades del nuevo gobierno. La bandera iraquí, seleccionada luego de una competencia artística organizada por Bremer, que llegó a identificar al consejo de gobierno y al "Irak liberado", había desaparecido justo cuando éste abandonaba el país.

Una encuesta nacional de la CNN y USA Today-Gallup reveló que tres de cada cuatro estadounidenses estaban a favor de la entrega del poder a los iraquíes. Según la encuesta, un 75% del total de los estadounidenses apoyaba el plan de transferencia de la autoridad (82% de los republicanos, 72% de los demócratas) y sólo el 22% se oponía. Sin embargo, cuando se les preguntó si la transferencia reflejaba el éxito o fracaso de la política estadounidense en Irak, el 60% la veía como un fracaso y solamente el 32%, como una manifestación de éxito, con grandes diferencias de percepción dependiendo de los partidos de los encuestados.

Un día después de la transferencia, el nuevo gobierno iraquí recibió las cartas credenciales del embajador de Estados Unidos, John Negroponte, en una breve pero solemne ceremonia realizada ante el presidente Ghazi al-Yawar y el ministro de Relaciones Exteriores, Hoshyar Zebari, señal de que existía un gobierno soberano. Negroponte, un experimentado diplomático de carrera, había bromeado antes de ir a Bagdad: "Cuando se es embajador ante el Consejo de Seguridad de Naciones Unidas, o te ascienden a ministro de Relaciones Exteriores de tu país o bien te mandan a Bagdad". En los meses previos, el embajador de Rusia, Sergei Lavrov, había sido nombrado ministro de Relaciones Exteriores, mientras que el embajador británico, Sir Jeremy Greenstock, había sido enviado a Bagdad como contraparte de Bremer.

Negroponte fue reemplazado en Naciones Unidas por el ex senador John C. Danforth, quien cumpliera tres mandatos en el Senado antes de decidir no presentarse a la reelección, y se había desempeñado como enviado especial para Sudán. Conocido como un republicano moderado, su designación fue interpretada por un antiguo asesor republicano como un "símbolo de la retractación de Bush de sus antiguas críticas a Naciones Unidas"[18]. Negroponte admitió privadamente que el nombramiento de Danforth demostraba que Naciones Unidas había recuperado importancia para el gobierno de Bush.

El Fondo Monetario Internacional reconoció al gobierno provisional, decisión que abrió el camino a la asistencia para la reconstrucción de Irak. El país podría solicitar préstamos por, al menos, US$ 100 millones. Varios países restablecieron relaciones diplomáticas con Irak, incluida Francia, el lunes 12 de julio. El canciller francés anunció que ambos países intercambiarían embajadores a la brevedad. Hacia mediados de julio de 2004, el nuevo ministro de Relaciones Exteriores de Irak había enviado 250 diplomáticos a 19 países y anunció el inminente nombramiento de 43 embajadores a medida que Irak restableciera vínculos diplomáticos con un creciente número de naciones.

La nueva situación de Irak se reflejó en la comparecencia formal de Saddam Hussein en un tribunal iraquí el jueves 1 de julio de 2004, que inició el juicio en su contra así como de 11 de sus principales colaboradores acusados de crímenes de lesa humanidad. El nuevo gobierno de Irak había asumido plena custodia legal, pero no física, de Saddam. Con el término de la ocupación norteamericana, los prisioneros de guerra como Hussein ya no estaban detenidos conforme a las normas de la Convención de Ginebra, y con la transferencia de custodia legal debían ser enjuiciados o liberados y, por tanto, podían solicitar defensa legal. También debían gozar de todos los derechos de un debido proceso. La aparición televisada de Hussein en el tribunal atrajo la atención mundial y demostró que se trataría de un largo y complejo juicio, pues el ex dictador denunció que el tribunal —creado en diciembre de 2003 para juzgar crímenes de lesa humanidad— no "era más que un teatro de Bush, el criminal", mostrando una actitud desafiante y de desacato. La escena se repetiría, con menos melodrama, en octubre de 2005, en una nueva comparecencia de Hussein y sus colaboradores ante el tribunal.

El primer ministro Allawi centró sus esfuerzos iniciales en la grave situación de seguridad. El 6 de julio de 2004, un decreto supremo otorgó al primer ministro Allawi autoridad para ejercer la ley marcial para sofocar la insurgencia, decisión vista por algunos como una preocupante señal de que la democracia podía ser ahogada antes de nacer. Crecientemente, la principal preocupación de Allawi era restaurar la seguridad.

Luego de una disminución inicial de los ataques rebeldes, los actos de violencia contra la fuerza multinacional comandada por Estados Unidos y las fuerzas de seguridad iraquíes aumentaron notoriamente. Los combates militares y el asesinato de extranjeros secuestrados aumentaron significativamente hacia fines de 2004. La lucha en Najaf entre la FMN y la milicia de Muqtada Al-Sadr fue particularmente grave. A fines de agosto, el gran ayatolá Ali Al-Sistani negoció un acuerdo de cinco puntos con la milicia, que incluyó el cese de las hostilidades y la transferencia del control de la mezquita Iman Ali de Najaf al líder religioso. El plan también contempló un proceso de desarme e instó a los movimientos políticos y sociales a que se unieran a las elecciones de 2005. La reanudación de fuertes combates en Falluja en noviembre de 2004 recalcó el problema de la seguridad.

La Conferencia Nacional, pospuesta por recomendación de la ONU para el 15 de agosto de 2004 se realizó con la asistencia de más de 1.100 delegados de todas las gobernaciones iraquíes y representantes de un amplio espectro de la sociedad. La conferencia facilitada por el nuevo representante especial del secretario general de Naciones Unidas para Irak, embajador Ashraf Qazi, estableció, siguiendo el plan de transición de Brahimi, un consejo que supervisaría la labor del gobierno de Allawi. No obstante, a pesar del avance en las etapas de la transición, los disparos, las bombas y el continuo derramamiento de sangre amenazaban la siguiente etapa decisiva: las elecciones organizadas por Naciones Unidas, a realizarse antes del 31 de enero de 2005.

Las elecciones de enero de 2005 y sus efectos

Naciones Unidas continuó trabajando con el gobierno de Allawi para preparar las elecciones de enero, pese a que éste en un momento sugirió que tal vez las elecciones debían posponerse, idea que retiró rápidamente. La directora electoral de Naciones Unidas, Carina Perelli, procedió con los preparativos técnicos, luego de la creación de la comisión electoral independiente y de las normas básicas. Las dificultades se redujeron gracias a la decisión de emplear un sistema de representación proporcional para que un distrito nacional único eligiera la Asamblea Nacional, la que luego designaría a un gobierno de transición. Percibiendo que era imposible organizar un registro electoral sobre la base de un sistema completamente nuevo, Naciones Unidas optó por usar el sistema de tarjetas de racionamiento, adoptado por la comisión electoral.

No obstante, el debate se intensificó sobre si se podrían realizar o no las elecciones el 2005, dado el empeoramiento de la situación de seguridad. El secretario de Defensa, Donald Rumsfeld, declaró el 26 de septiembre de 2004 que las elecciones no podrían realizarse en un 20 a un 25% de Irak. En cambio, Colin Powell señaló a *Fox News Sunday*, en la misma época, que "para que las elecciones tengan una completa credibilidad y resistan el escrutinio internacional, lo que tenemos que hacer es dar a todo el pueblo de Irak la oportunidad de participar. Así como tendríamos dificultades con elecciones parciales aquí en Estados Unidos (...) pienso que (en Irak) tiene que ser en todo el país".

La labor electoral de Naciones Unidas, en cooperación con la comisión electoral independiente de Irak, continuó durante todo el segundo semestre de 2004. El presidente Bush agradeció y recalcó en un discurso de graduación, pronunciado en la Academia de la Fuerza Aérea en Colorado Springs, a principios de junio de 2004, el papel desempeñado por la ONU en apoyo a Irak para preparar las elecciones nacionales. No era una tarea fácil, pues los miembros de la comisión electoral independiente eran blancos de asesinatos y grupos terroristas amenazaban con atacar los lugares de votación y vengarse de todo iraquí que se atreviera a emitir su voto. A medida que se acercaba la fecha de las elecciones, surgían nuevos debates entre los iraquíes respecto del aplazamiento de la votación, lo que no contribuía a crear el clima de confianza que los organizadores iraquíes y de Naciones Unidas necesitaban para el proceso electoral. La ONU había desplegado a expertos electorales en Irak, más un grupo de apoyo en Amman, Jordania, y un reducido contingente en la sede de Nueva York.

Al final, los iraquíes concurrieron masivamente a las urnas en un número muy superior al que se estimaba. Se emitieron alrededor de 8,5 millones de votos, con una participación significativa de las mujeres. La mayoría de los líderes mundiales felicitó al pueblo iraquí, y el secretario general Kofi Annan señaló que había sido una votación exitosa que ahora demandaba un esfuerzo de reconciliación nacional.

La elección estableció la Asamblea Nacional de 275 miembros que redactaría una nueva Constitución permanente para ser sometida a referéndum popular en octubre de 2005, lo cual efectivamente sucedió. Como se esperaba, los partidos chiítas, agrupados en la Alianza Unida de Irak, recibieron el 48,2% de los votos (140 asientos), seguidos por los kurdos con un 25% (75 asientos) y la Lista Iraquí del primer ministro Allawi con un 13% (40 asientos). Los candidatos sunitas apenas lograron representación en el nuevo parlamento debido al escaso número de votantes sunitas árabes, producto del boicot electoral de parte de muchos partidos sunitas.

En abril de 2005, la Asamblea Nacional eligió al líder kurdo Jalal Talabani como presidente de Irak, el primer presidente no-árabe en un país mayoritariamente árabe. Éste, a su vez, nombró, luego de intensas negociaciones, al político musulmán chiita Ibrahim al-Jaafari en el cargo de primer ministro, en reemplazo de Iyad Allawi.

La asamblea elegida en enero elaboró la nueva Constitución, la cual fue aprobada por un estrecho margen en octubre de 2005. Pese a que un 79% de la población se pronunció a favor, tres provincias —mayoritariamente sunitas— lo hicieron en contra, dos de ellas por dos tercios de los votos, acercándose al rechazo total contemplado si tres provincias se oponían por dos tercios de los sufragios. El plebiscito de octubre abrió el camino para las elecciones parlamentarias definitivas de diciembre de 2005 y a eventuales modificaciones a la Constitución para generar un verdadero consenso nacional.

El secretario general Annan, durante un discurso pronunciado el 10 de febrero de 2005, en Banqueting House, Whitehall, Londres, ante el primer ministro Tony Blair, declaró que Naciones Unidas estaba "sumamente orgullosa de la asistencia que pudo prestar (a los iraquíes), tanto en el desarrollo de la base política para las elecciones como en los preparativos técnicos de ellas. Sostuvo, además, que la ONU ayudaría en "la muy delicada etapa de redactar una Constitución" y en la organización "del referéndum relativo al proyecto de Constitución y las posteriores elecciones parlamentarias". Nuevamente, Naciones Unidas demostraba ser indispensable en la asistencia a un proceso político histórico que abría una ventana de esperanza y oportunidad en Irak, dejando atrás los desacuerdos internacionales.

[1] *Jean-Marie Colombani. "Are We Still All 'Americans'?".* The Wall Street Journal, *9 mar. 2004.*
[2] *"One Year After".* The New York Times, *19 mar. 2004: A22.*
[3] *"Sixty Years On".* The Economist, *5 jun. 2004: 9.*
[4] *El tratamiento de "alfombra roja" del presidente Bush a sus aliados cercanos consiste en invitarlos a cenar y pasar la noche en su rancho Prairie Chapel en Crawford, Texas. En este exclusivo grupo se encuentran los líderes, o ex líderes, de Italia, Australia, Gran Bretaña, España, Japón y Rusia.*
[5] *"Facing Iran, with Europe".* The Washington Post, *9 nov. 2004: A26.*
[6] *Ronda Khalaf y otros. "Iraq debt accord ends US-Europe stand-off".* Financial Times, *22 nov. 2004 : 1.*
[7] *"Il faut sortir de se trounoir qui est en passé d'aspirer le Moyen-Orient et, au-delà, le monde".* Le Monde, *14 may. 2004.*
[8] *Ivo Daaler y Anthony Lake. "Transfer Power in Iraq to UN and NATO".* The Financial Times, *13 may. 2004: 15.*
[9] *Samuel P. Huntington, en entrevista con Federico Rampini. "Non possiamo vincere in Iraq è l'ora di ritirare le truppe".* La Repubblica, *17 may. 2004: 8.*
[10] *"America Adrift in Iraq".* The New York Times, *15 may. 2004.*
[11] *Howard LaFranchi. "Big Hurdles Loom with Handover".* The Christian Science Monitor, *24 may. 2004.*
[12] *Citado en Steven Weisman. "Factions Jostle for Top Posts in a New Iraq".* The New York Times, *24 may. 2004: A1.*
[13] *Farnez Fassihi et al. "Early US Decisions on Iraq Now Haunt American Efforts".* The Wall Street Journal, *19 abr. 2004.*
[14] *"The President's Speech".* The New York Times, *25 may. 2004: A24.*
[15] *Entrevista en* El País, *18 may. 2004.*
[16] *Citado en Alissa Rubin y Maggie Farley. "Iraqi Council Nominates a Prime Minister".* The Los Angeles Times, *29 may. 2004: A10.*
[17] *Ver "New Way Ahead" y "A Glimmer of Hope, at Last".* The Economist, *12 jun. 2004: 31 y p. 14.*
[18] *Citado en Warren Hoge. "At UN, a Missourian who Wears Faith Boldly".* The New York Times, *1 jul. 2004.*

6. CONCLUSIONES: MARCHA ATRÁS DEL UNILATERALISMO Y LOS DESAFÍOS DE LA POLÍTICA EXTERIOR DE EE UU

Estados Unidos procuró y obtuvo respaldo del Consejo de Seguridad de la ONU para enfrentar a Irak en la Guerra del Golfo de 1991, pero Washington abandonó la vía multilateral en la guerra contra Saddam Hussein en el 2003, calificando a la ONU de irrelevante, para, posteriormente, virar hacia el multilateralismo como consecuencia del creciente caos de la guerra. La marcha atrás del unilateralismo fue una decisión táctica provocada por una guerra que se había tornado una virtual pesadilla. Toda guerra apunta a conseguir ciertos fines políticos con costos aceptables. Irak demostró que EE UU había incurrido en enormes costos sin lograr las ambiciosas metas políticas propuestas por la administración Bush.

A casi tres años de la invasión, la situación de seguridad en Irak aún continúa descontrolada. La famosa frase del príncipe alemán Bernhard von Bulow de que "uno sabe cómo empieza una guerra pero nunca cómo termina" parecería dramáticamente apropiada a la realidad de Irak. Ya en julio de 2004, el general John Keane, subjefe de Estado Mayor del Ejército al momento de la invasión de Irak, declaró al comité de servicios armados del Senado norteamericano que la insurgencia había tomado al ejército estadounidense por sorpresa: "No lo vimos venir y no estábamos debidamente preparados y organizados para hacerle frente. Muchos de nosotros nos dejamos seducir por los exiliados iraquíes respecto al desenlace"[1].

En agosto de 2004, el entonces flamante embajador estadounidense en Irak, John Negroponte, urgía al Departamento de Estado para que traspasase 3.000 millones de dólares de los fondos destinados a la reconstrucción, al esfuerzo por mejorar la seguridad iraquí. En octubre de 2004 se anunció que la administración Bush solicitaría 70 mil millones de dólares adicionales en financiamiento para la guerra en Irak y en Afganistán, empujando los costos totales de la guerra a 225.000 millones de dólares desde el momento de la invasión. Un experto de la Universidad de Yale calculó que los costos de la guerra de Vietnam, ajustados por inflación, ascendieron a alrededor de 500.000 millones de dólares entre 1964 y 1972, en tanto la guerra de Irak alcanzaba esa misma cantidad tan sólo dos años y medio después de su inicio.

Frente a las dificultades para imponer orden en el país, Estados Unidos y sus fuerzas aliadas tuvieron que transferir algunas funciones militares básicas a contratistas privados. En septiembre de 2004, el senador republicano por Nebraska, Chuck Hagel, hizo una franca evaluación: "Estamos en graves problemas en Irak. Lo peor que podemos hacer es aferrarnos a una gran ilusión de que estamos ganando. Las cosas se están poniendo peor". Pocos días antes, el 28 de agosto de 2004, el presidente Bush reconocía por primera vez que se había cometido "un error de cálculo sobre cuáles serían las condiciones" en el Irak de posguerra.

El verano anterior, por el contrario, el presidente George W. Bush había expresado su total confianza en que las fuerzas lideradas por Estados Unidos podían aplastar la insurgencia incipiente. En julio de 2003, el presidente declaró desafiante: "Hay quienes creen que las condiciones son tales que pueden atacarnos allá. Mi respuesta es: ¡que vengan!". En octubre de 2005, casi dos años y medio después del 1 de mayo de 2003, cuando se proclamó la victoria y "el fin de los combates de mayor magnitud"en Irak, el número de soldados norteamericanos muertos superó la marca simbólica de 2.000, quince veces el número de fallecidos en los dos meses iniciales de la invasión.

Cambio de actitud con respecto a Naciones Unidas

El unilateralismo o las "coaliciones de los dispuestos" raramente tendrán éxito en situaciones complejas como la de Irak, donde se requiere poderío militar así como alianzas diplomáticas amplias y, más aún, resulta indispensable la legitimidad de la ONU. Existen límites al poderío militar, especialmente cuando actores no estatales tansnacionales ostentan una fuerza militar antes impensable.

En el 2004 y 2005, la administración Bush dio un giro de 180 grados, pasando de acusar al Consejo de Seguridad de la ONU de ser irrelevante a confiarle la dirección de las delicadas negociaciones para el traspaso de la soberanía a un gobierno provisional elegido en gran medida por el enviado de Naciones Unidas, Lakhdar Brahimi, y más tarde, a entregarle la organización de las elecciones de la Asamblea Nacional de enero de 2005. Fue el propio vicesecretario de Defensa, Paul Wolfowitz, quien, en un artículo de opinión publicado el 9 de junio de 2004 en el *Wall Street Journal*, reconoció que el papel de Naciones Unidas en Irak era "clave". En contraste, en abril de 2003, Wolfowitz había descartado cualquier papel significativo para la ONU en Irak. Arthur Schlesinger definió la situación de una manera brutalmente franca: "Una vez que las cosas se tornaron difíciles en Irak, la administración Bush intentó transferirle el enredo que había causado a Naciones Unidas, hasta ese momento un objeto de desprecio por parte de Bush"[2].

En definitiva, Naciones Unidas volvía a desempeñar un papel crucial a pedido específico de la coalición dirigida por Estados Unidos. Durante 2004 y 2005, el propio presidente Bush se refirió repetidamente a las negociaciones entabladas por el enviado de Naciones Unidas, Lakhdar Brahimi, al trabajo de equipo de asistencia electoral de la ONU dirigido por Carina Perelli en las elecciones de enero de 2005, y al apoyo en la preparación de la Constitución votada en octubre de 2005, agradeciendo al secretario general, Kofi Annan, por lo que calificó de "labor importante". El papel de la ONU en los comicios electorales en Irak, así como el apoyo de Naciones Unidas en la realización de las elecciones en Afganistán y en Palestina, sumado a la rápida y eficiente respuesta de la organización al maremoto de Asia el 26 de diciembre de 2004, contribuyó a una revisión de la actitud crítica de Washington hacia la ONU.

Aunque Estados Unidos retrocedió del unilateralismo, ello no implicó asumir un compromiso estratégico con la ONU. Se trató de un cambio hacia un multilateralismo táctico. Para EE UU la opción unilateral seguía siempre abierta. Además, las críticas hacia la ONU no desaparecerían fácilmente. El 23 de marzo de 2005, el vicepresidente Cheney comentó durante una entrevista a bordo del avión *Air Force II*, en relación a la controversia del Programa Petróleo por Alimentos, que existía "amplia evidencia aquí en casa de que un gran número de estadounidenses no está contento con el desempeño de Naciones Unidas".

Con todo, a partir de 2004 se produjo un retroceso de la concepción ideológica que negaba cualquier rol a la ONU y que pretendía reemplazar la organización por un ente alternativo o por coaliciones *ad-hoc*. Se reconocía, como sostuvo un columnista del *Wall Street Journal*, "que Estados Unidos no puede lograr todos sus objetivos de seguridad nacional de manera unilateral", y que "Naciones Unidas tiene todavía una característica valiosa, la legitimidad internacional, y un potencial latente que no hay que subestimar"[3].

Washington no sólo invirtió su postura respecto a Naciones Unidas, sino que también lo hizo en relación a la OTAN. Después del 11 de septiembre de 2001, la OTAN había dejado de ser el foro de consultas y coordinación transatlánticas sobre cuestiones de seguridad, tendencia que se había visto agravada por las diferencias con potencias europeas como Francia y Alemania respecto a la guerra en Irak. El uso que se podía dar a lo que la administración de Bush consideraba como una institución anticuada era muy limitado en comparación con la flexibilidad de las "coaliciones de los dispuestos".

Sin embargo, hacia mediados de 2004, el gobierno de Estados Unidos solicitó a la OTAN que enviase efectivos a Irak, mientras el Pentágono presionaba a 5.600 soldados estadounidenses dados de baja con licencia honrosa a que volviesen a prestar servicio, principalmente en Irak, de un total de 117.000 miembros de la Reserva del Ejército *(Individual Ready Reserve)* que ya habían completado su servicio activo o de reserva, pero que aún tenían tiempo disponible de servicio en sus contratos. Cuando la OTAN no autorizó el envío de tropas a Irak a causa de la viva oposición de Europa, EE UU pidió que la OTAN entrenase a las fuerzas de seguridad iraquíes, lo cual fue eventualmente aprobado.

Washington también modificó radicalmente su política con respecto a sus vínculos con partidos políticos, grupos e individuos en Irak, a medida que la violencia se intensificaba y crecía la desilusión en grandes sectores de la población iraquí con respecto a la actuación de Estados Unidos. Después de la invasión, el administrador norteamericano Jay Garner, que estaba a favor de formar consensos en Irak y había creado la Oficina de Reconstrucción y Asistencia Humanitaria, fue sustituido por L. Paul Bremer III, quien adoptó una actitud más dura y reemplazó la Oficina de Reconstrucción por la Autoridad Provisional de la Coalición (APC). Además, Bremer dejó de lado las recomendaciones formuladas por el Departamento de Estado en el voluminoso documento titulado *Future of Iraq Project*, que hacía hincapié en la restauración del orden y el mantenimiento de la soberanía iraquí. Por consiguiente, el consejo de gobierno nombrado por Bremer nunca recibió un poder real de parte de la autoridad de la coalición.

Puesto que la tesis del cambio de régimen dominaba el pensamiento de Estados Unidos en ese momento, Bremer ordenó la remoción de los primeros cuatro niveles del Partido Baath (unos 30.000 miembros) y disolvió las fuerzas de seguridad de Hussein. La purga masiva de miembros del Partido Baath de los puestos en el gobierno supuso el despido de miles de funcionarios públicos en cargos claves.

En mayo de 2003, el administrador Bremer firmó un decreto por el cual se disolvía el ejército de Hussein. Poco tiempo después, declararía que era esencial la reconstrucción de las fuerzas armadas de Irak, una petición cada vez más urgente dado que las fuerzas de defensa civil iraquíes y las fuerzas de policía regionales no podían o no querían hacer frente a la creciente resistencia y a los levantamientos que se produjeron en varias ciudades en todo Irak. Un editorial del *Wall Street Journal* coincidió con esta opinión: "El error más grande de Estados Unidos, en el que todos parecen concordar ahora, fue no confiar a los iraquíes las llaves de su propio país mucho antes"[4].

De regreso en EE UU, Bremer criticaría a la administración Bush por no haber enviado suficientes tropas para imponer la seguridad en Irak. En un discurso en la Universidad DePauw en Indiana, el 17 de septiembre de 2004, Bremer confesó que muchas veces había planteado la necesidad de contar con más fuerzas militares, sin obtener resultados, y que "debería haber sido más insistente al respecto". La versión de Bremer fue confirmada anónimamente por altos funcionarios de Washington.

Los motivos fallidos para ir a la guerra

La afirmación de que Hussein poseía o seguía tratando de producir armas de destrucción masiva fue una premisa fundamental para justificar el uso de la fuerza contra Irak. La expresión suprema de los argumentos de Estados Unidos respecto a las ADM de Irak fue la memorable presentación realizada el 5 de febrero de 2003 por el entonces secretario de Estado, Colin Powell, ante el Consejo de Seguridad, cuando puso en duda la diligencia de los inspectores de armas de Naciones Unidas, y quiso demostrar que Hussein poseía y escondía armas de destrucción masiva. Ya en mayo de 2004 Powell había reconocido que "las fuentes" de gran parte de la información utilizada en esa presentación "eran falsas e incorrectas y, en algunos casos, engañosas". Posteriormente, en septiembre de 2005, Powell declaró en una entrevista televisiva con Barbra Walters que el discurso ante el Consejo de Seguridad se había tranformado en un momento "doloroso" por la falta de evidencia en que se sustentó, y que, en definitiva, constituía "un manchón" en su hoja de vida.

El vicepresidente Dick Cheney aseguró en el programa televisivo *Meet the Press*, el 8 de septiembre de 2002, que Hussein estaba "de hecho activa y agresivamente buscando adquirir armas nucleares". Pocas horas antes de la invasión, Cheney lanzó otra seria acusación en contra del dictador iraquí en una entrevista en la cadena NBC con Tim Russert: "Sabemos que ha estado dedicado a tratar de conseguir armas nucleares y creemos que, de hecho, ha reconstituido armas nucleares". Por su parte, después de la invasión, el secretario Rumsfeld afirmó, en una entrevista realizada el 20 de marzo de 2003 en el programa *This Week* con George Stephanopoulos, en relación a las ADM: "Sabemos dónde están. Están en la región alrededor de Tikrit y Badgad y en algún lado al este, al oeste, al sur o al norte". Varios meses después, el secretario de Defensa declaró que las fuerzas norteamericanas seguían buscando armas de destrucción masiva y que "la labor era considerable y compleja".

La CIA intervino en varias ocasiones para corregir declaraciones erradas de la administración Bush sobre inteligencia relativa a las ADM en Irak. Un ejemplo destacado involucró el mensaje presidencial sobre el Estado de la Unión de 2002, cuando el entonces director de la CIA, George Tenet, objetó, a posteriori, la inclusión de inteligencia debatible sobre la supuesta búsqueda de uranio en Níger por parte del gobierno iraquí. Una situación similar ocurrió cuando el vicepresidente Cheney sostuvo que constituía "evidencia irrefutable" de la construcción de un programa nuclear por parte de Hussein el que se hubiesen descubierto tubos de aluminio de alta densidad que, supuestamente, estaban destinados a centrífugas clandestinas para uranio, afirmación refutada por los principales científicos del Departamento de Energía de EE UU y por medios de prensa estadounidenses.

Un hito al respecto aconteció el viernes 9 de julio de 2004, cuando el comité selecto de inteligencia del Senado de Estados Unidos publicó un contundente informe unánime de 511 páginas sumamente crítico, donde se denunciaban "fallos globales de inteligencia" por parte de la CIA y de otros organismos norteamericanos que no habían evaluado con exactitud el tema de las ADM en Irak. El documento sostenía que la evaluación realizada por los servicios de inteligencia respecto de las armas de destrucción masiva supuestamente en manos de Hussein no sólo había resultado "equivocada en retrospectiva", sino que "también era poco razonable y en gran parte no estaba respaldada por la información disponible", según las palabras del senador republicano Pat Roberts, presidente del comité.

Un informe británico sobre la misma materia, divulgado el 14 de julio de 2004, coincidió con el veredicto del comité selecto sobre inteligencia del Senado estadounidense. El informe de Lord Butler sobre la inteligencia de

Gran Bretaña para justificar la guerra en Irak no encontró evidencia de que Saddam Hussein tuviese *stocks* significativos, o incluso cualquier cantidad, de armas químicas o biológicas antes de la guerra o que el régimen de Hussein hubiese cooperado con Al Qaida. El informe, por otra parte, no encontró "pruebas para cuestionar la buena fé" del primer ministro Blair o algún "intento de parte del gobierno de desinformar". El 18 de septiembre de 2004, en la convención anual del Partido Laborista en Brighton, Inglaterra, Blair pidió excusas "por la información que en definitiva resultó errónea". Sin embargo, la difusión pública, en junio de 2005, del denominado "memo de Downing Street" elaborado por el gobierno británico en julio de 2003 provocó tensiones entre Londres y Washington, puesto que el documento presentaba a la administración Bush obsesionada por ir a la guerra contra Irak, sin estar preparada para la etapa post-invasión.

Un importante informe de la CIA coordinado por Charles Duelfer, funcionario nombrado por la administración Bush para liderar la búsqueda de ADM, concluyó que el régimen de Hussein no poseía ADM en el 2003 ni tenía planes para producirlas. El informe Duelfer, de septiembre de 2004, dejó en claro que el programa nuclear iraquí en gran medida había "declinado" y que tomaría varios años reconstruirlo. En relación con los *stocks* de armas químicas y biológicas, Irak los había destruido en su mayoría tras la Guerra del Golfo de 1991, con la esperanza de que la ONU levantaría las sanciones, y el resto fue desmantelado en 1995. Pocos meses antes del informe Duelfer, el inspector norteamericano de ADM, David Kay, había declarado: "Casi todos nos equivocamos" en relación a que Irak poseía ADM.

Las sanciones multilaterales tuvieron efecto, puesto que los ingresos ilegales de Hussein resultaron insuficientes para financiar sistemas de armas de destrucción masiva. Pero, según un analista, "sólo cuando las tropas norteamericanas invadieron Irak en marzo de 2003 estos éxitos se tornaron evidentes: las fuerzas militares iraquíes que las enfrentaron habían sido destrozadas en los 12 años previos por la estrategia de contención que la administración Bush, para justificar la guerra, había calificado como un fracaso[5]. Por su parte, el informe Duelfer coincide al señalar que las sanciones de Naciones Unidas dieron resultado. Hussein se vio impedido de importar armas nucleares, biológicas o químicas, aunque pudo adquirir armas convencionales y equipos, evadiendo las sanciones a través del contrabando de petróleo fuera de las cuotas permitidas por el programa de la ONU Petróleo por Alimentos.

La comisión independiente dirigida por el ex presidente de la Reserva Federal Paul Volcker —establecida por el secretario general, Kofi Annan, y respaldada por una resolución del Consejo de Seguridad— concluyó en un informe preliminar, el 15 de enero de 2005, que funcionarios de la ONU no habían supervisado adecuadamente las compras de petróleo iraquí por parte de contratistas ni seguido las recomendaciones de auditorías previas. Más adelante, en agosto de 2005, Alexandre Yakoviev, un funcionario de la ONU, se declaró culpable de varios delitos de fraude y lavado de dinero en relación al programa, y la comisión Volcker acusó a Benon Sevan, el ex director del Programa Petróleo por Alimentos, de haber recibido pagos ilegales a cambio de favorecer a ciertas empresas. La comisión recomendó, en septiembre de 2005, que la ONU debía impulsar un liderazgo ejecutivo más fuerte y reformar los sistemas de control y auditoría.

Pero el volumen de dinero recolectado por Saddam Hussein a través del sistema de pagos ilegales —1.700 millones de dólares— resultó pequeño en comparación con los montos generados por el gobierno de Hussein a través del contrabando de petróleo, principalmente dirigido a Turquía y Jordania. Según la comisión Volcker, las cifras del contrabando de petróleo sumaron 10.990 millones de dólares. Esta situación era conocida por los miembros del Consejo de Seguridad de Naciones Unidas —incluido, por supuesto, Estados Unidos—, pero ello era considerado como un precio a pagar para mantener vigentes las sanciones, con el propósito principal de impedir el acceso de Saddam a armas de destrucción masiva. En su informe final del 27 de octubre de 2005, la Comisión Volcker concluyó que entre 1996 y 2003, más de 2.200 compañías de 60 países hicieron pagos ilegales a Hussein a cambio de cuotas de petróleo, generando dinero para sí mismas y para el régimen de Bagdad.

Irónicamente, sólo "después" de la invasión norteamericana desaparecieron materiales nucleares potencialmente peligrosos desde depósitos en Irak que antes de la guerra habían sido sistemáticamente monitoreados por la Agencia Internacional de Energía Atómica de la ONU (AIEA). La AIEA informó que grandes cantidades de equipos sofisticados fueron saqueados y removidos de Irak, con posterioridad a la invasión. El 25 de octubre de 2004, el presidente del Consejo de Seguridad de la ONU recibió una comunicación transmitida por Kofi Annan de parte del director general de la AIEA, donde se informaba que las autoridades iraquíes le habían transmitido la pérdida del depósito de municiones de Anaqua, en las afueras de Bagdad, "después del 9 de abril de 2003" a través de robos y vandalismo "debido a la falta de seguridad"—según las palabras de las autoridades iraquíes— de poderosos explosivos que habían estado bajo custodia sellada de la AIEA, y algunos de los cuales podían ser utilizados para gatillar artefactos nucleares.

Dicha información se transformó en un asunto de encendido debate durante la campaña presidencial norteamericana del año 2004. John A. Shaw, subsecretario adjunto de Defensa para Tecnología Internacional y Seguridad, declaró que "casi con certeza" tropas rusas en conjunto con la inteligencia iraquí habían removido dichos explosivos antes de la invasión estadounidense. Pocos días después, altos oficiales del Pentágono aclararon que las afirmaciones de Shaw eran infundadas. Según el *Wall Street Journal* existía "una justa sospecha" de que la oportunidad de la difusión del caso de los explosivos perdidos era una "venganza de la ONU"[6]. La percepción generalizada de los conservadores estadounidenses era, como Caspar Weinberger afirmó en un artículo titulado "Kofi vota por Kerry" en el *Wall Street Journal*[7], que tal información tenía propósitos electorales. En todo caso, mucho después de la elección presidencial, el 5 de marzo de 2005, se informó que alrededor de 90 depósitos de materiales para armas convencionales en Irak, que la ONU había monitoreado y mantenido bajo control, habían sido saqueados o destruidos con posterioridad a la invasión norteamericana.

Pero el último golpe al argumento de la supuesta existencia de ADM para ir a la guerra fue propinado, a fines de marzo de 2005, por un devastador informe de la comisión presidencial sobre las ADM de Irak, el cual concluyó que las agencias de inteligencia de EE UU "erraron totalmente" en la mayoría de sus juicios acerca de las ADM en Irak antes de la guerra, que el presidente Bush recibió "informes de inteligencia fallidos" y que incluso actualmente dichas agencias saben "increíblemente poco" sobre amenazas de ADM contra EE UU. La comisión presidencial recomendó, por tanto, una reestructuración completa de la comunidad de inteligencia norteamericana.

En definitiva, lo más perjudicial para la administración del presidente Bush fue que los inspectores estadounidenses no encontraron armas de destrucción masiva en los largos meses que duró la operación de búsqueda, lo cual confirmó la prudencia y hasta el escepticismo demostrado por los inspectores de Naciones Unidas y por varios Estados miembros del Consejo de Seguridad. Después de lo sucedido en Irak es probable que la comunidad internacional exija pruebas mucho más contundentes para que una eventual denuncia sobre armas de destrucción masiva adquiera credibilidad y suscite respaldo.

Otro pilar de la intervención de Estados Unidos en Irak fue el supuesto vínculo entre el régimen de Saddam Hussein y Al Qaida. El director de la CIA, George Tenet —quien renunció en marzo de 2004—, reveló que en agosto de 2002, durante un *briefing* por parte de altos funcionarios del Pentágono a asistentes del vicepresidente Cheney, se proporcionó evidencia discutible de vínculos entre Irak y Al Qaida, en contradicción con el juicio de la agencia de inteligencia. A comienzos de marzo de 2004, el director de la CIA declaró ante el comité de servicios armados del Senado que pretendía llamar la atención de Cheney sobre una afirmación errada durante una entrevista concedida el 9 de enero del 2004, en la cual el vicepresidente recomendaba como "la mejor fuente de información" sobre los supuestos lazos entre Irak y Al Qaida el contenido de un dudoso memo del subsecretario de Defensa, Douglas J. Feith.

El 14 de septiembre de 2003, Cheney aseguró que "existía un nexo entre Irak y Al Qaida que se remontaba a la mayor parte del decenio de 1990", que incluía "entrenamiento para utilizar, por ejemplo, armas biológicas y armas convencionales, que miembros de Al Qaida eran enviados a Bagdad para ser entrenados para utilizar estos sistemas, y que los iraquíes proporcionaban asesoramiento a Al Qaida y los conocimientos necesarios para fabricar bombas". Tres días después, el presidente Bush pareció contradecir a su vicepresidente cuando afirmó: "No, no tenemos pruebas de que Saddam Hussein haya participado en los atentados del 11 de septiembre". El debate que se desató a continuación se centró en la diferencia existente en la "relación" entre el movimiento terrorista e Irak y una conexión concreta con los ataques del 11 de septiembre.

El 16 de junio de 2004, un informe de los asesores de la comisión encargada de investigar los atentados del 11 de septiembre en Nueva York concluyó que no existía "ninguna prueba creíble" de que el gobierno de Saddam Hussein hubiese cooperado con Al Qaida en un ataque contra Estados Unidos, y que la reunión supuestamente celebrada el 9 de abril de 2001 entre un agente del servicio de inteligencia iraquí y Mohamed Atta, líder de los terroristas del 11 de septiembre, nunca había tenido lugar, lo cual contradecía las declaraciones formuladas pocos días antes por el vicepresidente Cheney. Al día siguiente, en una entrevista concedida a la cadena de televisión CNBC, Cheney aclaró que existía una "relación general" entre Irak y Al Qaida y que era "probable" que él tuviese información que la comisión investigadora del 11 septiembre no había visto. La respuesta del presidente Thomas H. Kean y del vicepresidente Lee H. Hamilton de la comisión bipartidaria fue breve: "Tras haber examinado las transcripciones disponibles de las declaraciones públicas del vicepresidente, la comisión cree que tiene acceso a la misma información que el vicepresidente con respecto a los contactos entre Al Qaida e Irak antes de los ataques del 11 de septiembre". Posteriormente, el vicepresidente Cheney cambió su discurso a una interpretación en el sentido de que "existían preocupantes similitudes entre Saddam Hussein y Al Qaida".

El papel del vicepresidente Cheney en el debate sobre Irak fue severamente cuestionado, entre otros, por el coronel retirado Lawrence Wilkerson, ex jefe de gabinete de Colin Powell en el Departamento de Estado, quien afirmó públicamente en octubre de 2005 que existía una colusión entre el vicepresidente y el secretario de Defensa Rumsfeld para decidir secretamente las materias de mayor importancia en la política exterior, especialmente respecto a Irak. Las críticas hacia Cheney adquirieron otro cariz cuando su defe de gabinete, I. Lewis Libby, Jr., fue acusado, el 28 de octubre de 2005, de diversos delitos en una investigación destinada a establecer responsabilidades en la divulgación de la identidad de una agente encubierta de la CIA, esposa de un diplomático estadounidense opositor a la política de Bush hacia Irak. La percepción en Washington era que Libby —autor de un controvertido memo para la exposición de Powell sobre ADM ante el Consejo de Seguridad, que éste rechazó por exagerar las acusaciones contra Hussein— reflejaba fielmente la postura beligerante de su jefe, que se había expresado en la distorsión de la evidencia acerca de las ADM en Irak y los vínculos de Hussein con Al Qaida con el objeto facilitar la guerra contra Irak. Al ser formalmente acusado, Libby renunció a su cargo de jefe de gabinete del vicepresidente Cheney.

El voluminoso informe final de de la Comisión Nacional Encargada de Investigar los Ataques Terroristas contra Estados Unidos, publicado el 22 de julio de 2004, tras 19 meses de investigación, pusó al descubierto las fallas de los organismos de inteligencia para prevenir los ataques del 11 de septiembre y llegó a la conclusión de que, aunque los atentados constituyeron un *shock*, no "deberían haber sido una sorpresa". El documento de la comisión 11/9 reveló que el vicesecretario de Defensa Wolfowitz y el subsecretario Douglas J. Feith escribieron memos para el secretario Rumsfeld, en los días posteriores a los atentados, donde argumentaban que Irak debía ser atacado como consecuencia de los supuestos vínculos entre Al Qaida y Hussein. Incluían además la tesis de que uno de los cerebros del ataque a las Torres Gemelas en 1993 era un agente iraquí, acusación desestimada en el informe.

A fines de octubre de 2004, el senador Carl Levin, el demócrata de mayor antiguedad en el comité de servicios armados, acusó al subsecretario Feith de distorsionar ante el Congreso el punto de vista que tenían las agencias de inteligencia estadounidenses sobre el vínculo Irak-Al Qaida, describiéndolo como mucho más significativo y extenso de lo que pensaba la comunidad de inteligencia. El senador Levin incluso llegó a anunciar que solicitaría al comité adoptar "acciones apropiadas" en contra del subsecretario, quien abandonó la administración Bush antes del inicio de su segundo periodo en el 2005. Wolfowitz, su superior, pasó al Banco Mundial, donde asumió el cargo de presidente del organismo.

Otro revés importante para la administración y su insistencia de que existían vínculos entre Hussein y Al Qaida llegó con el devastador informe del comité de inteligencia del Senado, publicado el viernes 9 de julio de 2004, que desechó esas acusaciones. Según el documento: "La CIA determinó de manera razonable que era probable que hubiesen habido varios contactos entre Irak y Al Qaida a lo largo del decenio de 1990, pero que estos contactos no conformaban una relación formal establecida". En el informe se añadía que "hasta el momento no ha aparecido ningún dato que sugiera que Saddam trató de emplear a Al Qaida para realizar ataques terroristas" y que "pese a cuatro decenios de informes de inteligencia sobre Irak, se había reunido poca información que pudiese servir a los analistas para determinar los posibles vínculos entre el régimen de Irak y Al Qaida".

La guerra de Irak hizo pública una virtual guerra fría entre la CIA y la Casa Blanca, centrada en la inteligencia sobre Irak. Ex altos funcionarios de inteligencia aseveraron que "no había nada en la inteligencia que fuese *casus belli*". La CIA admitió que se podía haber equivocado acerca de Irak y las ADM, pero que había sido lo correcto emitir advertencias antes de la guerra sobre los problemas que EE UU enfrentaría si ocupaba Irak[8]. Para las autoridades de la CIA, la política hacia Irak era "un desastre". Según un analista, se produjo "una guerra no solamente entre la CIA y la administración, sino también entre el Departamento del Estado y las Fuerzas Armadas"[9]. En un editorial aparecido en *The Wall Street Journal* en septiembre de 2004, titulado "La insurgencia de la CIA", se argumentaba que Bush "ahora tiene que vencer dos insurgencias: una, la que la CIA está ayudando a derrotar en Irak, y otra dentro de Langley (el cuartel de la CIA) en contra de la administración Bush"[10]. La designación en febrero de 2005 del hasta entonces embajador de EE UU en Irak, John Negroponte, como el primer director nacional de Inteligencia, en el contexto de la reforma de la inteligencia norteamericana, buscó, entre otros objetivos, poner fin a las guerras intragubernamentales de los aparatos de inteligencia.

Precisamente las mismas percepciones discrepantes en Washington acerca de la real vinculación entre Irak, las ADM y Al Qaida, fueron las que provocaron profundas diferencias entre el gobierno norteamericano y varios miembros del Consejo de Seguridad, antes y después de la guerra. La evidencia definitiva no sólo confirmó las dudas de los escépticos, sino que agregó una sensación de amargura a las divisiones respecto a Irak y un sentido de frustración acerca de las oportunidades perdidas para una salida pacífica a la crisis de ese país.

El cambio de postura en relación a Irak también incluyó una disminución del peso de los neoconservadores en la política exterior de la administración de Bush. Los persistentes problemas de seguridad, la transferencia anticipada de la soberanía en Irak bajo la tutela de Naciones Unidas, la reducción del gran proyecto para expandir la democracia en el Medio Oriente y el retorno de la ONU a un papel protagónico en las elecciones de enero de 2005, contribuyeron a un cambio en la correlación de fuerzas en Washington. El enfoque realista clásico republicano empezó a desplazar al ideologismo neoconservador y sus premisas sobre los ejes del mal, rechazo absoluto al multilateralismo, promoción de guerras preventivas unilaterales y optimismo exagerado sobre las capacidades militares de EE UU en el mundo.

El presidente Bush tuvo que renovar su política respecto a Irak y su política exterior en general, pasando de lo que un comentarista llamó "la vieja esperanza, al estilo Campo de Sueños de transformación del mundo, a un arte de lo posible pragmático y a veces insensible"[11].

Los líderes republicanos de tendencia realista, como los senadores Richard Lugar, presidente de la comisión de Relaciones Exteriores del Senado, y Peter Domenici, criticaron a los neoconservadores y el ideologismo en la política en Irak. Por su parte, conservadores tradicionales de la línea dura, como los editores del *National Review* y el columnista George F. Will, cuestionaron la tesis de llevar la democracia a los países de Oriente Medio y recomendaron que la administración de Bush tomara una dosis de conservadurismo sin el prefijo *neo.* Paul Weyrich, fundador de la Heritage Foundation, resumió los costos de lo que él denominó la aventura de los "neocon" en Irak: "EE UU está atrapado en una guerra de guerrillas de la cual no se ve escape; nuestras fuerzas militares están sobreextendidas para responder a otras amenazas, y nuestros verdaderos enemigos no-estatales, como Al Qaida, se están beneficiando de la corriente árabe e islámica en contra de nuestra ocupación de un país islámico".

Hacia fines de 2005, el "eje del mal" original, que incluía por ejemplo a Libia e Irak, ya no tenía vigencia, en tanto que las guerras preventivas habían dado paso a la necesidad de afrontar los problemas pendientes en Irak y en otras regiones. El pragmatismo parecía imponerse.

¿Cambio hacia el pragmatismo?

El Departamento de Estado asumió el liderazgo en Irak en 2005, dejando atrás al Pentágono y a sus consejeros neoconservadores, a medida que el proceso de transición iraquí avanzaba. El nombramiento de Condi Rice como secretaria del Estado fortaleció esa tendencia.

Zbigniew Brzezinski había sostenido en abril de 2003 que el Departamento de Defensa era un conjunto de personas con un "punto de vista estratégico fuerte y bien refinado" y, en cambio, que al Departamento de Estado le faltaba tal perspectiva de largo plazo o puntos de vista alternativos en la política exterior norteamericana. Newt Gingrich, en plena guerra de Irak, a mediados de 2003, criticó al Departamento del Estado por sustentar una visión del mundo que dañaba los intereses estadounidenses: "Los medios de comunicación y las elites intelectuales —escribió el ex presidente de la Cámara de Representantes— claramente favorecen los procesos, la cortesía y la posición acomodaticia" por sobre una perspectiva que enfatice "los hechos, valores y consecuencias". El 2003, el Departamento de Estado se encontraba en una posición débil frente al Pentágono, que manejaba la guerra en terreno; pero la situación comenzó a cambiar en junio de 2004, impulsada por la disolución de la autoridad de la coalición y la transferencia de la soberanía al gobierno iraquí provisional. Las exitosas elecciones apoyadas por la ONU en enero de 2005 y el traslado de Condi Rice al cargo de secretaria de Estado parecían ahondar dicha tendencia. A ello se sumaba la cercanía de Rice al presidente Bush y, por ende, una mayor fluidez en las relaciones entre el Departamento de Estado y la Casa Blanca, así como una marcada centralización de la política exterior en manos de la secretaria de Estado.

El tono de las relaciones europeo-estadounidenses mejoró notoriamente con posterioridad a la gira a Europa del presidente Bush en febrero de 2005, precedida de un viaje de Rice al mismo continente para romper el hielo. En un discurso en Bruselas, el 21 de febrero de 2005, en Concert Noble, un salón del siglo XIX, Bush declaró que en "una nueva era de unidad" transatlántica, EE UU y Europa debían trabajar juntos para reconstruir Irak, buscar la paz en el Medio Oriente e impedir que Irán desarrollara armas nucleares. Esa noche Bush cenó con el presidente Chirac. El presidente norteamericano subrayó que su primera cena en tierra europea desde su reelección fuese con el presidente francés. Más importante aún, el viaje a Bruselas del presidente Bush indicaba que la UE, y no solamente algunos países europeos seleccionados, era considerada como un socio. Claramente, ésas eran señales políticas significativas de un giro pragmático, aunque la preocupación europea no se disipaba del todo puesto que la OTAN acordó —en respuesta a un pedido de Bush— solamente un plan modesto para entrenar a las fuerzas iraquíes, decisión que realmente había sido tomada a fines de septiembre de 2004.

Otra señal positiva de cambio fue la visita de Condi Rice a México a principios del segundo periodo presidencial, el 10 de marzo de 2005, ocasión en que la secretaria del Estado alabó a México como un caso notable de "gran progreso". Las autoridades mexicanas plantearon asuntos relativos a la migración, agua y agricultura, y opinaron que la visita de Rice había sido "amistosa" y "positiva". Dicha visita fue seguida, el 23 de marzo de 2005 en Crawford, Texas, por una cumbre de los líderes de EE UU, Canadá y México, una cordial "*foto-op*" y un diálogo que ayudó al proceso de reparación de los lazos dañados por el conflicto de Irak. Algunos comentaron que la breve y poco pretenciosa cumbre había sido "sorprendentemente productiva", al cubrir temas de "implementación" del ALCAN y el desarrollo de planes de trabajo trilaterales.

Previo a la cumbre de Crawford, Bush había viajado a Canadá, el 23 de enero, en el primer viaje internacional de su segundo periodo destinado a reconstruir las alianzas trizadas. Se reunió con el primer ministro Paul Martin, en un coloquio no desprovisto de algunas tensiones debido a que algunos medios y actores políticos canadienses percibían que habían recibido clases sobre la "expansión de la democracia" por parte de Bush, y debido a diferencias bilaterales con respecto al sistema de defensa de misiles norteamericano.

En una visita a Chile, a fines de abril de 2005, para asistir a la Tercera Conferencia Ministerial de la Comunidad de las Democracias, la nueva secretaria de Estado aprovechó de fortalecer las relaciones bilaterales al apoyar la candidatura del entonces ministro del Interior de Chile, José Miguel Insulza, como candidato a secretario general de la Organización de Estados Americanos por sobre la postulación del canciller mexicano Luis Ernesto Derbez. Ello facilitó la eleccion de Insulza, quien inicialmente no era el candidato favorito de Estados Unidos, por una mayoría abrumadora y subrayó el pragmatismo de Rice frente a una votación que amenazaba dividir al hemisferio.

La reorientación de la política exterior bajo la conducción de la nueva secretaria de Estado continuó en marzo de 2005 cuando Karen Hughes, la ex jefa de Comunicaciones de la Casa Blanca y miembro del círculo íntimo del presidente Bush, fue nombrada como encargada del programa de diplomacia pública del Departamento de Estado. El retorno de Hughes a un cargo de primer nivel en Washington era una señal de que mejorar el diálogo con la comunidad internacional y proyectar una mejor imagen de EE UU en el exterior se habían tornado prioridades de la administración Bush.

La secretaria Rice escogió su propio equipo para el Departamento de Estado con Robert Zoellick, un internacionalista pragmático, como vicesecretario, y con asesores tales como Nicholas Burns, ex embajador estadounidense en la OTAN, y Philip Zelikow, diplomático e historiador.

John Bolton, el subsecretario de Estado para el Control de Armas y Seguridad Internacional durante el primer periodo de la administración de George W. Bush, fue destinado a servir como embajador ante Naciones Unidas, una designación que levantaría una enorme polémica en el Senado norteamericano y en la opinión pública, particularmente al concretarse en un periodo de receso parlamentario en agosto de 2005.

En el caso de Corea del Norte, Rice consiguió que el régimen de Pyongyang retornase a la mesa multilateral de negociaciones luego que, durante julio de 2005, la secretaria de Estado afirmara públicamente que Corea del Norte es "un Estado soberano", y autorizara contactos oficiales privados bilaterales con el país asiático, cuestión que la administración Bush hasta entonces había evitado. Respecto a Irán, el nuevo pragmatismo se percibía en el apoyo de Condi Rice a los países europeos que propusieron un paquete de incentivos económicos a Irán, incluyendo apoyo para su ingreso a la Organización Mundial de Comercio, a cambio de congelar su programa de conversión y procesamiento de uranio.

El énfasis en la expansión de la democracia que había declinado hacia fines de 2004 en medio de un creciente caos y violencia en Irak, obtuvo un segundo impulso en la agenda de Condi Rice debido a la impresionante concurrencia a las urnas por parte de los iraquíes el 30 de enero de 2005 y a las exitosas elecciones en Palestina, Ucrania y El Líbano. Además, EE UU exhibió una postura más pragmática cuando, el 31 de marzo de 2005, no se opuso a una resolución del Consejo de Seguridad de llevar al conocimiento del fiscal de la Corte Penal Internacional —institución que EE UU no apoya— a los responsables de crímenes contra la humanidad en Darfur, Sudán.

Para algunos observadores, la política de Rice equivalía a "Powell sin Powell"; pero con la gran la diferencia que la secretaria de Estado cesó de ser una autoridad neutral en la Casa Blanca, encargada de administrar los conflictos entre los diversos actores de la política exterior estadounidense. Ahora se había transformado en una autoridad con visión propia, impulsando lo que ella pasó a denominar "un idealismo práctico". Con Rice en el Departamento de Estado, parecía que los intereses reemplazaban a los ideales, y el realismo al ideologismo neoconservador.

Liderar o imponer

Estados Unidos ha perdido terreno en el mundo en tiempos recientes. Los ataques terroristas del 11/9 contra el World Trade Center y el Pentágono generaron una erupción de solidaridad y apoyo mundial a favor del pueblo estadounidense y su gobierno. Pero ese capital político se diluyó con las profundas divisiones internacionales originadas por la invasión de Irak. Esta pérdida de apoyo es una parte importante del precio que EE UU ha debido pagar como consecuencia de ir a la guerra sin respaldo multilateral.

La administración Bush persistió en su objetivo de guerra, rechazando compromisos viables para desarmar a Irak ofrecidos por varios aliados cercanos. Una consecuencia fue que muchos países importantes rehusaron sumar sus tropas al esfuerzo de guerra, mientras que otros retiraron o redujeron sus fuerzas en terreno. Los aliados, ignorados o rechazados cuando propusieron alternativas a la guerra, fueron buscados más tarde para ayudar cuando la guerra se complicó. Sin embargo, las divisiones y la desconfianza persistieron.

Una brecha ha emergido entre la forma en que los norteamericanos se perciben a sí mismos y cómo ellos son percibidos en el mundo. Ha habido una marcada declinación en el prestigio estadounidense global reflejada en varias encuestas. La situación no mejoró con la reelección del presidente Bush. Una encuesta conducida por la BBC en enero de 2005 reveló que, de aproximadamente 22.000 entrevistados en 21 países, un 47% opinó que la influencia estadounidense en el mundo es mayormente negativa, y un 58% expresó que el mundo se tornaría más peligroso debido al triunfo electoral de Bush.

Algunos descartan la importancia de los descensos en el prestigio de EE UU y sostienen que se trata de situaciones transitorias. Pero, al igual que en la posguerra de Vietnam, la caída del prestigio norteamericano podría perdurar y tornarse un obstáculo para la consecución de los intereses fundamentales de Washington. El sentimiento antinorteamericano a nivel mundial puede ser difícil de revertir. Al final, "el poder es la habilidad de influir en otros", y, como lo ha señalado Joseph Nye, eso puede hacerse con "palos, zanahorias", y a través de "los valores y la cultura". El poder blando, o el poder para atraer, "podría ahorrar mucho en términos de sangre y tesoro". Para Nye, tanto el poder blando como el poder duro son necesarios para tener éxito en Irak y en otros países del Medio Oriente[12].

Ningún país, y mucho menos la única superpotencia del mundo, requiere ganar concursos de popularidad, pero cualquier nación que va a la guerra necesita de amigos fuertes y aliados decididos; más aún, requiere de la legitimidad multilateral. La ironía de la indiscutible hegemonía militar norteamericana es que no puede resolver muchos de los desafíos de un mundo fragmentado que en este momento no sigue el liderazgo estadounidense.

Existe una percepción generalizada de que el triunfo en remover a Saddam Hussein del poder se logró a expensas de una derrota en la búsqueda de la influencia en el Medio Oriente y de la paz en el conflicto israelí-palestino, e incluso al costo de tropiezos en la guerra contra el terrorismo. De hecho, según el informe militar anual de 2004 del Instituto Internacional de Estudios Estratégicos de Londres, la guerra en Irak aumentó la amenaza terrorista contra los países de Occidente, al reforzar "el reclutamiento jihadista e intensificar la motivación de Al Qaida para alentar y ayudar a los operativos terroristas". Además, el mismo informe sugiere que la guerra en Irak derivó en un mayor riesgo nuclear, puesto que el involucramiento sobreextendido de EE UU y sus aliados en Irak motivó a Irán y Corea del Norte a resistir las presiones tendientes a frenar sus aspiraciones nucleares[13].

La mayoría de los analistas y líderes políticos reconoce que Estados Unidos es la nación más poderosa del mundo y que su liderazgo, o participación activa, es vital para enfrentar los actuales desafíos de seguridad internacionales. Pero tal reconocimiento conlleva por parte de EE UU la responsabilidad de no imponer sus intereses al mundo sino, más bien, liderar a través del diálogo y la acción colectiva, de modo que sus acciones sean predecibles y aceptables para el resto de la comunidad internacional. Estados Unidos es la potencia militar más fuerte del planeta, pero también puede transformarse en el organizador de amplias alianzas internacionales dedicadas a resolver los principales problemas mundiales y a construir una paz estable. El unilateralismo hegemónico tiende a generar una reacción global negativa y un desgaste político interno.

Resulta necesario concordar y perfeccionar modalidades consensuadas y creíbles para enfrentar la amenaza de las ADM, particularmente su acceso potencial por parte de terroristas; pero también es imperativo encontrar respuestas eficaces a otras amenazas de seguridad, incluso las llamadas "amenazas blandas de seguridad", como las crisis humanitarias que rebasan las fronteras, las enfermedades pandémicas o la extrema pobreza. La seguridad duradera también debe basarse en la seguridad humana.

Vivir en un mundo unipolar no significa que el unilateralismo sea la mejor o más eficaz manera de actuar por parte de la única superpotencia. No se puede liderar la acción contra las amenazas globales a través de iniciativas unilaterales, y, como el mundo es multipolar en términos económicos, tampoco se pueden resolver estos problemas en forma solitaria. Si bien hoy en día EE UU ostenta un poderío incomparable entre las naciones, su destino está entrelazado con mayor profundidad que nunca con el de otros países, debido a la creciente globalización y flujos de la información, ideas, personas, bienes y servicios, así como de actividades criminales o polución. Es poco probable que las políticas coercitivas y el uso unilateral de la fuerza proporcionen soluciones efectivas o duraderas a las viejas y nuevas amenazas de seguridad.

Un argumento común en los círculos de Washington es que a menudo se necesita el unilateralismo para echar a andar el multilateralismo. Pero las acciones traen consigo consecuencias, y el discurso y la conducta unilateralistas por lo general suscitan la oposición de muchos, incluso de aliados, y originan disputas cuyas consecuencias pueden perdurar. Además, tal argumento pasa por alto el problema central del unilateralismo: su falta de legitimidad y, por tanto, su ineficacia para alcanzar los propósitos buscados, además del mayor riesgo potencial de error que representa comparado a la acción multilateral, y su oposición a la lógica de la cooperación en una comunidad compuesta de numerosos y diversos Estado-miembros. No escuchar a los aliados y a los amigos cuando se requiere la acción colectiva no sólo produce alienación y reticencia a acompañar las medidas unilaterales, sino también puede generar reacciones de franco rechazo a las políticas perseguidas.

La legitimidad es intangible, pero se la reconoce a primera vista. Por cierto, surge principalmente del cumplimiento de la Carta de la ONU, pero va más allá. La legitimidad se construye a través de acciones cooperativas, a través de la promoción colectiva del interés propio y de los intereses de los demás. Mediante la concertación internacional, el liderazgo de EE UU seguramente produciría consenso, incluso para acciones difíciles, ganando así legitimidad. La tentación de actuar en solitario, y el denominado "excepcionalismo" de EE UU que, por un lado, promueve reglas mundiales pero, por otro, no las respeta para sí mismo, conduce ineludiblemente a una falta de legitimidad. Como bien ha señalado Javier Solana, Irak demuestra que tanto la fuerza como la legitimidad son importantes: "Sin el uso de la fuerza, Saddam Hussein estaría todavía en el poder en Irak (…) Pero la fuerza por sí sola no puede y no podrá adelantar la causa de la modernidad plural. Para esa misión se requiere legitimidad y en el ámbito internacional ésta llega por medio de la acción multilateral"[14].

El unilateralismo además puede ser ineficaz y caro. La agenda neoconservadora del cambio de régimen requiere no sólo de compromisos a largo plazo, sino también de enormes recursos. La sobreextensión de las capacidades norteamericanas —según la perspectiva realista— a través de los cambios de regímenes y las intervenciones de "construcción de naciones" que no sean esenciales para los intereses vitales de EE UU, podría llevar a la fatiga de combate y al rechazo mundial. Además, cabe preguntar: ¿es el cambio de régimen una opción en los casos de países que poseen ADM y que, por ejemplo, han ensayado armas nucleares? Las naciones que ya tienen ADM podrían escapar al cambio de régimen, como en el caso de Corea del Norte, donde Washington ha reconocido el mérito de la clásica aproximación diplomática multilateral. En tal situación, la "diplomacia preventiva" parece menos peligrosa y más realista que la "guerra preventiva". Estados Unidos necesita el compromiso y la cooperación de aliados en escenarios donde el unilateralismo simplemente no funcionará, como en los casos de Corea del Norte e Irán.

La lección de Irak es que un compromiso norteamericano con la acción multilateral para lidiar con los principales desafíos políticos y de seguridad en último término beneficia a EE UU así como al resto del mundo. Por supuesto, incluso el multilateralismo táctico es mucho mejor que el unilateralismo. Desde una perspectiva "realista" es probable que, en virtud de la hegemonía norteamericana, lo más que se pueda esperar de Washington sea el multilateralismo "instrumental" o táctico. Según este punto de vista, la "hegemonía le permite a EE UU un lujo discrecional amplio para usar medios unilaterales, bilaterales o multilaterales para obtener sus objetivos (...) La decisión de Estados Unidos de cooperar en foros multilaterales dependerá primordialmente del grado en que importantes actores estadounidenses perciban que una organización específica será un vehículo efectivo y propicio para la promoción de sus objetivos"[15]. No obstante, lo que verdaderamente se requeriría, como manifestó Robert S. McNamara, sería un "multilateralismo genuino, en vez de simbólico", que desechara conceptos tales como que la ONU es básicamente para "timoratos". El multilateralismo táctico cuando los asuntos no tienen mayor importancia y el unilateralismo cuando se trata de cuestiones esenciales, no permitirían recuperar un clima de confianza y compromiso efectivo para la cooperación internacional.

Es evidente que ningún país excluirá la posibilidad de actuar por sí solo o de usar la fuerza preventivamente como opción de último recurso, bajo circunstancias extremas y excepcionales. Sin embargo, una guerra de oportunidad es muy diferente de una guerra por necesidad. En el caso de Irak no había ninguna amenaza clara e inminente como para justificar el abandono de las restricciones normales del derecho internacional. Existe también una cuesción de "proporcionalidad" en el uso de la fuerza para enfrentar una amenaza. Es más, elevar la acción unilateral o las acciones preventivas al nivel de doctrina no sólo contradice el derecho internacional, sino también impide la posibilidad de construir gobernabilidad global. El uso de la fuerza simplemente no será eficaz para satisfacer los intereses nacionales de un país, incluso una superpotencia, si el tema involucrado también afecta los intereses de otras naciones. Al final, la disyuntiva es si crear un orden mundial predecible, cooperativo, basado esencialmente en las negociaciones multilaterales, con la ONU como su eje, o bien uno basado en la imposición de la fuerza.

El secretario general de la ONU, Kofi Annan, hizo una reflexión pragmática al respecto durante el debate de la Asamblea General de la organización, en septiembre de 2003: "No basta con denunciar el unilateralismo —sostuvo— a menos que también encaremos directamente las preocupaciones que impulsan a algunos a emprender acciones unilaterales. Debemos demostrar que esas preocupaciones pueden y serán tratadas eficazmente a través de la acción colectiva". Precisamente por ello, el Consejo de Seguridad ha profundizado sus medidas contra el terrorismo a través del Comité de Contraterrorismo y el Comité de Sanciones contra Al Qaida y los Talibanes, y aprobó la Resolución 1540 el 28 de abril de 2004, en orden a restringir la capacidad de los Estados miembros de compartir la tecnología de ADM con actores no-estatales, y estableció un comité para supervisar el cumplimiento con dicha resolución de no-proliferación de las ADM.

Queda mucho por hacer para lograr un orden mundial más seguro y estable, así como alcanzar una renovación institucional de la ONU. Para ser factible, un nuevo orden basado en la cooperación tendría que ser visualizado como útil y beneficioso para todos. Sería ingenuo imaginar un mundo multilateral fuerte sin el apoyo de Estados Unidos.

Para que el multilateralismo funcione se necesita el compromiso y liderazgo norteamericano. El multilateralismo, evidentemente, no puede significar un poder de veto sobre el derecho estadounidense de actuar en favor de su propia seguridad, como tampoco puede significar que otros depongan sus legítimos intereses nacionales en aras de un consenso en torno de las preocupaciones e intereses de EE UU.

G. John Ikenberry, en su libro *After Victory*, donde el autor estudia los esfuerzos por establecer un orden internacional por parte de los vencedores de las luchas hegemónicas en 1815, 1919, 1945 y 1989, sostiene que incluso el vencedor más fuerte necesita de la cooperación voluntaria de los derrotados y de otros Estados menos poderosos a través de un orden constitucional multilateral consensuado. Si EE UU "no hubiera intentado —sostiene Ikenberry—construir el conjunto de organizaciones regionales y globales que levantó en los años cuarenta, es difícil imaginar que el poder norteamericano hubiese tenido el alcance, profundidad o longevidad que de hecho ha tenido. *Las instituciones internacionales pueden hacer que el ejercicio del poder sea más refrenado y rutinario, pero también pueden hacer que ese poder sea más duradero, sistemático y legítimo* [énfasis nuestro]. Cuando quienes ejercen el poder norteamericano sienten irritación ante las limitaciones y compromisos que con frecuencia las instituciones internacionales conllevan —sigue Ikenberry—, se les podría recordar que estos rasgos institucionales son precisamente los que han hecho que el poderío norteamericano sea tan duradero y respetado como lo es hoy en día"[16].

La historia nos permite extraer lecciones útiles. En la Antigüedad, los romanos tenían la habilidad de convertir las victorias militares en poder político duradero. Sabían que la hegemonía irrestricta sin aliados y desprovista de política estaba condenada al fracaso. Así, durante los mejores y más pacíficos años del imperio, los romanos combinaron la dominación con las alianzas. La guerra de Irak demostró que la acción militar no basta si no va acompañada de la cooperación sustancial de los países amigos y si no cuenta con la legitimidad multilateral que Naciones Unidas puede proporcionar. Por consiguiente, el desafío actual no es sólo estabilizar y reconstruir Irak, sino que también reconstruir la confianza internacional y la gobernabilidad global en la perspectiva de un multilateralismo cooperativo, con el aporte necesario de Estados Unidos.

---

[1] *Citado en S. Hedges. "War Planners did not Expect Insurgency Says General"*. Chicago Tribune, *16 jul. 2004.*

[2] *Arthur M. Schlesinger, Jr. War and the American Presidency (New York: W.W. Norton, 2004): 18.*

[3] *Michael McFaul. "Turtle Bay Tango"*. The Wall Street Journal, *14 oct. 2003.*

[4] *"An Iraqi Face at Last"*. The Wall Street Journal, *29 jun. 2004: A14.*

[5] *George A. López y David Cortright. "Containing Iraq: Sanctions Worked". Foreign Affairs (jul.-ago. 2004): 91.*

[6] *"The U.N.'s Revenge"*. The Wall Street Journal, *29 oct. 2004: 14.*

[7] *Caspar Weinberger. "Kofi Votes Kerry"*. Wall Street Journal, *20 sep. 2004: A20.*

[8] *Douglas Jehl. "CIA-White House Tensions are Unusually Public"*. The New York Times, *2 oct. 2004: A12.*

[9] *Ver Dana Priest y Thomas Ricks. "Growing Pessimism on Iraq"*. The Washington Post, *29 sep. 2004: A01.*

[10] *"The CIA's Insurgency"*. The Wall Street Journal, *29 sep. 2004.*

[11] *David Ignatius. "After the handover"*. The Washington Post, *29 de Junio, 2004, p. A 23.*

[12] *Joseph Nye. "America Needs to Use Soft Power"*. Financial Times, *19 abr. 2004.*

[13] *Ver cable de Reuter. "Iraq Has Increased Terrorist Risk: Report", 19 oct. 2004. Ver también Peter Spiegel y Mark Huband. "Iraq Conflict 'Has Led to Increased Nuclear Risk'"*. Financial Times, *20 oct. 2004: 5.*

[14] *Javier Solana. "Rules with Teeth". Foreign Policy (sep.-oct. 2004): 74.*

[15] *Ver Rosemary Foot, et al. "Conclusion: Instrumental Multilateralism in U.S. Foreign Policy". En: Rosemary Foot, Neil Mac Farlane y Michael Mastanduno (eds.). U.S. Hegemony and International Organizations (New York: Oxford University Press, 2003): 266 y 272.*

[16] *G. John Ikenberry. After Victory: Institutions, Strategic Restraint, and the Rebuilding of Order after Major Wars (Princeton: Princeton University Press): 273.*

Este libro se terminó de imprimir
en diciembre de 2005